区域协调发展下的共富之道

——浙江省山区 26 县生态工业
高质量发展研究

刘　兵　赵立龙　著

ZHEJIANG UNIVERSITY PRESS
浙江大学出版社
·杭州·

图书在版编目(CIP)数据

区域协调发展下的共富之道:浙江省山区26县生态工业高质量发展研究/刘兵,赵立龙著. —杭州:浙江大学出版社,2024.2

ISBN 978-7-308-24666-8

Ⅰ.①区… Ⅱ.①刘… ②赵… ③浙… Ⅲ.①生态工业－工业园区－产业发展－发展模式－研究－浙江 Ⅳ.①F427.55

中国国家版本馆CIP数据核字(2024)第037303号

区域协调发展下的共富之道

——浙江省山区26县生态工业高质量发展研究

刘 兵 赵立龙 著

责任编辑	石国华
责任校对	董雯兰
封面设计	星云光电
出版发行	浙江大学出版社
	(杭州市天目山路148号 邮政编码310007)
	(网址:http://www.zjupress.com)
排 版	杭州星云光电图文制作有限公司
印 刷	杭州嘉业印务有限公司
开 本	710mm×1000mm 1/16
印 张	14.5
字 数	220千
版 印 次	2024年2月第1版 2024年2月第1次印刷
书 号	ISBN 978-7-308-24666-8
定 价	58.00元

目　录

第一篇　总　论

第二篇　他山之石篇

第三篇　研究篇

第一篇

总 论

区域协调发展思想自诞生以来就得到了广泛关注。如何实现区域协调发展，既是世界各国普遍面临的突出难题，也是当前我国推动高质量发展的必答问题。高质量发展的重要目标之一是实现共同富裕，区域协调发展则是实现共同富裕美好愿景的应然要求，对推动发展的平衡性、协调性和包容性具有深远意义。

第一章　区域经济协调发展的中国战略

第一节　区域经济协调发展研究的缘起和相关理论

一、区域经济协调发展的概念内涵

(一)区域经济协调发展思想的萌发

国外有关区域经济协调发展问题的研究最早可追溯到 19 世纪 30 年代,直到 20 世纪中叶才进入系统研究阶段。早期国外研究没有明确"区域经济协调发展"概念,内涵大致类似的概念是区域趋同(收敛)。区域趋同是指地区间或国家间的收入差距随时间的推移存在着减少的趋势,与之相对的概念是区域趋异。对区域经济协调发展问题的研究,在一定意义上可以等同于对经济收敛或经济趋同的研究。

我国学者在 20 世纪 90 年代初开始探讨区域协调发展问题。自国家战略中包含了区域经济协调发展相关内容后,区域经济协调发展成为经济学、地理学、社会学等学者们研究的热点和重点,我国学者针对当时区域经济差距持续扩大、区域分化明显等问题开展了丰富研究。刘再兴在《九十年代中国生产力布局与区域的协调发展》中最早使用"区域经济协调发展"[1],同年,蒋清海发表了《论区域经济协调发展》一文,对区域经济协调发展的概念、内容和特征进行了初步的概括和讨论[2]。国务院发展研究中心承担的"中国区域协调发展战略"研究课题组在 1994 年出版了

---

[1]刘再兴.九十年代中国生产力布局与区域的协调发展[J].江汉论坛,1993(2):20-25.
[2]蒋清海.论区域经济协调发展[J].开发研究,1993(1):37-40.

研究成果《中国区域协调发展战略》①,集中反映了当时我国区域经济学界对区域经济协调发展的认识。

(二)区域经济协调发展的本质内涵

区域经济协调发展是国家重要的发展战略。从以往研究来看,随着我国国民经济管理实践的发展,学者们对区域经济协调发展研究也在不断深入,特别是对区域经济协调发展的概念内涵、机理作用等理解也在不断完善和深化,从关注区域经济发展差距逐步转到更加注重自然资源、生态环境、公共服务、人民生活水平等领域。

一是偏重经济发展视角的区域经济协调发展。该观点认为区域经济协调发展的核心在于缩小区域差距,衡量区域经济协调发展的标准是区域之间在经济利益上是否同向增长以及经济差异是否趋于缩小。姜文仙、覃成林指出,区域经济协调发展的主题是"经济"。区域经济协调发展是指"在区域开放条件下,区域之间经济联系日益密切、经济相互依赖日益加深、经济发展上关联互动和正向促进,各区域的经济均持续发展且区域经济差异趋于缩小的过程"②。对于中国来讲,区域经济协调发展的重心就在于使落后地区能追赶上发达地区,因此,中西部落后省份应该适当加快经济增长速度③。

二是考虑公共服务、生态环境等因素的区域经济协调发展。国家发改委宏观经济研究院课题组认为,区域经济协调是一个综合性、组合式的概念,其基本内涵由五个部分构成:①因地制宜,形成特色区域经济,分工合理;②在公平竞争基础上形成全国统一市场,人流、物流、资金流、信息流能够在区域间畅通;③各地区居民购买力及基本公共服务差距在合理范围内;④各区域形成互助合作的新型区域经济关系;⑤各区域经济增长与人口资源环境之间协调和谐发展。与国家发改委观点较为一致的是,薄文广、安虎森等认为区域经济协调发展不仅要考虑经济发展水平的差

---

①国务院发展研究中心课题组.中国区域协调发展战略[M].北京:中国经济出版社,1994:1-63.

②姜文仙,覃成林.区域协调发展研究的进展与方向[J].经济与管理研究,2009(10):90-94.

③徐现祥,舒元.协调发展:一个新的分析框架[J].管理世界,2005(2):35-43.

异,还要考虑享受公共服务方面的差异,可以通过社会保障、住房、教育、医疗、生态环境等指标来表征①。陈秀山和杨艳提出区域经济协调发展应包含地区比较优势充分发挥、区域差距控制在合理范围、地区基本公共服务均等化、市场一体化加强、资源有效利用且生态环境得到保护五大目标②。于源和黄征学也认为区域经济协调发展的内涵除了区域间差距保持在适度范围内外,也应涵盖各种要素能在区域间自由流动、主体功能的空间管治约束有效、各地区的居民享有均等化的基本公共服务、以资源环境承载力为基础的空间结构得到优化等内容③。

　　三是考虑可持续发展和以人为本等因素的区域经济协调发展。随着"发展"及"可持续发展"理念的深入,区域经济协调发展的内涵也得到扩展。魏后凯从科学发展观的角度出发,认为区域经济协调发展应包含全面的协调发展、可持续的协调发展以及新型的协调发展三方面的含义④。王圣云在其博士论文中提出,区域间不协调不平衡的现象不能只用经济指标来测量,应该着眼于人自身的发展,关注人类福祉的平衡发展⑤。相类似的,范恒山等的研究也强调了各地区人与自然的关系处于协调和谐状态是区域经济协调发展的题中应有之义⑥。进一步,学者们基于"以人为本"科学理念的具体要求和区域经济协调发展的现实分析,提出以人的自由全面发展为根本的区域经济协同发展增益主要体现在经济总量的增加和人民福祉的提升上,并指出这一内涵表征是坚持以新发展理念为统领、以人民为中心、以解放和发展生产力为本质要求,是最终实现物质文明、精神文明、政治文明和生态文明成果由人民共享的深层协调⑦。由上

　　①薄文广,安虎森,李杰.主体功能区建设与区域协调发展:促进亦或冒进[J].中国人口·资源与环境,2011(10):121-128.

　　②陈秀山,杨艳.我国区域发展战略的演变与区域协调发展的目标选择[J].教学与研究,2008(5):5-12.

　　③于源,黄征学.区域协调发展内涵及特征辨析[J].中国财政,2016(13):56-57.

　　④魏后凯.现代区域经济学(修订版)[M].北京:经济管理出版社,2011.

　　⑤王圣云.区域发展不平衡的福祉空间地理学透视[D].上海:华东师范大学,2009.

　　⑥范恒山,孙久文,陈宣庆,等.中国区域协调发展研究[M].北京:商务印书馆,2012.

　　⑦王曙光,李金耀,章力丹."以人为本"价值下区域协调发展战略的内涵与维度研究[J].商业研究,2019(3):36-43.

述可见,随着国家区域经济协调发展战略的不断调整和演进,学者们对区域经济协调发展概念内涵的认知不断拓展。区域经济协调发展对我国经济社会持续健康发展具有重要意义。作为随着国家战略演进而出现的概念,对其内涵的理解必然要体现国家的战略导向。我国区域经济发展战略经历了从低水平均衡发展到非均衡发展再到协调发展的演变历程,这一历程不仅体现了我国对区域内及区际间发展不平衡的问题的认识,更体现了我国对区域经济发展中的公平和效率之间关系的认识转变。在新发展阶段,为了更好解决我国区域经济发展中存在的不平衡不充分问题,推动经济高质量发展并最终实现共同富裕,党和国家提出"构建优势互补、高质量发展的区域经济布局和国土空间体系",不仅强调区域间发挥比较优势实现互补,同时强调统筹发力、兼顾效率与公平,促进区域经济协调发展,不断推动实现全体人民共同富裕。可见,区域经济协调发展最为核心的两个问题是如何发挥地区比较优势和如何缩小地区发展差距,本质就是协调发展中的效率与公平问题,最终走向共同富裕。为此,本书认为区域经济协调发展的基本内涵是以发展为首要前提,同时兼顾到各区域的利益,逐步缩小地区差距达到各地区共同发展,从而实现区域之间经济发展的共同繁荣、经济发展水平和人民生活水平的共同提高、社会的共同进步,最终实现共同富裕的目标,从而体现出我国社会制度的本质要求。

二、区域经济协调发展的内容特征和标志

(一)区域经济协调发展的主要内容

区域经济协调发展的内容较为丰富。在当前高质量发展的新阶段,本书重点讨论区域经济总量的协调、区域产业结构的协调、区域经济布局的协调、区域经济关系的协调和区域发展时序的协调等内容。

1. 区域经济总量的协调

区域经济总量的协调是指在考虑各区域所处区位及其发展阶段的前提下,实现各区域在发展规模上的协调。区域经济总量的协调包括规模协调和水平协调。规模协调是一个综合性、组合式的概念,是指在各地区的比较优势和特殊功能都能得到有效发挥的前提下,形成因地制宜、分工

合理、优势互补、共同发展的区域经济格局。水平协调是指各地区城乡居民可支配收入及其可享受基本公共产品和服务的人均差距能够限定在合理范围之内,以人均国内生产总值(GDP)衡量的发展水平的差距逐步缩小。

2. 区域产业结构的协调

区域产业结构由两类结构组成:区域三次产业结构和区域产业功能结构。区域三次产业结构是将区域产业部门归并为三类:第一产业是指取自自然界的自然物的生产,第二产业是指加工自然物的生产,第三产业是指繁衍于自然物之上的无形财富的生产。区域产业功能结构是根据产业在区域经济发展中所发挥的功能,将各类区域经济活动分为三类:主导产业,又称专业化产业;辅助产业,是围绕主导产业发展起来的产业;基础产业,意指基础设施和服务业。区域产业结构协调是区域三次产业结构和区域产业功能结构的优化。可从以下方面判断产业结构的协调与否:首先,是否合理利用区域内的自然资源,保护当地的生态环境。产业的形成和发展都不可能脱离物质基础,只有在合理利用本地自然资源的基础上形成合理的区域产业结构,且能够有效保护生态环境,才能形成真正意义上的区域协调。其次,区域内各产业的发展特色是否突出,是否具有一定的产业创新能力。各产业在发展中需按照区域分工的要求,形成本区域的特色产业,并能够合理开发和利用国内外先进技术,充分利用最新科学技术成果来加快区域经济发展。最后,区域产业发展是否能够为区域内的人民提供与区域发展水平相适应的产品和服务。

3. 区域经济布局的协调

区域经济布局的协调是指实现产业在空间上合理分布的过程。企业在空间不断集聚的过程中,会对劳动力、资金、市场、运输、技术和智力资源等的要求越来越严格,其间联系也越来越紧密,进而构成具有网络联系的产业集群,形成一定区域的空间结构。优化地域经济空间结构,实现区域经济布局的协调,是区域协调发展的中心环节和核心任务。根据区域经济发展需要,合理选择产业投资区域,在综合评价区域发展优势和制约因素的基础上,充分考虑市场需求和区际经济联系,实现区域经济景观

(实体)的优化配置,是区域经济布局协调的主要方向。区域经济布局的协调,包括中心城市与周边区域的发展协调、主要基础设施建设的区域间协调、区域产业功能分布的协调等方面的内容。需要强调的是,要特别关注产业功能在大的经济地带或经济板块间分布的协调。

4. 区域经济关系的协调

区域经济关系是指区域之间在发展中形成的经济关系。这些关系可以归纳为两类:第一类是竞争关系。区域竞争关系主要出现在特点相似的区域之间,这些区域的产业特点相近、结构趋同,竞争不可避免。在任何情况下,都可能发生区域竞争,包括争夺市场和争夺资源。在构建全国统一大市场的大背景下,各地区自然条件和经济发展差异的客观现实要求区域间进行合作,这又使区域竞争一般局限在有限的空间或领域。第二类是合作关系。虽然存在区域竞争,但区域合作仍然是区域关系的主流。在各区域之间,由自然特点和经济社会特点决定的发展特点差异较大的区域占大多数。在这些区域之间,区域关系中一种活动的产出表现为另一种活动的投入时所结成的相互吸引的关系,就是区域合作。各区域自然环境和经济社会特征各不相同,而合作的内容经常是两个区域之间生产要素的优劣势的互补,或者是互为市场以扩大生产的规模,因而区域合作对双方发展往往益处更多。区域之间产业上的生产联系十分普遍,同时也能带动其他领域的合作,成为区域合作的基本形式。因此,区域合作往往都是从产业合作开始的。

5. 区域发展时序的协调

区域发展历来都有时序先后现象,即存在先发地区与后发地区的区别。正确的发展时序对于区域协调发展十分重要。改革开放初期,沿海地区实现了率先发展,经济起步迈向高质量发展阶段。中国经济发展在空间上从东部沿海地区向中西部地区部分转移是必然趋势,而且已经形成良好成效,这是区域协调发展的成功实践,也是区域经济在发展时序上的协调。产业在全国范围内的集中和在特定区域内的集中在一定历史时期是必要的,区域内存在重点发展经济的中心区域也是必要的。但与此同时,还要将集中与分散相结合,努力促进中心区域的经济要素向外围地区涓滴式扩散,通过空间的分散实现地方化的发展,通过辐射效应带动区域经济普遍发展。

(二)区域经济协调发展的经济学特征

协调发展作为区域经济发展的一种形态,在区域经济学上具有空间性、功能性、动态性和综合性等基本特征。

1.区域协调发展的空间性特征

从区域经济的理论出发,区域经济是特定区域的经济活动和经济关系的总和。如果把国民经济看作是一个整体,那么区域经济就是整体的重要组成部分,是国民经济整体不断分解为局部的结果。对于国家的经济来说,整体系统涵盖了部门体系,也涵盖了区域体系。区域是其中的一个实体和一个子系统。区域体系由无数个区域实体组成,每一个实体都有其自身的特点和运行规律。我们把国家宏观经济管理职能下按照地域范围划分的经济实体及其运行,都看作是区域经济的运行。

区域协调发展的空间性特征表明,不能抛开区域与国家的关系而孤立考虑区域的发展,也不能用每个区域经济增长的叠加来计算国民经济整体的增长。正确处理区域与国家的关系和区域之间的关系,是促进区域协调发展的重要原则。

2.区域协调发展的功能性特征

区域协调发展的功能性主要通过区域定位来体现。也就是说,我们把国民经济看作是一个完整的区域系统,根据区域协调发展的要求,各区域的发展必须有明确的区域定位,即规定该区域在区域系统中扮演的角色。区域定位展示出一个区域的功能特点,需要寻找到区域的产业优势和区域的资源优势,形成主导产业,确立规划、战略和政策配套。区域协调发展的功能性在区域产业发展中的表现,就是在产业发展的过程中形成区域产业功能结构。这个结构是由主导产业、辅助产业和基础产业共同组成的,功能结构的优化也是区域产业结构优化的重要内容。

3.区域协调发展的动态性特征

在国家的区域发展中,有些地区发展水平相对高,有些地区发展水平相对低;有些地区发展相对快,有些地区发展相对慢。这种状态在不断的变化和转换中,充分体现了区域经济的动态性特征。需要正视的是如何正确处理公平与效率的问题:把生产要素投入在发达地区,效率会更高,地区间的差距会拉大;投入在相对落后地区,可缩小差距,但可能影响效率。因此,如果一项发展政策能够实现区域的帕累托改进,这项政策显然就是可行的。高质量发展下的区域经济应当更加强调公平发展。区域协调发展正是对区域发展导向的调整和干预,旨在树立整体协调的区域之间的发展关系。

4.区域协调发展的综合性特征

协调发展是区域发展综合性的一种体现。解决区域发展中存在的问题,需要对区域发展的方方面面统筹兼顾,形成各类综合体。区域的发展不能仅仅对统计意义上的"整体"做贡献,还要真正惠及由各个区域组成的有机整体。高质量发展下的区域协调发展战略,最大的特点就是增强了区域发展的综合性。以区域协调发展战略来引领经济带之间、城乡之间、类型区之间的发展关系,从而将区域发展与国民经济发展更加紧密地结合在了一起。

(三)区域经济协调发展的判断标志

协调是最优化的状态,又是主观心理感受的结果。在现实中,虽然难以准确计算和把握区域经济发展的协调程度与具体量值,但可以通过一些具体表征来进行判断。具体而言,区域经济协调发展的判断标志可以是几个方面。

一是各区域经济都具有较强的自我发展能力和潜力。无论是发达区域,还是欠发达区域,经济普遍增长,人民生活水平普遍提高,经济社会生态系统已步入良性循环的发展轨道。区域产业结构按照各区域比较优势的原则不断进行转换并向高级化方向发展,使各区域都具有程度不同的比较优势和绝对优势。

二是区际发展差距呈现逐步缩小趋势或是保持在一个社会可容忍的限度内。在区域经济发展协调的状态中,影响区际差异的自身因素正逐渐被改善,而影响区际差异的环境因素,特别是政策性的不平等完全消失,各区域处于相对平等的政策环境中进行竞争和协作,积极参与社会分工。

三是区域间要素能够按照市场经济的需要自由流动。区域间生产要素和商品的交换除了受市场和价格因素的影响外,不受其他非市场、非价格因素的限制和制约,区域间基本不存在市场封锁和资源争夺等区域贸易摩擦现象。生产要素的流动呈双向型发展趋势,既有生产要素从不发达区域向发达区域的流动,同时也有生产要素从发达区域向不发达区域的流动。

四是区域间经济、政治和文化实现广泛联合和发展。区域间经济、政治和文化的联合蓬勃发展,以劳动地域分工为基础的经济区、协作区纷纷出现,区域经济、政治、文化得到了最大限度的整合。

三、区域经济协调发展相关理论基础

(一)区域劳动分工理论与区域协调发展

1.区域劳动分工理论

区域劳动分工理论在要素禀赋区域差异化的基础上,论证了各地区基于自身优势发展经济,并通过与其他地区的交换实现社会福利最大化,从而实现了空间均衡的过程。此领域研究源于亚当·斯密的绝对优势理论。他把分工扩展到空间层面,提出每一个国家都有其绝对有利、适于某些特定产品的生产条件,如果每个国家都按此进行专业化生产,然后彼此进行交换,将使各国的资源、劳动力和资本得到最有效利用,从而提高劳动生产率,增加社会财富,对各国发展都有利。在此基础上,他还论证了具有生产成本和价格优势是实现区域分工进而实现区域生产和贸易均衡的基本力量。

随后,大卫·李嘉图从比较优势的角度提出了比较优势成本是促使区域分工、形成生产和贸易空间均衡的力量的观点。他认为,只要地区间存在着生产成本的相对差别,就会使各地区在不同产品的生产上具有比较优势,从而使地域分工成为可能。"优中选优""劣中选优"使各地区的资源都得到充分有效的利用,能从分工中获得比较利益,这种思想一直都被视为确定地域分工关系的规范。而地区之间进行分工协作正是实现区域协调发展的前提之一,使各地区获得最大利益,也正是区域协调发展的目标所在。

瑞典经济学家赫克歇尔则从要素禀赋存在地区差异出发,认为产生比较成本差异必须有两个前提条件:一是两国的要素禀赋不一样;二是不同产品生产过程中使用的要素比例不一样。在生产过程中,有些产品使用劳动的比重大,是劳动密集型产品;有些产品使用资本的比重大,是资本密集型产品。经济学家俄林也提出,作为"地域"应具备两个条件:一是本地区的生产要素分布和流动情况与其他地区不一样;二是本地区内各小区域之间生产要素分布和流动情况比本地区与其他地区之间的差异要小。这解释了国际贸易存在的原因并且论证了生产布局的空间均衡问题。

2.区域劳动分工理论对区域协调发展的启示

劳动地域分工具有深刻的区域内涵。分工的形成首先是建立在区域差异基础上的。正是由于区域在自然条件、资源禀赋、劳动力、历史发展状况、经济发展程度等方面存在明显差异,才为地域分工提供了前提条件。地域分工决定着区域生产专门化的发展程度,决定着区域产业结构和空间结构的特征,也决定着区域经济联系的内容、性质、规模等。因此,地域分工体现了区域协调发展的本质。

劳动地域分工客观上要求区域之间加强协调联系。区域协调发展是区域之间经济发展上相互联系、经济利益共同增长、经济差异趋于缩小的状态和过程。其核心是实现区域发展的和谐一致。劳动地域分工是社会分工在地域空间上的反映,其发展必然形成区域生产的专业化,促进区域之间的商品生产和商品交换的进一步发展,因此客观上要求区域间组成一个开放系统,以加强协作及区域间的横向经济联系。

劳动地域分工为区域协调发展研究提供了理论依据。劳动地域分工分为区内分工和区际分工两个基本层次,主张区域之间进行有效分工与协作,这是区域协调发展分为区内协调和区际协调的理论依据。区域间比较优势的客观存在是效益产生的基础,区域产业结构效益、空间结构效益、规模经济效益以及由于合理分工所获得的整体功能效益等都是地域分工效益的具体体现,合理的地域分工格局导致这些效益的产生,也将直接促进区域的协调发展。

（二）竞争合作理论与区域协调发展

1. 竞争合作理论的基本观点

竞争合作理论是 20 世纪 90 年代以来产生的管理新理论，其主要代表人物是乔尔·布利克、戴维·厄恩斯特与尼尔·瑞克曼。其著作《协作型竞争》强调"对多数全球性企业来说完全损人利己的竞争时代已经结束""很多跨国公司日渐明白为了竞争必须合作"，跨国公司可以通过有选择地与竞争对手以及与供应商分享和交换控制权、成本、资本、进入市场机会、信息和技术，为顾客和股东创造最高价值。

企业所处的内外部环境发生变化，极有可能会导致市场竞争加剧，企业原有竞争优势消失。为此，一些有识之士便将思路转移到"双赢"或"多赢"目标上，将存在于传统竞争关系中的非赢即输、针锋相对的关系改变为更具合作性、共同为谋求更大"利益大饼"而努力的关系，明确指出未来的企业应该把竞争合作视为企业长期的发展战略之一。尼尔·瑞克曼等在进行大量实例研究后指出，促使竞争合作成功不可或缺的构成因素有三个，即贡献、亲密和远景。贡献是三个因素中最根本的因素，也是成功的竞争合作关系存在的理由，指建立竞争合作关系之后能够创造的具体有效成果，即能够增加的实际生产力和价值。贡献主要来源于三个方面：一是减少重复与浪费，二是借助彼此的核心能力，三是创造新机会。通过合作可创造出无法独立完成的新契机。亲密是成功的竞争合作关系超越了交易伙伴而达到的相当亲密程度，这种亲密程度在传统的买卖模式中是无法想象的。要建立起这种关系，需要做到互信、信息共享和建立有力的伙伴团队。远景是合作关系的导向系统，生动地描绘出合作关系所要达到的目标与达到的方法。由于竞争合作理论具有极强的可操作性，因此一经产生，便显示出强大的生命力和广阔的发展前景。面对区域竞争在推动区域经济高速增长的同时可能暴露出的弊端和问题，竞争合作理论对于指导区域经济高质量发展具有广泛而深远的指导意义。

2. 竞争合作理论对区域协调发展的启示

区域合作是实现区域协调发展的必由之路，特别是对于正处于从高速增长阶段转向高质量发展阶段的国家，如何更好地实现区域内部和区域外部的更好的竞争与合作,将是达到区域协调发展的关键所在,作用于企业发展的竞争合作理论也将对区域产业的协调发展具有指导意义。区域竞争是发展质量的竞争,区域竞争极大地释放了地方政府发展经济的能量,推动了区域经济高速增长。而区域合作是一种发展方式,能够拓展区域自身发展空间、推动经济高效运转、缩小区域差距、提升产业结构、协调区域关系、优化区域布局,乃至重新定位区域功能。区域协调发展就是区域寻求到良好竞争合作之后产生的必然结果和发展趋势。通过区域合作提升区域整体综合实力和竞争力,已经成为区域协调发展重要的策略和手段。

竞争合作理论为培育区域核心竞争力提供理论依据。区域核心竞争力的形成、发展、壮大,对区域经济发展起着至关重要的作用,拥有较强竞争力的区域相对于同类区域对资源和市场具有更强吸引力。因此,与企业发展类似,区域发展同样也必须营造区域核心竞争力,在区域经济竞争与合作中占据主动,更加有效地集聚资本、技术、人才等资源要素,在经济全球化和区域经济一体化背景下,这是区域经济竞争力的优势表现,也是促进区域协调发展的关键所在。竞争合作理论对指导企业、产业及区域培养和发挥各自的核心竞争力同样具有指导意义。

(三)产业转移理论与区域协调发展

1. 产业转移理论

国外经典产业转移模型较为一致地认为产业转移可以缩小甚至消除国家间抑或地区间存在的差距。如赤松要(Kaname Akamatsu)的雁行形态理论、弗农的产品生命周期理论等都对产业转移机制进行了阐释,暗含后起国家可以通过承接产业转移来加快本国工业化进程,并通过技术溢出实现产业结构调整和升级,从而缩小与转出国和转出地的差距。弗农的产品生命周期理论以产品为切入点来解释产业国际转移现象。他将产品生命周期分为新产品、成熟产品和标准化产品三个时期,不同时期产品的特性存在很大差别。随着生产和技术的发展,产品由新产品时期向成熟产品时期和标准化产品时期转换,产品技术密集程度会下降,且随着产品技术密集度的变化,产品的生产会发生区间转移。区域经济学家将产品生命周期理论引入区域经济学中,区域产业梯度转移理论便由此产生。

经济发展梯度是指不同区域在经济发展水平上存在的差异,这是梯度推进理论和反梯度推进理论的客观基础和理论前提。产业结构的状况决定了区域经济的发展水平,尤其是主导产业在产品生命周期中所处的阶段。区域经济的盛衰主要取决于产业结构的优劣,而产业结构的优劣又取决于地区经济部门,特别是主导专业化部门在工业生命循环中所处的阶段。如果一个地区的主导专业化部门主要是由处在创新阶段的部门所组成,这种地区就被列入高梯度地区。如果一个地区的主导专业化部门都是由那些处在成熟阶段后期或衰退阶段的部门所组成,就属于低梯度地区。创新活动大都发源于高梯度地区,随着时间的推移、生命循环阶段的变化,按顺序由高梯度地区逐步向低梯度地区转移。从梯度转移理论可以看出,产业发展的区域性梯度差异,使得产业转移成为可能。

2. 产业转移理论对区域协调发展的启示

产业梯度转移能够有效促进区域经济协调发展。对于高梯度地区而言,成熟产业的向外转移可以缓解本地区内各种不可转移要素(如土地、电力、劳动力等在短期内都可视为不可转移的)的使用紧张状况,为本地区其他产业特别是新兴产业发展提供较低成本,提供更大的经济空间,同时也可以在区外寻找到更适合其发展的区位。对于低梯度地区而言,接受高梯度地区转移来的产业可以直接降低本地区的失业率,增加税收,而且有可能在消化吸收新技术的基础上有所创新,并通过一系列循环累积过程赶超发达地区,提升本地区的梯度等级。对于整个宏观经济而言,产业的梯度转移过程也是各种经济资源重新组合以寻求更高效率的过程。因此,产业梯度转移有利于资源的优化配置和整个经济的产业结构调整,是促进区域经济协调发展的必由之路。

梯度转移并不意味着欠发达地区一定要复制发达地区的发展模式,在欠发达地区重现发达地区的产业结构。产业转移从某种程度上可以看作是高级要素的流动和转移,产业区域转移的主要载体是直接投资和技术转移,其实质是经营资源和技术资源的转移,是企业家资源的“溢出”。欠发达地区引进的先进技术,不一定是第一梯度、第二梯度地区“外溢”的技术,只要有需求又具备必要的条件,落后的低梯度地区就可以直接引进、采用世界最新技术,发展自己的高新技术,实现跨越发展。可见,产业转移作为重要途径有可能将发展机会传播给相对落后地区,从而缩小区域差距,实现区域经济协调发展。

(四)可持续发展理论与区域协调发展

1.可持续发展理论

工业革命以来,人类在不断反思工业发展对资源环境乃至人类自身所造成的破坏和伤害,逐渐意识到要摆脱一系列经济、社会、资源、环境危机必须寻求新的发展模式。可持续发展理论就是在这一背景下应运而生的,其所表达的是一种既满足当代人需要,又不损害子孙后代利益的发展观。

可持续发展突出强调的发展有别于一般意义上的发展,是社会、经济、资源、环境的全面发展。强调经济发展与环境保护紧密联系,要求在发展过程中经济、社会、环境相适应,实现人口、资源、环境与经济的持续协调发展,这也是可持续发展区别于传统发展的一个重要标志。可持续发展强调通过建立经济增长的新模式,实现经济发展与环境保护紧密联系,要求人们改变传统的生产方式和消费方式,纠正过去依靠高消耗、高投入、高污染和高消费来推动和刺激经济高速增长的发展模式,鼓励依靠科技进步和提高劳动者素质来促进经济增长的新模式。

可持续发展强调代际之间在环境资源利用与保护方面的机会均等,所追求的公平发展包括三层含义:一是本代人的公平;二是代际的公平;三是公平分配有限资源。要求当代人在追求自身的发展和消费的同时,将当前发展与长远发展相衔接,对后代人的需求和消费担负起历史与道义的责任。

2.可持续发展理论对区域协调发展的启示

区域发展是一项综合性、复杂性、系统性的工程,涉及经济、社会、资源、环境等方方面面。在区域协调发展的过程中,从区域发展条件和基础分析到明确区内、区际协调发展的定位,再到制定区域协调发展机制的每个环节都需要可持续发展理论的指引,紧紧抓住可持续发展理论的核心,立足于建立有序、和谐、良性、协调、公正发展的区域系统。

区域协调发展,首先要紧紧抓住发展和全面发展这个基础和前提,立足于构建区域内经济、社会、资源和环境发展和全面发展的机制和框架,形成结构优化、富有活力、高效持续的区域经济系统。同时,立足于处理好区域系统各要素之间的协调关系,既包括区内协调也包括区际协调,既包括人与自然的协调也包括人与人之间的协调,既包括城乡协调也包括经济社会协调,努力营造经济、社会、资源、环境协调发展的区域环境。

区域协调发展要强调公平性和以人为本。公平性包括当代人之间的公平、代际之间的公平和公平分配有限资源,需要处理好局部与全局、近期与远期、当代与后代发展之间的关系。需要紧紧围绕以人为本这个核心,以不断改善人们的生活品质,提高人口素质,满足人们多方面需求,实现人的全面发展和社会的全面进步作为区域协调发展的基本出发点和最终目标。

四、区域经济协调发展路径研究

从国内外发展研究来看,区域经济协调发展路径研究取得了较为丰硕的成果,大致涵盖了加快要素流动的区域一体化、产业结构调整和优化促进区域经济协调、区域协调发展目标下的政府公共服务职能完善等方面内容。

(一)加快要素流动的区域一体化

消除地方市场分割、建立完善全国统一开放的市场有利于区域经济的协调发展。发挥市场在资源配置中的基础性作用,破除区域分割,促进区域间贸易联系和打造经济圈,通过一体化发展整合形成统一性的全国大市场。打造统一开放的国内大市场是区域经济协调发展、取得更大规模收益的重要途径,在此过程中应注重生产要素在区际间的自由流动,使资源的配置流向最有效率的地方。区域间的政府合作也是区域经济一体化的理性路径选择之一,是依靠地方政府间对整体利益的共识,运用组织和制度资源形成整体优势来推动区域经济一体化发展。交通基础设施的改善对加快要素流动、实现区域一体化发展具有显著的促进作用,特别是高速铁路建设。当然,能够有效提升区域一体化程度的交通基础设施建设是必要的但不充分的物质条件,同时还需要采取消除地方保护主义、加强以人为本、建立良好的市场环境、建立健全市场经济法律法规和制度建设等必要的综合手段。例如,以实现劳动力在不同区域间的自由流动为目标的区域一体化,就应该更加注重如户籍制度、农地制度、城乡社会保障制度等深层次制度问题,探索实现区域间待遇的均等化发展。

(二)产业结构调整和优化促进区域经济协调

产业结构调整和优化是促进区域经济协调的重点。从我国情况来看,区域间特别是东部地区和中西部地区之间具有差别化的产业梯度,促进产业在区际的有序转移、优化区域间投资结构、科学指导产业布局是实现区域经济协调发展的重要途径。中西部地区可以产业结构调整为核心促进经济起飞,缩小与东部地区的发展差距。同时,产业转移与劳动力回流具有协同效应,能够共同促进区域经济协调发展。劳动密集型制造业与劳动力向中西部地区转移与回流,既为东部地区优化资源配置、加快产业升级创造了条件,也为中西部地区引入产业资源,扩大投资规模带来了机遇。但是,仅有发达地区产业转移还不足以形成大规模的产业转移,同时欠发达地区还必须具备承接产业转移的基础和条件。应该发挥产业移出地和产业承接地自身的比较优势,这个转移过程中就需要政府发挥有效调控的引导作用。一方面要建立和完善市场作用机制,保护合理竞争,防止市场的资源配置扭曲;另一方面,要鼓励给予欠发达地区优惠政策,使这些地区占据一定的产业份额。加快产业区际转移,要形成空间上的产业集群,协调企业跨区域行为,促进企业主导型的区域间合作。

(三)区域协调发展目标下的政府公共服务职能完善

转移支付是政府调节区域经济的重要政策手段。我国实行的转移支付政策对缩小地区差距起到了一定作用,但在高质量发展阶段下,其净效应还需要进一步提高,政策还需要进一步优化,特别是在以提升居民公共服务和福利水平为目的的转移支付政策方面。除了政府的转移支付政策,民间的转移支付也应给予足够重视,原因在于基于社会网络的劳动力流动在发达地区获得了更高的要素收益之后,回流到原地区后可有效促进原地区的福利改善。

探索建立国家区域共同发展基金或者区域产业投资基金。中央和地方政府按比例共同筹措的基金池,可以在公共设施建设、教育和就业培训,以及企业投资补贴等方面给予资金支持。从产业发展角度来看,区域产业投资基金的投向可以更多地考虑支持中西部地区的基础性产业,促进主导产业和关联产业发展、基础设施建设、区域间企业间的经济合作和项目开发等。

加快推进基本公共服务均等化,缩小区域基本公共服务差距,探索户籍制度改革等,使劳动力在区域间享受同等待遇。探索建设用地指标的跨地区再配置,促进区域经济协调发展。探索东部发达地区允许符合特定条件的非户籍常住人口拥有本地城镇户籍,在为经济增长提供新动力的同时,共同分享集聚发展的成果,是一条从集聚中走向平衡的发展道路。

第二节 我国区域经济协调发展战略演进历程

自新中国成立伊始,客观上存在着区域发展的不平衡,主观上一直在寻找推动区域协调发展实现中华民族伟大复兴的道路问题。在不同历史发展阶段,我国的区域经济发展战略也呈现出不同的战略取向和特点,先后经历了从均衡发展到非均衡发展战略,再到统筹协调发展和党的十八大以来的区域经济协调发展战略的历史演变。总体上看,我国区域经济依托于内外部环境变化与国家战略的实施,适时调整战略取向,贯穿了"注重公平—注重效率—公平与效率兼顾—以注重公平为中心、兼顾效率—公平与效率兼顾、实现高质量协调发展"的逻辑主线[①],形成了极具中国特色的区域经济发展战略轨迹。

一、改革开放前的区域经济均衡发展阶段

1949 年新中国成立,标志着我国进入了探索社会主义现代化建设的新历程。新中国刚成立时,我国地区经济呈现出不平衡的宏观区域生产

①刘秉镰,朱俊丰,周玉龙.中国区域经济理论演进与未来展望[J].管理世界,2020(2):182-194.

力布局格局。全国 70％以上的工业集中分布在仅占国土面积 12％的东部沿海地区,占国土面积 68％的西北、西南加上内蒙古工业产值仅占全国的 9％;铁路里程的 90％以上分布在东部地区[①]。为改变这种历史上遗留下来的生产力布局极不合理的状况,缩小内陆与沿海的经济技术发展差距,达到区域的平衡发展,中华人民共和国成立后党和国家着手实施重工业优先、以内陆地区为主要空间载体的区域均衡发展战略。

其内容主要包括两个方面:一是平衡沿海与内陆的工业布局,集中力量建设内陆;二是建立独立的地区工业体系和经济体系。为实现这一战略,党和国家通过计划手段在基本建设投资和新建项目方面对内陆实行政策倾斜。"一五"时期,中央政府在加强东北、上海、武汉等工业基地建设的同时,以西部的成都地区、关中地区以及兰银地区为重点,以重工业优先增长为中心,有计划、有步骤地对西部进行开发。这一时期的基本任务主要是围绕苏联援建的 156 项重点工程和 694 个投资限额在 1000 万元以上的项目进行的。苏联援助的 156 项重点项目 4/5 在西部,694 个限额以上的工业建设单位中有 472 个分布在内陆,占 68％,其结果是在西部形成了以兰州、西安、成都等城市为依托的新工业基地。"二五"期间,生产力空间布局进一步向内陆倾斜。但针对一度出现的忽视原有工业的倾向,强调了要兼顾内陆与沿海的发展。该时期对西部的部署是积极开展西南、西北等以钢铁、有色金属及大型水电站为中心的建设,在西部建成了一批机械工业基地。西部投资在全国的比重中"二五"比"一五"上升了 2.4 个百分点,尤其是西南地区投资比重逐步提高。

1966 年制订的"三五"计划提出,要"把国防建设放在第一位,加快'三线'建设,逐步改变工业布局"。"三五"时期,全国 976 亿元的基建投资中,分布在东部沿海地区的占 26.9％,中部占 29.8％,西部占 34.9％,不分区的占 8.4％。投资比重占全国 4％以上的 8 个省区全部在中西部地区。"四五"期间,内陆投资比重进一步提高到 57.5％。"三五""四五"时期掀起了"三线"建设热潮,国家在中西部总投资 2000 亿元,占同期全

---

①谢永萍.中国共产党对区域经济协调发展战略的探索[J].喀什师范学院学报,2006,27(4):1-4.

国投资的 40% 左右,通过新建、迁建、改建等方式兴建了 2000 多个大中型骨干企业,形成了 45 个大型生产科研基地和 30 个新型的工业城市。"五五"时期,国家没有再布设新点,但原来安排的项目仍在建设。这一时期,国家投资重点有所东移,但推进沿海和内陆均衡发展的区域战略布局仍未改变。

从实施效果上看,均衡战略实施在一定程度上改变了历史上形成的工业过于集中在东部沿海地区的不合理状况,在内陆地区建立了门类比较齐全的现代工业体系,不仅直接推动了中西部地区基础工业的发展,也为随后西部大开发、振兴东北老工业基地以及中部崛起等战略的实施奠定了坚实基础。这一时期,内陆经济也因此获得了较快发展,内陆工业产值增加了 40 多倍,在全国工业产值中的比重由新中国成立初期的 28% 提高到 36%。但总体上看,这一时期的区域均衡布局战略没有把区域经济的平衡发展建立在生产力发展的客观规律上,更多强调区域平衡发展、社会公平,市场机制对资源的配置作用没有完全发挥出来,经济发展整体效率不够高。例如,当时西南和西北的工业占用资金是上海的三倍,但提供的利税不到上海的一半,固定资产使用效率比东部低 10%～15%。这期间全国省际和三大经济地带的人均 GDP 差距趋于扩大,1952 年省际人均 GDP 的离散系数是 0.590,而"一五""二五""三五"与"四五"计划末期的离散系数分别是 0.671、0.689、0.855、0.925,呈逐步扩大的态势;三大经济地带之间人均 GDP 的离散系数 1952 年是 0.216,而"一五""二五""三五"与"四五"计划末期则分别是 0.261、0.245、0.350、0.399,也呈逐步扩大的趋势。

二、改革开放后的区域经济非均衡发展阶段

1978 年,我国开始实施改革开放,逐渐由计划经济向市场经济转变,以经济建设为中心解放和发展生产力,以政府为主导进行的均衡生产力布局模式已无法有效指导资源的空间配置[①]。党的十一届三中全会以

---

①孙久文.现代区域经济学主要流派和区域经济学在中国的发展[J].经济问题,2003(3):2-4.

后,以邓小平同志为核心的党中央领导集体借鉴西方经济学理论并结合我国发展国情,在"效率优先、兼顾公平"原则基础上,依据经济发展水平和地理位置的差异,把全国划分为东、中、西三大地带,东部是经济发达地区,中西部是经济欠发达地区,提出"让一部分人、一部分地区先富起来"。在区域发展上主要体现为"两个大局"的战略构想,即东部沿海地区加快对外开放率先发展,到 20 世纪末全国达到小康水平时,再帮助中西部地区加快发展。这标志着中国区域经济发展战略从新中国成立初期公平导向的均衡发展转变为效率导向的非均衡发展,区域发展战略重心也开始由内陆转向东部沿海地区。

从"六五"计划开始,中国的区域政策重心开始向东部沿海地区倾斜。1981 年,《国民经济和社会发展第六个五年计划》就明确指出:"要积极利用沿海地区的现有基础,充分发挥其特长,带动内地经济发展。"遵循这一指导方针,全国生产力布局开始向东部沿海地区倾斜。五年间,东部沿海地区的基建投资比重首次超过中西部地区,达到 47.7%,中西部比重降至 46.5%,为前几次计划的最低点①。在 1979 年中共中央、国务院正式批准设立深圳、珠海、汕头、厦门四个经济特区的基础上,1984 年国家正式决定开放上海、大连、天津、广州等 14 个沿海港口城市。次年,进一步扩大开放了长江三角洲、珠江三角洲、闽南三角洲为经济开放区,形成了面积 32 万平方公里、人口 1.6 亿的广大沿海开放地带,初步形成了多层次、全方位、宽领域的对外开放局面,进一步加快了东部沿海地区的经济发展。

"七五"计划首次明确了效率优先、非均衡发展的战略要求,并根据东、中、西三大经济地带,提出生产力和经济布局由东向西梯度推移。"七五"计划提出"要加速东部沿海地带的发展,同时把能源、原材料建设的重点放到中部,并积极做好进一步开发西部地带的准备"。党的十三大报告进一步指出东、中、西部要各展所长,并通过相互开放和平等交换,形成合理的区域分工和地区经济结构。1988 年 3 月,"沿海地区经济发展战略"作为国家的大政方针正式提出。中央政府实行了一系列向沿海区域倾斜

---

①陈耀.西部开发大战略与新思路[M].北京:中共中央党校出版社,2000:5.

的政策措施。一是国家对外开放继续向东部倾斜。国家成立海南省,实行更加灵活开放的经济政策。辽东半岛、胶东半岛及环渤海地区在内的沿海城市被划入沿海经济开发区。国家率先在东部沿海地区建立13个保税区、25个高新技术开发区。一系列措施的实施,使东部沿海地区形成经济特区、开放城市、开放地区由点到面的对外开放新格局,其经济发展驶入快车道,呈现出先富、快富新态势。二是国家投资布局重点东移。"七五"期间全社会固定资产投资总额中东部沿海省份占50.92%且全国投资份额前6名的省市都在东部沿海地区。三是国家优惠政策向东部倾斜。中央政府进一步赋予沿海地区在财税、信贷、投资、外资审批、外汇留成等方面更大的自主权。

"八五"期间,中央作出了"开发上海浦东带动长江三角洲和整个长江流域地区的经济发展"的重大战略决策。国家出台了一系列推进和加快东部沿海地区对外开放的政策,使东部沿海地区出现了新一轮对外开放高潮,进一步发展了已经形成的全方位对外开放的格局。与此同时,中央政府开始着手从整体上解决东部和中西部的发展问题。1992年,党中央提出实施由沿海、沿江、沿边、沿线和内陆纵深推进的全方位开放布局,密切了内陆与沿海在对外开放上的横向联系。在沿海地区开放的基础上,批准长江沿岸28个城市和8个地区以及东北、西南和西北地区的13个边境城市对外开放,内陆省会城市全部开放,从而形成了"经济特区—沿海开放城市—沿海经济开放区—沿江沿线沿边开放城市—内地经济特区"逐步推进的开放开发梯次格局。这一时期,中央虽然也扩大了中西部地区地方政府在外贸、财政、金融等方面的自主权,开始酝酿并着手实施国家扶贫开发政策和进一步完善民族地区政策,但投资总体上还是更多集中在东部地区,"八五"期间对东部地区的投资高达62.3%。

改革开放后20年实施的区域经济非均衡发展战略,使东部沿海地区实现了率先发展并带动了国民经济整体发展水平的提高,增强了国家的经济实力。1978—1997年全国GDP年均增速为9.86%,远高于改革开放前年均增长6.10%的速度。GDP总量从3624亿元猛增到74772亿元,是1978年的20.6倍。2000年更达到89404亿元,首次突破一万亿美元大关;人均GDP由1978年的379元增加到1997年的6079元,年均增速为 8.4%,2000 年达到 848 美元,超过了 1979 年提出的人均 800 美元的小康标准,基本实现了小康的目标。与此同时,东部地区的高速发展在一定程度上带动了中西部地区经济发展,促进了内陆经济的繁荣。1952—1978 年,东部 GDP 年均增长 4.63%,中部年均增长 2.92%,西部年均增长 3.53%,而在 1978—1997 年间,东部 GDP 年均增长 11.39%,中部年均增长 9.91%,西部年均增长 9.09%。

另一方面应该看到的是,非均衡发展战略的实施,客观上也加剧了东西部发展差距的扩大,并出现地方经济特别是市场过度自我保护、区际利益冲突等问题。从各地区所占 GDP 的比重来看,1978 年东部占 52.5%,中部占 30.74%,西部占 16.76%,到 1997 年东部上升为 57.96%,中、西部分别下降为 28.13% 和 13.91%;从人均 GDP 来看,中西部与全国平均水平的绝对差由 1978 年的 58 元扩大到 1997 年的 1602 元,相对差由 15.3% 上升为 26.3%,与东部地区的绝对差由 1978 年的 366 元扩大为 1997 年的 6180元,相对差由 53.2% 上升为 57.9%。

三、21 世纪以来区域经济统筹协调发展阶段

20 世纪 90 年代以来,我国制定实施了系列改革措施,国民经济迅猛发展,形成巨大财富积累,后发赶超的发展态势逐渐显现。随着经济体量迅速增大,1978—1997 年,东部和西部人均 GDP 之比由 1.75∶1 扩大到 2.31∶1。非均衡发展造成的区域分化并不能自然消除,而可能会逐渐成为经济持续发展的阻碍因素。进入 21 世纪,城乡之间、地区之间、行业之间、不同群体之间的收入差距和福利差距扩大①。区域经济发展不平衡已经成为我国经济持续、快速、健康发展的一个制约。其中,区域发展差距已经成为制约改革开放向更高水平迈进的关键因素②。

在这样的背景下,加快中西部地区发展、逐步缩小东西部差距、促进地区经济协调发展已成为共识。事实上,从"八五"计划开始,国家就着手

---

① 朱玲,何伟.工业化城市化进程中的乡村减贫 40 年[J].劳动经济研究,2018(4):3-31.

② 王志远.西部的开放与开放的西部:邓小平"两个大局"战略三十年[J].新疆财经大学学报,2018(3):20-27.

对区域经济发展战略进行调整,但是把解决地区差距、实现区域经济统筹协调发展提到战略高度,并作为长期的战略方针提出的是党的十四大、十四届五中全会和党的十五大。1992年,党的十四大报告提出,应当在国家统一指导下,按照因地制宜、合理分工、优势互补、共同发展的原则,促进地区经济的合理布局和健康发展。1995年9月,党的十四届五中全会通过的"九五"计划和建议,明确把"坚持区域经济协调发展,逐步缩小地区差距"作为今后15年经济和社会发展必须贯彻的重要方针之一,强调从"九五"计划开始,要更加重视支持内陆的发展,实施有利于缓解差距扩大趋势的政策,并逐步加大工作力度,积极朝着缩小差距的方向努力。1996年3月,八届全国人大四次会议通过的"九五"《纲要》专设"促进区域经济协调发展"一章,系统阐述了此后15年国家的区域经济发展战略。《纲要》的颁布标志着我国区域发展战略开始向区域经济协调发展阶段转变①。

党的十五大报告(1997)在首次提出"区域经济协调发展"和"可持续发展战略"概念的基础上,专门强调了老工业基地的改造、通过多种形式促进三大地带的联合和合作、民族地区发展、全方位对外开放格局布局、中心城市和小城镇以及跨地区经济区域和产业带的建设等内容。同时,1999年提出"西部大开发战略",从而为实现区域协调发展奠定了基础。2003年的国务院常务会议提出了"振兴东北"的指导思想、原则、任务和政策措施,2004年的政府工作报告中又首次明确提出促进中部地区崛起。2006年和2009年国务院分别正式出台了关于促进中部地区崛起、振兴东北老工业基地的若干意见。党的十六届三中全会明确提出的科学发展观中包括了城乡区域统筹发展在内的"五个统筹",体现了统筹协调发展战略的本质和核心。"十一五"规划又明确提出"坚持实施推进西部大开发,振兴东北地区等老工业基地,促进中部地区崛起,鼓励东部地区率先发展",由此形成了"四轮驱动"的我国区域经济发展新格局。党的十七大报告则首次提出"统筹国内国际两个大局",并且提出要基本形成区域协调互动发展机制和主体功能区布局战略构想。

从这个时期内实施的区域经济发展战略可以看出,中国区域经济已

---

① 陈映.我国宏观经济发展战略的历史演变[J].求索,2004(9):30-32.

经开始进入均衡统筹协调发展阶段。与新中国成立初期计划经济体制下的平衡发展战略不同,这一阶段施行的是在日益完善的社会主义市场经济体制下兼顾效率与公平的区域经济发展战略。西部大开发战略的实施使西部地区基础设施建设、生产生活条件得到显著改善,带动了物流、人流,促进了产业发展。振兴东北老工业基地战略的实施促进了资源型城市可持续发展政策体系的建立和国有企业体制机制改革,提升了接续替代产业发展能力及国有企业竞争能力。中部崛起战略加强了中部地区产业承接能力,一批国家级产业转移承接示范区建设取得明显成效。鼓励东部沿海地区率先发展,成为经济持续快速增长的"龙头"。但 1996—2020 年,东部地区 GDP 相对水平与非均衡发展阶段相比居于高位,人均 GDP 相对水平也相对较高(见表 1-1),表明这一时期区域经济发展不平衡、不充分的矛盾依然突出。

表 1-1　1996—2020 年中国各地区 GDP 和人均 GDP 相对水平的变化

年份	各地区 GDP 相对水平（以各地区平均为 100）				人均 GDP 相对水平（以各地区平均为 100）			
	东部地区	中部地区	西部地区	东北地区	东部地区	中部地区	西部地区	东北地区
1996	202.38	84.35	73.05	40.23	147.77	73.21	63.10	115.92
1997	203.02	85.18	72.06	39.74	148.51	74.10	62.35	115.04
1998	204.54	84.71	70.78	39.97	149.55	73.59	61.04	115.83
1999	207.32	82.76	70.05	39.87	151.69	71.96	60.37	115.97
2000	209.94	81.44	68.53	40.09	148.45	72.83	60.52	118.20
2001	211.15	80.67	68.37	39.81	149.11	72.20	60.79	117.91
2002	219.33	82.11	70.10	28.46	164.69	78.45	66.61	90.25
2003	216.26	77.76	67.74	38.23	153.20	70.45	60.95	115.41
2004	216.69	78.63	67.59	37.08	153.65	71.70	61.45	113.20
2005	221.94	75.12	68.44	34.50	158.36	71.15	63.54	106.94
2006	221.97	74.70	69.32	34.00	157.77	71.42	64.87	105.94
2007	220.25	75.74	70.33	33.68	155.49	72.90	66.20	105.42
2008	216.51	76.85	72.54	34.09	151.20	73.81	68.19	106.80

年份	各地区 GDP 相对水平 （以各地区平均为100）				人均 GDP 相对水平 （以各地区平均为100）			
	东部 地区	中部 地区	西部 地区	东北 地区	东部 地区	中部 地区	西部 地区	东北 地区
2009	215.35	77.28	73.33	34.03	149.40	74.45	69.13	107.02
2010	212.36	78.81	74.51	34.32	144.57	76.15	71.25	108.04
2011	208.16	80.14	76.89	34.81	139.21	77.29	73.06	110.44
2012	205.28	80.67	79.02	35.02	135.42	77.70	74.72	112.16
2013	204.79	80.66	80.05	34.50	134.18	77.97	75.73	112.13
2014	204.63	81.06	80.72	33.59	133.57	78.81	76.54	111.07
2015	206.42	81.33	80.26	32.00	135.23	79.82	76.54	108.41
2016	210.33	82.37	80.42	26.87	141.61	83.63	79.04	95.71
2017	211.46	83.33	79.59	25.62	142.74	85.33	78.54	93.39
2018	210.34	84.25	80.60	24.82	141.66	86.58	79.58	92.17
2019	207.51	88.80	83.30	20.40	142.96	93.79	84.28	78.96
2020	207.72	87.81	84.27	20.20	142.31	93.15	85.06	79.48

四、党的十八大以来区域经济协调发展阶段

区域统筹发展战略的实施在不断地缩小区域之间的差距,在西部大开发战略中这个效果体现得尤为明显,但区域之间的发展差距依然存在。随着科技进步和信息通信技术的高速发展,国家之间经济联系日益紧密,经济全球化和一体化进程不断深入。在此趋势下,党的十八大报告对区域协调发展做了新的阐述,提出要"创新开放模式,促进沿海内陆沿边开放优势互补,形成引领国际经济合作和竞争的开放区,培育带动区域发展的开放高地",以及"统筹双边、多边、区域次区域开放合作,加快实施自由贸易区战略"。同时,还特别强调要缩小政策单元,重视跨区域、次区域规划,提高区域政策精准性[①]。2013 年,我国相继提出建设"丝绸之路经济

①孙久文.论新时代区域协调发展战略的发展与创新[J].国家行政学院学报,2018,115(4):109-114.

带""21 世纪海上丝绸之路"的倡议,并强调了京津冀协同发展作为国家战略的重要意义。党的十九大报告(2017 年)首次提出要实施"区域协调发展战略""乡村振兴战略""创新驱动发展战略""可持续发展战略"等具有划时代意义的战略安排,从而开启了我国区域协调发展的新时代[1]。2019 年,党中央、国务院先后发布了《粤港澳大湾区发展规划纲要》和《长江三角洲区域一体化发展规划纲要》,并将黄河流域生态保护和高质量发展也确定为一项重大国家战略。2020 年,又审议通过了《成渝地区双城经济圈建设规划纲要》。此外,还先后审议出台了《关于新时代推进西部大开发形成新格局的指导意见》。"十四五"规划也明确将"优化区域经济布局,促进区域协调发展"作为未来一段时期经济社会发展的主要目标和重大任务。这些国家战略规划的实施,无疑为新时代促进中国区域经济一体化协调发展和高质量发展指明了方向目标、明确了任务重点并提供了制度保障。

总体上,党的十八大以来,随着我国区域经济协调发展战略不断完善和实施推进,我国区域经济协调发展呈现新格局和新特点。一是区域经济协调发展战略体系逐步成熟。我国区域协调发展战略体系不仅包含"鼓励东部地区率先发展,积极推进西部大开发,振兴东北地区等老工业基地,促进中部地区崛起"四个板块的内容,也涉及"京津冀协同发展、粤港澳大湾区建设、长三角一体化发展"等区域重大战略的内容;不仅包含全国主体功能区规划的实施,也涉及长江经济带发展、黄河流域生态保护和高质量发展的内容;不仅涵盖新型城镇化、都市圈、城市群的建设,还涉及对"老少边穷"地区的扶持。这一旨在拓展中国经济活动空间,构建形成东中西互动、优势互补、相互促进、共同发展的区域协调发展新格局的区域协调发展战略体系,为站在新的历史起点,开启全面建设社会主义现代化国家新征程、向着富裕社会迈进奠定基础。二是区域协调发展的崭新格局逐渐形成。党的十八大以来,我国区域协调发展取得历史性成就。首先,区域发展的相对差距持续缩小。中西部地区经济增速连续多年高于东部地区,中、西部地区 GDP 占比由 2012 年的 21.3%、19.6%分别提

---

①张贡生.中国区域发展战略之 70 年回顾与未来展望[J].经济问题,2019(10):10-18.

高到 2021 年的 22%、21.1%。其次,基本公共服务均等化水平不断提
高。基本医疗保障实现全覆盖,中西部地区每千人口医疗卫生机构床位
数已超过东部地区;义务教育资源基本实现均衡,东、中、西部地区义务教
育生师比基本持平,生均用房面积差距明显缩小。最后,"老少边穷"地区
实现振兴发展。革命老区经济快速发展;边境地区繁荣稳定,发展水平不
断提高;区域性整体贫困得到解决,完成了消除绝对贫困的艰巨任务,现
行标准下 9899 万农村贫困人口全部脱贫,832 个贫困县全部摘帽,12.8
万个贫困村全部出列。

第三节　中国式现代化与区域经济协调发展新格局

新时代,我国发展的中心任务是全面建成社会主义现代化强国、实现
第二个百年奋斗目标,以中国式现代化全面推进中华民族伟大复兴。基
于人民日益增长的美好生活需要和不平衡不充分的发展之间的矛盾这一
我国社会当前的主要矛盾,党的二十大就全面建设社会主义现代化国家、
全面推进中华民族伟大复兴作出重大战略决策部署,明确提出把促进区
域协调发展作为加快贯彻新发展理念、构建新发展格局、推动高质量发展
的五大重点任务之一。破解不平衡不充分的发展问题,促进全面协调发
展,是全面建设社会主义现代化国家的内在要求,而实施区域协调发展战
略是解决发展不平衡不充分问题的关键,是实现高质量发展和全体人民
共同富裕的重要途径,对我国全面建设社会主义现代化国家、实现中国式
现代化具有重要意义。

一、区域经济协调发展与中国式现代化的内生联系

(一)区域经济协调发展是中国式现代化的关键路径

中国式现代化是在人与自然和谐共生可持续发展的基础上,缩小各
区域之间以及各区域内部的发展差距,实现各区域发展的均衡,达到全体
人民共同富裕,丰富人民的精神世界,创造人类文明的新形态。高质量发
展是全面建设社会主义现代化国家的首要任务。作为现代化经济体系建

设目标之一和高质量发展的前提条件,区域经济协调发展不仅是推进中国式现代化的必要支撑和关键抓手,也是中国式现代化本质要求在区域层面上的体现。

一方面,区域经济发展是国家发展在特定地域空间的表现。我国幅员辽阔,不同区域在地理区位、资源禀赋和发展程度上存在较大差异,区域发展不平衡不充分问题解决与否直接影响社会主义现代化的进程。对于有着巨大人口规模和辽阔国土面积的中国而言,实现整体高质量发展是一项复杂的系统工程。以区域经济协调发展为切入点,提高生产要素在区域间的流动,根据各地区发展的条件和发展定位,实现区域间的合理分工和优化发展,从而实现区域的高质量发展和全体人民共同富裕,既是对高质量发展任务的科学分解,也是对高质量发展实现中国式现代化任务的细化落实。

另一方面,区域经济协调发展的战略意义不仅体现在高质量发展维度上,更体现在作为区域高质量发展的实现手段——区域治理的关键作用上。与西方国家"小政府、大市场"模式不同,我国政府具有较强的资源配置与市场调节能力,政府强制性制度变迁与引导性制度变迁为要素快速集聚、有效实施赶超战略提供了有力支撑,推动"有为政府与有效市场"更好地结合已经成为推进中国式现代化的重要探索和改革重点。区域经济协调发展强调正确发挥政府和市场的作用,以中央政府与地方政府之间的治理结构及治理关系为纽带,形成有为政府和有效市场,提高生产要素利用效率,结合区域发展的有利条件,提高区域的整体发展水平,将使各区域在国家战略指引下成为推动我国经济发展的支撑点和着力点。

(二)区域经济协调发展是实现共同富裕的必然要求

中国式现代化要求实现共同富裕现代化,防止收入差距过大,这既是社会主义基本制度决定的,也是稳定推进现代化进程的客观需求。共同富裕的本质是全体地区、全体人民共同富裕,而不是少部分地区或者一部分人民的富裕,只有不断提升区域协调发展战略实施效果,才能为共同富裕目标的顺利实现奠定坚实的区域经济发展基础,真正推动中国式现代化的发展。

从区域经济协调发展和共同富裕的关系看,由于区域差距在所有差距类型中的基础性地位,以及缩小区域差距本身所体现的发展性,区域经济协调发展对实现共同富裕目标具有重要作用。首先,从直接逻辑看,区域差距、城乡差距、行业差距、职业差距等不同的差距类型都需要在实现共同富裕的过程中被缩小。然而,与其他类型的差距不同,区域差距在缩小收入差距的整个过程中具有独特地位,主要表现为区域差距是其他类型差距的基础,区域差距越大往往意味着其他类型的差距也会越大。地理环境、政治文化、社会因素等方面的差异性,导致我国区域间形成了经济发展水平的差异,进而导致区域间人均收入差距的产生,直接影响到全体人民共同富裕目标的实现程度和水平。因此,实现共同富裕,就需要缩小多种不同类型的收入差距,而其中又以区域差距的缩小最为紧迫和重要。其次,缩小差距并不意味着共同富裕目标就一定能够实现,区域整体发展水平超越富裕标准才是共同富裕目标实现的重要前提。可见,区域整体发展水平的提升与区域之间发展差距的缩小是实现共同富裕目标的两大必要条件,缺一不可。缩小区域差距只是解决了区域之间相对发展差距问题,想要真正达到共同富裕水平,还必须保障所有区域的发展水平,实现区域经济发展的整体协调,解决区域之间的绝对发展差距问题。而区域经济协调发展的最终目的就是缩小区域发展差距、实现区域间的均衡发展,因此,新时代更需要深入推进区域协调发展,缩小区域发展差距,保证发展的成果惠及全体人民。

(三)区域经济协调发展是构建新发展格局的内在要求

构建新发展格局是关系全面建成社会主义现代化强国的关键战略举措,也是中国式现代化道路走稳走实的关键一招。构建新发展格局,迫切需要加快建设高效规范、公平竞争、充分开放的全国统一大市场,进而助力区域协调发展。在这一过程中,能够培育新的消费增长点,建立强大的内需和供给体系。

根据宏观经济学的理论逻辑,在促进经济增长的主要作用力中,总需求是主要作用力量,因此通常情况下,需要依靠总需求的提升来拉动经济增长。如前文所述,改革开放 40 多年来,我国区域经济增长主要是在国际循环为主的模式下进行的,即依靠外需进行出口拉动。在这种模式下,在对外开放中占据区位和政策优势的东部沿海地区率先实现了发展和现代化。但与此同时,单纯依靠出口的外需拉动,尽管在一定程度上刺激了国内市场的投资需求,但是不利于刺激国内消费,不利于提升居民消费能力,其原因在于长期的出口竞争导致一些产业依靠低成本等方式赢得竞争优势,这势必出现挤压产业工人工资情况的发生,从而造成居民消费被抑制,进而影响总需求的提升。特别是 2008 年全球金融危机以来,欧美等发达国家实施系列贸易保护主义、提高进口关税等逆全球化举措,造成中国等广大发展中国家出口受阻,在一定程度上影响了我国的国际循环。为此,我国提出构建以国内大循环为主体、国内国际双循环相互促进的新发展格局,这既能激发国内消费需求,也能倒逼国内产业转型升级、加快高质量发展,增加有效供给,从而形成内需和外需协调联动拉动区域经济增长的目的。同时,消费需求的增长还能促进出口,促进资源有效利用和高效配置等,进而促进区域经济增长。此外,构建以国内大循环为主体的新发展格局,如果没有东中西部地区在各个方面的协调和一体化发展,也会影响国内大市场的形成,进而影响人民日益增长的对美好产品的需求供给。因此,构建以内需为主导的新发展格局,既能促进国内与国际的双循环,也能对区域经济增长产生巨大的"乘数效应",减少国际经济波动对区域经济发展的影响,加快推动区域经济协调发展。由此可见,高质量发展阶段下促进区域经济协调发展是构建新发展格局目标任务的内在要求。

二、新时代高质量区域经济协调发展的新要求新任务

(一)新时代推进区域经济协调发展和共同富裕面临的主要问题

1.区域经济失衡问题依然严峻

现阶段,我国区域经济发展仍然存在不平衡不充分的分化态势。区域经济失衡问题主要表现在以下几个方面。一是区域各板块发展分化。当前我国经济格局总体态势仍呈现出东强西弱的局面,南北差距呈现出增长速度"南快北慢"、经济总量"南大北小"、人均水平"南高北低"的特点。特别是资本分配不均匀,构建新发展格局所需要打破的体制机制障碍仍然存在,区域新旧动能转换还未完全到位,区域经济发展差距与实现共同富裕的要求还有较大距离。二是区域内部城市之间、区县之间因发

展条件不一而增长规模和发展质量尚不同步。《2020 中国人口普查分县资料》显示,江苏省、浙江省、福建省的 4 个县级市跻身大城市行列,另有24 个被确定为中等城市的县级市也主要分布在东部省份。三是城乡之间的收入失衡。城乡收入差距问题始终是制约地区协调发展和实现共同富裕目标的重要问题。当前城乡融合发展与共同富裕实现的难点主要包括四个方面:(1)城乡不平衡不充分发展的现实矛盾依然存在,(2)城乡公共服务不均等,(3)农村基础设施建设短板依然存在,(4)城乡要素资源分配不合理。目前我国城乡、区域、社会各阶层的福利水平等仍然存在明显差距。对于提高地方居民的福利水平,转移支付和对口援助只能起到辅助的作用。当前我国城乡收入和地区收入差距虽呈现缩小趋势,可支配收入增长的差距仍然较大,我国在实现共同富裕的道路上仍然有较长的路要走。四是工资收入差异明显。近年来尽管全社会的工资收入水平普遍提高,但制造业、城镇私营单位从业人员收入远低于金融、计算机等热门行业以及国有单位,而且这一差距有逐步扩大的趋势。五是发展动力极化现象日益突出。经济和人口向优势地区集中趋势日趋明显,大城市、中心城市的虹吸效应往往大于外溢效应,都市圈和城市群正在成为承载发展要素的主要空间形式。同时,部分地区经济活力不足,资源枯竭型城市转型迟滞、农村空心化现象依然存在。

2.欠发达地区的内生增长能力有待提高

欠发达地区自身的发展能力也是决定共同富裕能否实现的关键前提。由于欠发达地区的数量远远多于发达地区,绝大多数欠发达地区都需要依靠自身的发展能力来实现一定程度的发展[1]。然而,大量的案例与数据都表明欠发达地区自身的发展能力并不足以支撑其发展。从非东部沿海发达地区的各省、自治区、直辖市财政自给率看,一些区域出现发展收益远远低于发展成本且两者差距正在快速拉大的现象。我国非东部发达地区省份的财政自给率总体上呈现下降趋势,虽然 2009—2013 年平均财政自给率有所上升,但是 2013 年以后财政自给率又开始下降。相比

---

[1]锁利铭,贾志永.能力—任务—环境约束下的欠发达地区政府失灵分析[J].中国行政管理,2005(11):66-69.

于 2013 年 41.7% 的平均财政自给率水平,2019 年的平均财政自给率下降至 36.8%,六年时间下降了 4.9 个百分点,年均下降超过 0.8 个百分点。此外,从不同省份财政自给率的绝对水平看,除了重庆市财政自给率在 2017 年还高于 50%,其他 21 个省份 2015 年以后的财政自给率已经都低于 50%。即使是重庆市,其 2019 年的财政自给率也下降至 44%。更值得注意的是,2019 年吉林省、黑龙江省、广西壮族自治区、贵州省、云南省、西藏自治区、甘肃省、青海省、宁夏回族自治区、新疆维吾尔自治区等 10 个省份的财政自给率低于 35%,这不仅反映出这些地区面临的巨大发展压力,同时也从侧面反映了这些地区发展能力尚不足以支撑自身的可持续发展。显然,在这种情况下,缩小区域差距最紧迫的任务应是着力缩小区域发展收益与发展成本的差距,努力提高区域的财政自给率,使越来越多的区域能够实现发展收益大于发展成本,而实现这一目标就必然要求提高欠发达地区的发展能力,这是当前我国缩小区域差距和推动共同富裕进程的重要政策导向。

(二)新时代高质量区域经济协调发展的新要求

中国正处于实现"两个一百年"奋斗目标的历史交汇期,进入了一个新的发展阶段。区域经济发展面临三方面的新要求,一是我国发展阶段的新要求,二是高质量发展的新要求,三是第二个百年奋斗目标的新要求。这些新要求从另一个角度来看,就是从不协调到协调,从质量不高到高质量,从全面小康到全面现代化。

1. 发展阶段的新要求:从不协调到协调

改革开放以来,我国经济得到高效快速发展,但与此同时付出了昂贵的资源和环境代价。一方面,资源链和环境链风险对国土空间造成了重大的障碍,从区域人口和面积来看,有超 40% 的区域面积都超载,近 50% 的区域步入人地矛盾紧张的境地。另一方面,对于未来而言,区域协调不仅是目标,而且是发展的途径和动力,即通过区域协调发展启动欠发达地区发展,以获得更大的发展内需,促进我国经济内循环。这符合国家以内循环为主体的发展战略,这是发展阶段的必然要求。如果解决不了协调发展问题,不仅不能创造新的动能,而且我国可能长期陷入中等收入陷阱。

2.高质量发展的新要求:从质量不高到高质量

质量不高的发展是在经济高速发展的同时,生态、社会等各类指标并没有同步、同向、持续地改善和增长。而高质量发展是指经济发展过程中,破解区域发展不平衡、不充分的问题,实现生态和社会同向的增长,或哪怕不同步但保持同向的增长,最后的区域发展模式趋于均衡的状态。实现高质量发展最重要的是按照创新、协调、绿色、开放、共享的新发展理念,转变国土空间治理理念:第一个是如何使我们的发展以人民为中心,不仅让城市居民生活过得好,而且让任何一个区域里的人民生活都过得好;第二个是"绿水青山就是金山银山"理念,改变过去过分看重经济效益而忽略社会效益和生态效益的发展方式,将其放到平衡系统中去看待国土空间的均衡和区域的协调。

3.第二个百年奋斗目标的新要求:从全面小康到全面现代化

2050年要达到的现代化目标可以概括为"两个均衡"和"四个一致"。"两个均衡"是指人口和经济在空间上的分布是均衡的,人口和资源环境在空间上的分布是均衡的。"四个一致"是指:①未来的城市应该是多种多样的,但是不管哪种类型,它的综合价值应该是趋于一致的;②城和乡所承担的功能,应该是特色鲜明的,但是城乡的综合价值应该是趋于一致的;③各地区的自然、文化特色是不同的,但是综合价值又是趋于一致的;④流动空间和各种静止空间的综合价值是趋于一致的,流动空间产生的空间效应趋于向经济地理格局的原点回归。

当前,我国已经进入加快推动共同富裕的历史阶段。在这一伟大历史进程中,应着力解决发展不平衡不充分问题,探索出一条具有平衡性、协调性和包容性的高质量发展路径,在发展的过程中共享发展成果。

(三)新时代我国区域经济协调发展的新任务

1.加快构建新发展格局

面对复杂多变的国际形势和突发公共卫生事件的巨大冲击,全球经济发展面临着严峻挑战。同样,我国也难以独善其身,需要在经济层面着力解决制约发展的难题。特别是,区域经济发展亟须在顶层设计上解决发展不平衡不充分问题,推动经济高质量发展,在各个环节、部门和领域畅通国内外双循环链条。区域协调发展可以凭借新发展阶段的基本需求在打破原有发展矛盾与不足的基础上,强化自身发展并支撑新发展格局建设。当前,构建一体化新发展格局建设需要打通原有生产、分配、流通、消费等环节阻滞,促进各区域进一步打破地方壁垒加入供需循环,"形成需求牵引供给、供给创造需求"的国民经济良性循环,以此面对未来发展机遇与挑战。

新时代我国区域协调发展战略应以服务和推动构建内需为主导,以国内大循环为主体,通过生产、分配、流通、消费环节入手,弥补欠发达地区发展不足,进一步形成区域协调发展新格局,从而实现区域内部供给侧和需求侧的良性互动,并在经济循环过程中打通堵点和淤点以更好地畅通循环渠道和纽带,全面盘活社会经济再生产和高质量发展经济链条,减少国际经济波动对区域经济发展的影响。同时,区域协调发展战略也应着力实现区域内协调和外协调的双向耦合。一方面是在区域内部协调发展过程中,着力构建起支撑国内大循环运转的供给侧和需求侧最优水平,从生产上提升对国内需求的适配性,形成需求牵引供给、供给创造需求的更高水平动态平衡。另一方面,是在区域间形成合理的区域分工协作体系,在相互协作中发挥比较优势,形成优势互补、高质量发展的区域经济布局。

2. 优化区域发展动力转换路径

经济发展进入新常态后,区域发展动力发生新一轮的转换。一方面,投资、消费、净出等动能对区域发展的驱动力递减。另一方面,经济社会的发展使人们对区域发展的质量要求进一步提高。即随着传统发展动力的衰竭,区域发展转向创新驱动,实质是劳动生产率和全要素生产率的提高,经济表现为农业现代化、服务业升级、高端制造业发展和城市化与现代技术的融合。区域发展的动力面临着从传统的要素驱动向创新驱动转换,这是以往区域动力转换所未能呈现的,是更高层次、更为系统的区域动力转换。在经济下行和资源约束的双重限制下,经济社会发展与改革的目标转向了建立区域战略统筹机制、健全市场一体化发展机制、深化区域合作机制、优化区域互助机制、健全区域利益补偿机制、创新区域政策调控机制、健全区域发展保障机制等多个新方面。同时,在区域协调发展的政策规制中,更注重针对微观主体,强调跨区域和次区域的规划,完成区域协调发展从宏观到微观的转向。在区域协调发展新政策的制定和优化中应当客观认识不同地区在区域经济发展中的层次,精准施策,推动区域经济协调高质量发展。

3.加快推动特殊类型地区高质量内生发展

特殊类型地区是"十四五"推进高质量区域经济协调发展的重点区域,承担特殊功能,也是解决发展不平衡不充分突出问题的主战场,面临特殊困难。特殊类型地区包括以脱贫地区为重点的欠发达地区和革命老区、边境地区、生态退化地区、资源型地区、老工业城市等。"十三五"时期,特殊类型地区振兴发展取得重要进展,决战脱贫攻坚取得决定性胜利,但目前仍存在诸多不可忽视的问题,基础设施缺乏和基本公共服务不完善,是掣肘区域经济发展的瓶颈;产业基础薄弱,缺乏特色,大多数地区以农业生产或畜牧养殖为主,发展的能力很低;大多远离市场,资源丰富但开发程度不高,很难吸引企业入驻等。在绝大多数情况下,区域发展水平提升的根本动力只能来源于自身。因此,对具有区位优势的欠发达地区而言,主动接受增长极地区的辐射是有效提高其发展水平的关键。然而,对其他不具备区位优势的地区来说,增强内生发展能力则是其提升发展水平的根本出路。因此,针对老少边穷地区的振兴发展,需要从国家区域发展战略的高度,以增强其内生发展能力为目标,加大力度支持其改善基础设施条件,提高基本公共服务能力,同时加快培育发展优势产业,真正为特殊类型区域高质量发展创造内生增长条件。同时,加快沿边地区开放发展。沿边地区作为我国对外开放,尤其是内陆开放的直接窗口,应紧紧把握"一带一路"倡议的发展机遇,结合扩大沿边开放的实际需要,加快发展沿边开放经济,抢抓全球产业结构和布局调整过程中孕育的新机遇,积极承接国内外产业转移,谋划布局建设综合保税区、边境合作区、自贸区,努力成为我国新发展格局中重要的经济增长点。

4.统筹推动城乡协调发展

现代化建设是系统工程,尤其是对我国这样的农业大国来说,城镇和乡村两头缺一不可,城乡协调发展是服务于新时代区域协调发展的关键一环。"十三五"时期,我国实现了全面脱贫,完成了全面建成小康社会的阶段性目标。然而,当前我国城乡发展差距依然较大,集中体现为以人口城市化为导向的人口结构失衡、以城市扩张和农村萎缩为主的空间失衡、以农村承接传统制造业转移为主的产业失衡、城乡管理体制分割的制度失衡、忽视中小城市过渡作用的城市体系失衡。为此,在新发展阶段,仍需将缩小城乡差距作为区域协调发展的重要内容,深入实施乡村振兴战略,夯实农业生产能力基础,发展特色产业,增加农民收入,巩固脱贫攻坚成果。与此同时,要加快推进以人为核心的新型城镇化。城镇化是现代化的必由之路,是解决农业、农村、农民问题的重要途径,是推动区域协调发展的有力支撑,也是扩大内需和促进产业升级的重要抓手。因此,要坚持把城镇和乡村贯通起来,抓规划、强联动、兴产业、促融合,构建以县城为龙头,中心镇、特色镇串珠成带的发展格局,推动城乡融合发展,激发乡村发展活力。强化乡村振兴战略和新型城镇化战略的有机统一,通过顶层制度设计促进城乡互动,减少阻碍城乡各类要素流动的体制机制,加强城乡合作和联动发展,促进城乡生产要素自由流动、平等交换。

第二章　区域经济协调发展的浙江实践

"千钧将一羽，轻重在平衡。"区域经济差距是各地区地理环境、资源禀赋、资本积累、发展基础等诸多因素差异所导致的，是经济发展过程中的自然现象和必然结果。区域经济差距在任何地区都是不可避免的，也无法完全消除，只能使之保持在合理区间。改革开放以来，"七山一水二分田"的浙江，解放思想，实事求是，锐意进取，大胆实践，一跃成为全国体制机制最活、开放程度最高、经济发展最快、人均收入水平最高的省份之一，"均衡浙江"建设取得历史性进展，走出了一条具有浙江特色的区域经济协调发展之路，探索形成了一批成功经验模式。进入新发展阶段，浙江在推进中国式现代化中率先求解共同富裕普遍性难题，重点从推动山区26县跨越式高质量发展发力，持续探索协调发展新路径，为全国推动共同富裕提供浙江示范，继续干在实处、走在前列、勇立潮头。

第一节　区域经济协调发展的浙江探索

一、1978—2002 年：改革先行的活力浙江，率先进入以乡镇企业和民营经济为主体的农村工业化阶段，摆脱贫困取得伟大成就，夯实区域协调发展的经济基础

(一)时代背景

浙江"七山一水二分田"，人多地少、山多田少，地区自然禀赋差异明显，造成了多样化的区域发展条件，而贫困则是这一时期浙江区域发展不平衡不充分的最大表现和突出问题。1978 年，浙江地区 GDP 仅 124 亿元，居全国第 12 位，农村贫困人口有 1200 多万，农村贫困发生率比全国高 5.4 个百分点，农业在国民经济中占较高份额，特别是农业劳动力占全社会劳动力的比重高达 74.8%,属典型的农业省份。想方设法让农民创收增收,加快消除绝对贫困、解决相对贫困,成为摆在浙江省委省政府面前的头等大事。

党的十一届三中全会胜利召开,农村包产到户拉开了中国改革开放的序幕。当年底,邓小平同志首次提出让一部分人先富起来,先富带后富,最后达到共同富裕的思想。勇立时代潮头的浙江,坚决贯彻党的基本路线,贯彻"先富共富"思想,大胆实践,以市场为导向,积极推进农村改革率先突破,走出了一条以乡镇企业、个私企业等民营经济为主体的农村工业化道路,持续推动观念创新、体制机制创新和制度创新,实现了从农业社会到工业化社会的历史性跨越,从经济小省到经济大省的历史性跃迁,区域性整体贫困得到历史性解决,奠定了区域经济协调发展的根基。

(二)发展举措

1. 积极创新生产方式,从农村工业化起步,释放县域生产力,不断壮大区域经济基础实力

1978 年党的十一届三中全会确定实行改革开放政策后,随着家庭联产承包责任制的展开以及中央政府鼓励农村大力发展非农产业所采取的一系列政策措施的实施,浙江"户户办厂""村村冒烟"的农村工业化蓬勃兴起。从培育"一村一品、一地一业"的特色产业起步,逐渐发展成为具有比较优势的块状经济,像杭州软件、宁波服装、温州低压电器及皮鞋、义乌小商品、永康小五金、海宁皮革、嵊州领带等区块,在全国同类产业中都占有相当份额。

在这一进程中,广大农民从只能在人民公社从事农业生产、没有生产经营自主权和自有财产权的农业劳动者转变为可以自由从事多种经营、从事一二三产业的自主创业者和自由就业者。大批农民成为高素质的农业劳动者和产业工人,同时还有一大批具有经商意识的农民成为资本经营者和创业者,形成了百万能人创业带动千万农民转产转业的共创共富机制和五百万浙商闯市场走天下创伟业的旷世奇观。农村工业总产值占全省工业总产值的比重由 1978 年的 16.0% 上升至 1991 年的 48.3%,浙江乡镇工业占据了全省工业的"半壁江山",带动欠发达地区人民生活加快改善,部分发达地区开始向小康迈进。

专栏 2.1　浙江农村工业化的发展阶段和历程

改革开放后,浙江较早地办起乡镇企业和个体私营企业,率先探索农村工业化的成长和发展道路,并同整个工业化进程相融合,不仅对浙江自身,而且对当时全国农村工业化的推进都有重要启示意义。

(1)1978—1983 年:由联产承包促进农村工业化萌芽。与全国一样,1978 年前,浙江实行的也是人民公社制,农村除少量以农机修理、饲料和食品加工等为主的社队企业外,绝大部分农民主要从事农田生产劳动。1978 年党的十一届三中全会后,随着家庭联产承包责任制的展开以及中央政府鼓励农村大力发展非农产业等一系列政策措施的实施,浙江农村工业化蓬勃兴起。1983 年,农村工业总产值达到 76.85 亿元,比 1978 年增加 2.63 倍,年均增长 29.41%。这一阶段,浙江农村工业由于基础好、起步早,表现出了明显的"先行者优势"。

(2)1984—1988 年:由农业劳动力大量转移引起的农村工业化高潮。农村剩余劳动力的大规模转移,既为农村工业化提供了大批的产业工人,又显著提高了农民收入和对工业产品的购买力,从而大大推进了浙江农村工业化的发展。1984 年浙江非农产业劳动力所占比重为28.45%,1988 年为 36.57%,比全国高 15.08 个百分点。另一方面,在当时各种商品紧缺的市场环境下,浙江农村工业生产的虽然质次但价格相对低廉的产品有着巨大的市场空间,为浙江农村工业发展积聚了巨大的资金,许多企业都是在这一时期完成了原始积累。

(3)1989—1991 年:由宏观环境变动引发了农村工业化的第一次低落和徘徊。1989 年下半年开始出现的宏观环境变化,最直观的反映是市场疲软,对低技术含量、产品质量档次不高的浙江农村工业形成严重冲击。再加之当时提出治理经济环境、整顿经济秩序,浙江农村工业化进入低落徘徊阶段。1988—1990 年,全省乡镇工业总产值年均增长率只有 12.11%(扣除价格上涨因素,实际增长约为 7%),明显低于前五年的增长水平,比全国平均增速也要低 6.21 个百分点。1991 年,情况虽有所好转,但仍然没能恢复到以前的发展势头。

(4)1992—2002 年:社会主义市场经济体制改革促使农村工业化进入了一个新的发展阶段。1992 年初邓小平同志的南方谈话及随后召开的党的十四大,明确提出了建立社会主义市场经济体制的改革目标,号召要"抓住时机发展自己",这使浙江农村工业在经历了短暂的低落后迅速摆脱困境,以个体和私营工业企业的兴起为特征,掀起了"二次创业"的高潮。1997 年党的十五大的召开及随后通过的宪法修正案,确立了民营经济的政治合法性,由此浙江农村工业在一个更加宽松的政治、经济环境下得到了快速的发展。这一阶段,浙江农村工业企业的产权形式更多地表现为产权多元化的混合所有制形式,更加与整个经济的市场化、外向化,以及产业结构的调整、企业机制的转换结合在一起。

专业市场既是浙江农村工业化的重要成果,反过来也是促进农村工业化发展的重要平台。在计划经济体制下,乡镇企业是典型的体制外经济,家庭工厂生产的产品通常很难进入正规的商品流通体系,必须另建一个直接面向市场、并由企业享有控制权的、规模大辐射广的销售网络。而规模巨大的以专业市场为核心的销售网络的形成,反过来又进一步推动了以专业化与分工为基础的生产网络的建立和以"小企业、大市场"为特征的产业集群的形成。早在 20 世纪 80 年代初,温台地区和浙中地区就出现了"前店后厂"或就地集中办市场的产销方式,涌现出一批规模较大的商品和专业市场,如桥头纽扣市场、义乌小商品市场(见图 2-1)、绍兴轻纺城等。截至 2000 年底,浙江省共有各类商品交易专业市场 4348 个,年成交额 4023 亿元,连续 10 年成交额位居全国第一。

图 2-1　1984 年的义乌第二代小商品市场

充分利用农村工业化快速推进的有利条件,开启工业化和城镇化互动协调的探索,加快形成县域经济的萌芽,成为"浙江经验"的又一大亮点。随着乡镇企业的发展,布局分散的弊病日益凸显出来,交通不便、信息不通、公共设施不能为众多的企业共同利用,这些问题都不利于乡镇企业的进一步发展。为了改变布局分散的局面,发挥企业集聚效应,各地都采取一些政策措施,引导乡镇企业向小城镇适当集聚。闻名全国的温州市苍南县龙港镇,就是集聚了当时全县个体经营的佼佼者,在一个小渔村基础上兴建的"农民城"。乡镇企业在小城镇相对集中、连片发展,使城镇的经济实力大大增强,促进了产业集聚、人口集聚和农民分工分业,从而为城镇建设和县域经济形成创造有利条件,形成以城带乡、以工促农、工农联动、城乡互动的新机制。截至 2000 年,在浙江经济总量中,县域经济占了三分之二,在全国综合百强县中,浙江占了近三分之一。

2. 大胆变革生产关系,大力发展民营经济和对国有集体企业进行改制,重构充满生机和活力的社会主义市场经济主体,增强区域经济发展动力

在传统体制外率先培育发展民营经济。改革开放之初,我国经济主体绝大多数都是公有制经济,浙江也不例外。随着改革的推进,个体私营经济开始出现,但一直到 90 年代初期,国家对私营企业还持观望态度,实行不提倡、不宣传、不抵制的"三不"原则。到 1990 年,浙江个体私营经济占全省 GDP 的比重仅为 15.7%。党的十五大提出非公有制经济是社会主义市场经济的重要组成部分,从根本上消除了对以个体、私营等为代表的民营经济的政治歧视,浙江省委省政府出台了《关于促进个体私营经济健康发展的通知》《关于深化乡镇企业改革的若干意见》等一系列政策,积极支持个体私营经济的发展。在系列政策的引导下,浙江全省掀起兴办个体私营企业的热潮,工商登记注册的个体工商户和私营企业分别由 1991 年的 100.3 万户和 1.1 万家增至 2002 年的 153 万户和 24.7 万家,个体私营经济实际从业人员接近 1000 万人;全省个私经济总量、销售总额、社会消费品零售额、出口创汇额和全国民营企业 500 强企业户数等五项指标位居全国第一。浙江省个体私营等民营经济从小到大、从弱到强,在增加就业、促进增收、稳定增长、改善民生等方面发挥了重要作用,成为

20世纪90年代全省打赢贫困县摘帽攻坚战的重要力量。

专栏2.2 民营经济——浙江发展的一张"金名片"

改革开放后，勤劳智慧的浙江人民自强不息、勇于创新，抓住机遇加快发展，民营经济是在资源缺乏的自然环境中萌芽、在厚重的历史文化中孕育、在浓郁的商业传统中发展起来，成为浙江的最大特色、最大优势和最大资源，为浙江区域经济发展和社会进步贡献了巨大力量。

1978—1991年是改革启动和探索阶段，民营活力被极大激发。改革在农村率先启动，联产承包责任制的实行，极大地激发了广大农民生产的积极性。1984年，粮食产量达到1817万吨，棉花13.3万吨，油料33.9万吨，分别比1978年增长23.9％、83.1％和53.6％，创下了空前的最高纪录。乡镇企业异军突起，乡村工业占全省工业总产值的比重由1978年的16.0％迅速提高到1991年的48.3％。市场体系培育发展取得初步成效。1991年，全省集贸市场发展到3802个，其中各类专业市场占43％，市场个数和成交额均居全国首位。

1992—2002年是构建市场经济体制框架阶段，民营经济迅速发展。国家层面明确积极支持个体私营经济的发展，作为民营经济先行地的浙江大胆尝试探索，诞生了众多的"第一"：全国第一家私营包机公司创办、全国第一次民企跨区域收购国企、浙江省第一家乡镇企业上市、浙江第一个扶持民营经济的省委文件出台、全国第一个民营企业党委成立、民资入股兴建杭州湾跨海大桥、首家民营企业获得轿车生产资格等，诞生了"修鞋匠"南存辉、"教书匠"马云、"放牛娃"胡季强、"仪表厂厂长"汪力成、"校工"宗庆后、"邮电技术员"王建沂等一大批引领浙江民营经济发展的风云人物。

在传统体制内率先对国有企业和乡镇集体企业进行以产权为中心的改制。浙江在鼓励个体私营经济快速发展的同时，十分重视国有企业和乡镇集体企业的改革和发展。无论是20世纪80年代初"搞活国营企业"的承包制，还是90年代初的"抓大放小"的股份制，再到90年代后期"国

企三年脱困",一轮轮国企改革"攻坚战"为浙江国企的"涅槃"打下了坚实的基础。尤其是全面推进产权制度改革,通过改组、联合、兼并、租赁和出售等多种形式变国有独资企业为多元投资主体的股份制企业,空前激发了浙江国企的活力与潜力,使众多国企的实力得到了明显提升。2002年,浙江省国有及国有控股工业企业完成增加值 438.4 亿元,同比增长 13.0%,较全国平均水平高 1.3 个百分点;国有及其他经济类型投资 2297 亿元,同比增长 22.2%,较全国平均水平高 5.2 个百分点。国有经济的控制力、影响力和竞争力不断增强,对区域经济发展的支撑作用持续强化,特别是如衢化、杭钢等一大批省属企业,通过产业帮扶、就业帮扶、资金帮扶等多种方式协助开展扶贫工作,有效改善当地群众的居住、交通、卫生、养老等基本生产生活条件,推动当地经济社会发展进步。

3.尊重群众首创精神,坚持党政科学有为,不断增强政府驾驭经济发展全局的能力

坚持开明务实的治理理念,允许先行先试,为企业和地方发展营造宽松环境。"无为而治"是各地对改革开放初期浙江各级政府治理的普遍阐释。当时的政府作用,主要不是体现在政策"引导"上,而是体现在政策"允许"上,充分激发和相信人民群众和基层的首创精神和创业精神,可以"先上车再补票",先发展再规范,为基层和老百姓的创业创新闯天下提供宽松的环境。如义乌小商品市场的形成,就是当时的县委书记谢高华听取了群众意见,领导义乌县委、县政府于 1982 年出台文件提出"四个允许"形成的。后来,时任省委书记李泽民总结提出"三个允许五个不"的工作思路,即允许试,允许闯,甚至允许犯错误,不争论、不攀比、不张扬、不气馁、不动摇,坚定、清醒、有作为。这极大地激发了广大基层和群众的创造活力。这表面看是无为而治,实际更是一种担当和作为。正是充分尊重基层和群众的主动性、积极性,形成了有利于市场经济发展的良好环境,为日后浙江各地区经济蓬勃发展、人民走向富足播下了种子。

坚持与时俱进的制度创新和行政管理体制改革,持续健全完善适应区域经济发展需求的体制机制。改革开放后,浙江从一个工业基础相对

落后、经济实力在改革开放之初居全国中下游水平的省份,迅速成长为主要经济指标居全国前列的"经济大省"。其中,"省管县"的体制被认为是这一蝶变进程的关键变量。1992—2022 年,浙江省先后 3 次出台政策,扩大萧山、余杭、鄞县、慈溪等部分经济发达县(市)经济管理权限。以权力下放为核心的"扩权强县"政策的实施,有效地增强了基层政府的自主性,提高了行政效率和履行政府职能的能力,改善了发展的制度环境,大大促进了县域经济社会的大发展、大繁荣。另一方面,浙江省持续创新政府管理方式,自 1999 年上虞市设立全国首家行政服务中心以来,浙江启动第一轮行政审批制度改革,该改革在规范审批权力、净化发展环境、正确处理政府和市场关系方面积累了许多先行先试的经验。

(三)阶段成效

这一时期,浙江把脱贫攻坚作为工作的重中之重,"以工促农"取得显著成效,农村工业化成绩斐然,农村居民快速增收,区域性整体贫困得到解决,为破解区域发展不平衡不充分问题奠定了坚实基础和有力保障。1978—2002 年,浙江 GDP 从 123.72 亿元增加到 8003.67 亿元;实现工业增加值 3670 亿元,按可比价格计算,比 1991 年增长 5 倍,年均增长 17.7%,增幅比全国平均高 4.7 个百分点,工业经济总量跃升至全国第 4 位,占全国的比重为 7.7%,实现了由资源小省、经济小省到经济大省的转变。人均 GDP 年均增长速度高达 13%,增速为全国之冠,城镇居民收入区域倍差[①]由最高的 1985 年的 1.34 降至 2002 年的 1.19。1997 年,浙江一举摘掉 8 个县"贫困帽",成为全国第一个消除贫困县的省份;2002 年,浙江贫困乡镇农村居民人均纯收入达 1922 元,人均纯收入 1000 元以下的贫困人口从 18.1 万人减至 3.7 万人,贫困乡镇如期实现脱贫目标,成为全国第一个没有贫困乡镇的省份。

---

① 收入区域倍差是衡量区域经济协调发展水平的常用指标,是指一个区域内人均可支配收入最高和最低的两个地区的人均可支配收入之比。对浙江而言,自改革开放以来,人均收入最高的地区一直是杭州,最低的地区一直是丽水,因此本书用这两个地区的人均可支配收入之比,作为过去一段时期浙江区域经济协调发展水平的衡量指标。

二、2003—2012 年：在"八八战略"指引下，过去以高增长为特征的"速度浙江"加快迈向更加协调发展的"均衡浙江"

（一）时代背景

进入 21 世纪，特别是我国加入世贸组织以后，国内外社会经济环境发生了较大的变化。2003 年，党的十六届三中全会提出按照"五个统筹"要求全面建成小康社会。经过二十多年的改革发展，浙江省经济社会建设取得巨大成就，在经济总量、增长速度、人民生活水平、社会发展水平等方面都走在了全国前列。但与此同时，浙江省内区域发展不平衡问题逐渐凸显，杭州、宁波、温州等地综合实力遥遥领先，衢州、丽水等地发展较为落后。2003 年，杭甬温三市生产总值均已突破千亿大关，三市生产总值之和占全省生产总值五成以上，而衢州、丽水、舟山等地生产总值之和尚不足全省生产总值的一成。同时，杭州、宁波两市人均生产总值已接近 3 万元，而衢州、丽水两市分别只有 9550 元、8835 元，远低于全省平均水平。

浙江省区域发展不平衡的现实问题引起了时任浙江省委书记习近平的高度重视。在 2003 年 7 月召开的浙江省委十一届四次全会上，习近平同志首次系统提出"八八战略"。其中，明确提出要"进一步发挥浙江的山海资源优势，大力发展海洋经济，推动欠发达地区跨越式发展""加快推进城乡一体化""进一步发挥浙江的区位优势，主动接轨上海、积极参与长江三角洲地区交流与合作，不断提高对内对外开放水平"。至此，在"八八战略"指引下，浙江区域协调发展开启了崭新篇章，走出了一条双向互动、合作共赢、具有浙江特色的区域协调发展之路，丰富了区域经济发展实践的创新理论。

（二）实践举措

1. 山与海"携手"，以设施补短板、要素优合作、项目快帮扶为主线，创新实施"山海协作"工程

区域协调发展，尤其是欠发达地区的发展，对省域协调发展大局有着至关重要的影响。改革开放以来，浙江经济发展速度一直居全国前列，然

而"清大线"两侧①浙西南山区与沿海地区之间的发展鸿沟依然存在,区域发展不平衡现象严重。时任浙江省委书记习近平立足"山海并立"的自然条件,从促进欠发达地区(26 县)跨越式发展与发达地区加快发展的全局高度,大力推进"山海协作"工程,并将其作为"八八战略"的重要内容和浙江推进区域协调发展的一项重大举措。

建立健全对口帮扶工作机制,加大政策统筹和扶持力度。从省级统筹来看,2003 年 5 月,浙江省委、省政府决定设立浙江省对口支援、对口帮扶和山海协作工程领导小组,构成"山海协作"工程的领导决策与制度供给核心。推动浙江省经济强市、经济强县(市、区)与欠发达地区建立结对帮扶关系,构建双方市县长常态化的定期联席会议制度。发挥财政资金政策导向,对于到欠发达地区进行投资办厂、科技合作、外贸加工的合作项目,只要符合《关于全面实施"山海协作工程"的若干意见》《关于加快欠发达地区经济社会发展的若干意见》,即可享受浙江对欠发达地区的扶持优惠政策。在财政转移方面,2010 年浙江省委、省政府决定连续三年由省财政每年每县安排财政专项转移支付资金 2 亿元,支持 6 个重点欠发达县加快增收致富。除省级财政统筹支持之外,合作市县双方亦跟进对合作实际给予财政激励。如宁波镇海区出台《关于推进"龙游—镇海山海协作产业园"建设奖励暂行办法》,对到产业园投资的镇海区企业给予生产投资、技术改造等方面的用地用电优惠、税费优惠或投资补助。

基础设施先行,补齐区域合作硬件短板。"山"与"海"牵手合作,首要前提是互联互通。"要想富,先修路"观点并不过时。高山、深山、海岛、库区等地的欠发达县(市、区)的共同特征是交通闭塞,物流成本畸高,形成欠发达地区与发达地区商贸往来、人员流动、信息交流的主要"卡脖子"障碍。同时,能源、资源、通信等重点基础设施供给水平也与发达地区存在显著差距。对企业而言,在欠发达地区开办企业面对电、水、互联网等基本生产要素欠缺问题,不仅是价格成本问题,更是可得性约束问题。在温

---

①这是一条连接浙江临安的清凉峰镇和苍南的大渔镇的分割线。分割线的东北侧,是繁华的杭嘉湖绍平原和甬台温地区,经济社会发达;分割线的西南侧,则是深藏在绵延丘陵中的丽水、衢州、杭州建德和淳安、温州、苍南等县市,这是浙江省发展相对落后地区。

州洞头调研时,习近平同志曾指出,"舟山的大陆连岛工程,洞头的半岛工程,都是'一通百通'的工程,可以迅速改善海岛居民的生产、生活条件,促进海岛经济的发展"。

促进区域资源要素的有序流动和优化配置,夯实跨越发展根基。在发展初期,大力培育产业、增强经济实力,更好满足人的现实发展需要,依然是欠发达地区发展的第一要务。然而,相较于沿海发达地区,由于经济上的地理因素加大了物流、交通等成本,浙江海岛、山区、老区等欠发达地区产业集聚成本畸高,生产力水平低下,导致社会生产无法满足群众生存发展的物质生活资料需要。基于此,浙江省委、省政府统筹协调省内资源,正式印发《浙江省"五大百亿"工程实施计划》等一系列文件,加快人流、物流、资金流等资源的区域间共享与扩面,帮助欠发达地区引进项目、引进资金,还要求发达地区帮助解决项目建成后的技术开放、市场扩展与管理运营等具体问题。同时,"山海协作"发挥欠发达地区劳动力要素富集优势,加速劳动力转移与人口迁移,为提高人民群众收入水平奠定坚实基础。"十一五"期间,全省完成下山搬迁 10.3 万户 37.2 万人,组织劳务培训 28 万人次,转移就业 53 万人,累计帮扶低收入人群增收 25 亿元。

强化产业项目协作,助力欠发达地区加快培育现代产业体系。习近平总书记曾多次强调,搞"山海协作"要把合作重点放在优化产业结构和促进经济发展方式转变上。在全省统筹下,浙江 26 个欠发达的山区县(市、区)立足产业基础、资源禀赋,积极谋划和加大与经济强县在信息经济、节能环保、健康、旅游、时尚、金融、高端装备制造以及文化创意等八大产业领域合作,引进和培育了一批龙头企业,助推产业结构调整。仅"十一五"期间,全省累计签订山海协作特色产业项目 6329 个,到位资金 1415 亿元,财政转移支付 1135 亿元,年均增长 28.6%。创新打造山海协作产业园,实现发达地区与欠发达地区资源的有效整合,既有利于发达地区"腾笼换鸟"、拓展发展空间,又有利于欠发达地区加快培育特色优势产业,形成了互惠互利、合作共赢的产业协作方式。

专栏 2.3　浙江"山海协作"工程的提出和实施

（1）"山海协作"工程的实施历程

强力启动阶段（2002 年 4 月—2003 年 7 月）。2002 年 4 月，浙江省发布《关于实施山海协作工程帮助省内欠发达地区加快发展的意见》，决定组织省内沿海发达地区与浙西南、海岛等欠发达地区相互结对，自此开启山呼海应的全新探索。2003 年 5 月，省委省政府决定设立浙江省对口支援、对口帮扶和山海协作工程领导小组。同年 7 月，时任浙江省委书记习近平在省委十一届四次全会上提出"八八战略"，其中之一即"进一步发挥浙江的山海资源优势，大力发展海洋经济，推动欠发达地区跨越式发展"，并多次强调"山海协作工程"是实施"八八战略"的重要内容，是统筹区域发展的一个重要抓手。

全面实施阶段（2003 年 8 月—2006 年）。2003 年 8 月，《浙江省人民政府办公厅关于全面实施山海协作工程的若干意见》正式印发，各有关部门也按照职能分工制定相应配套政策，形成了山海协作的政策指导体系。2004 年 4 月，浙江青年山海协作行动正式启动，同时设立浙江省农村青年发展基金，主要用于本省欠发达地区开展农村青年素质培训、表彰奖励等工作。同年 10 月，义乌国际小商品博览会首次设立山海协作专区，引起社会各界的广泛关注。2006 年 12 月，时任浙江省委书记习近平在全省"山海协作"工程会议上强调，要把欠发达地区资源、劳动力、生态等优势和发达地区的资金、技术、人才等优势有机结合起来，不断增强推进山海协作的动力。

持续深化阶段（2007—2012 年）。2007 年 6 月，省第十二次党代会报告明确把加快欠发达地区发展作为"创业富民、创新强省"战略的重要组成部分，时任省委书记赵洪祝强调，要进一步优化和创新扶持政策和帮扶载体，深化山海协作，促进欠发达地区快速发展。2009 年，浙江开始实施新一轮山海协作工程，明确提出把推进山海协作工程和实施包含"基本公共服务均等化行动计划"和"低收入群众增收行动计划"在内的"全面小康六大行动计划"结合起来，着力在基本公共服务和低收入群众增收两个方面加快推进欠发达地区跨越式发展。2012年8月,浙江省委省政府办公厅印发了《关于推进山海协作产业园建设的意见》,积极引导经济强县制度和产业、科技、服务、人才等创新要素向加快发展县梯度转移,全省首批9个省级山海协作产业园建设正式拉开了帷幕。

(2)"山海协作"工程的核心要义

聚焦"均衡浙江"建设。虽然浙江从20世纪90年代就开始开展各类扶贫工程,但是"输血"式的扶贫没能根本解决欠发达地区的落后面貌,而沿海发达地区因受资源制约,又有大量的产业资本走向省外、国外。地区失衡之"痛"成为全省之"痛",是浙江全面建成小康社会必须跨越的障碍。为了缩小地区差距、促进区域协调发展,山海协作工程应运而生,着眼于全省经济布局优化,积极推进"均衡浙江"建设。

探索"造血强本"模式。山海协作工程突破了长期以来治标不治本的"输血帮扶"式传统模式,改"输血"为"造血",把"山"这边的资源、劳动力、生态等优势与"海"那边的资金、技术、人才等优势有机结合起来,通过发达地区产业向欠发达地区合理转移、欠发达地区剩余劳动力向发达地区有序流动,充分调动山海两头的合作积极性,在优势互补、合作共赢中提升欠发达地区的生产力水平和发展活力,使欠发达地区成为新增长点,推动区域协调可持续发展。

坚持"市场主导"方向。在由政府搭建、市场运作、各方参与的开放平台上,发挥市场机制主导作用,利用市场、产业和要素的互补性,"因地制宜"开展协作,实现市场主体对接,让"山"与"海"掌握"联姻"的主动权,提升企业参与山海协作工程的主观能动性,保持协作的长期活力。

2.城与乡"融合",开启以工促农、以城带乡、城乡一体化的发展新阶段

在2003年按当时美元价格计算,浙江的人均GDP已经达到2800美元,总体上进入工业化中期阶段,但城市化水平明显滞后于工业化和经济发展水平,大城市要素集聚和经济辐射功能较弱,小城镇遍地开花,"村村

像城镇、城镇像农村"的低水平建设突出,成为浙江区域发展不够协调的矛盾焦点。一方面,人的城市化水平不足,导致已经从事非农产业的劳动大军滞留在农村不能取得市民的身份和权利,束缚了这批人收入水平的进一步提高和生活品质的进一步改善。另一方面,城市化的加速推进所创造的市场需求和供给潜力,是浙江区域经济快速增长的基本动力源。2003 年 7 月,时任浙江省委书记习近平同志在"八八战略"中提出要"进一步发挥浙江的城乡协调发展优势,统筹城乡经济社会发展,加快推进城乡一体化"。在浙江省委的正确领导下,浙江顺应时代发展趋势,在全国率先实施城市化战略,加快推动城乡空间布局优化、城乡要素均衡配置、城乡经济互动融合,加快构筑以城带乡、以工促农、城乡一体化的区域协调发展格局。

构建以大城市为中心、中等城市为骨干,小城市和小城镇合理布局的大中小城市协调发展的省域空间体系。2002 年,浙江省召开全省城市化工作会议,先后对实施城市化战略作出了系列部署。此后,全省城市化有计划、有步骤、有重点地推进。全省城市规模结构发生显著变化,100 万以上人口的大城市由杭州 1 个发展到 3 个(杭州、宁波、温州),50 万~100 万人口的大城市由原来的 2 个发展到 6 个;20 万~50 万人口的中等城市由原来的 6 个增加到 12 个;5 万~20 万人口的小城市(镇)由原来的 35 个发展到 51 个。县域中心城市和中心镇由于落户成本低、人文差异小,在集聚农村中小企业和农村人口中具有明显的优势,其集聚作用进一步凸显。2012 年,浙江省城市化率达到 63.2%,高出全国平均水平约 11 个百分点,区域产业结构、就业方式、人居环境等由"乡"到"城"取得了重要转变,促进了区域内空间布局、城乡结构、资源调配、产业形态和管理方法等转型升级,有效释放了内需潜能和城市化红利,初步形成了由环杭州湾、温台沿海、浙中等一大批在全国具有重要影响的大中城市和小城市、中心镇组成的城市群。

以产城融合为发展关键,切实强化产业平台的城市功能和城市新区的产业支撑。没有产业支撑的城市,其城市化是不可持续的城市化;没有城市功能配套的产业,其工业化是不可持续的工业化。积极强化产业平台的城市功能,推动省级产业集聚区、各类开发区、现代服务业集聚区等产业平台和城市建设有机衔接,引导产业向园区集中,大力发展战略性新兴产业、现代服务业和先进制造业,加快推动传统块状经济向现代产业集群转型。同时,注重综合功能配套,不断增强产业集聚区的城市配套、科技支撑、生态保障和生产生活性服务业等功能,努力打造新型工业化和新型城市化的示范区、产城一体的城市新区。着力强化城市新区的产业支撑,城市新区是承接老城区产业、人口迁移的重要载体,随着杭州新城、宁波东部新城、温州瓯江口新区、金义都市区新区等强势推进,既高起点规划完善城市功能,增强承载能力,又大力发展现代产业、强化产业支撑,防止造空城、唱"空城计"。

以城乡统筹一体化发展为主线,破解城乡二元结构差距。城乡协调是区域协调的重要方面,没有城乡的协调就没有区域的协调。浙江围绕推进城乡一体化的要求,坚持以改革促发展,积极稳妥推进产权制度改革、土地制度改革、户籍制度改革等系列化改革,加快实施"千村示范、万村整治"工程,逐步实现城乡之间要素的自由流动,推动基础设施向农村延伸、公共服务向农村覆盖、现代文明向农村辐射。杭州围绕打造城乡统筹示范区的目标,以城乡区域统筹发展为主线,以增加农民收入和改善农村民生为重点,不断强化组织领导,完善工作机制,创新工作载体,深化工作内容。宁波把"加强城乡规划管理,协调城乡空间布局,改善人居环境,促进城乡经济社会全面协调可持续发展"写入《宁波市城乡规划条例》,纳入法治轨道。嘉兴率先推动城乡规划布局、基础设施建设、产业发展等"六个一体化",部署实施以优化土地使用制度为核心的十项改革,着力打破城乡二元结构,成为国家城乡融合发展试验区。2012 年,浙江农村居民人均纯收入 14552 元,是全国平均水平的 1.84 倍,连续 28 年居全国各省(区)首位。

3. 内与外"并重",从更大的空间中整合资源和优势互补,构筑浙江开放发展大格局

在浙江工作期间,习近平同志不仅关心浙江全省范围内欠发达地区与发达地区的发展问题,也一直强调要"跳出浙江发展浙江"。2003 年,在浙江省委十一届四次全会上,习近平同志提出统领浙江经济社会发展全局的"八八战略",其中排在第二位的就是"进一步发挥浙江的区位优

势,主动接轨上海、积极参与长江三角洲地区合作与交流,不断提高对内对外开放水平"。近年来,浙江与包括上海在内的长三角兄弟省市合作的广度、深度和强度不断加大。响应党中央的号召,主动承担对口帮扶和支援的义务,积极参与对新疆、西藏等欠发达地区的对口帮扶,打开对内开放的新道路。全面把握国际形势,实施"主动国际化",深化对外开放,坚持内源发展与对外开放、外向拓展相结合,充分利用国际国内两个市场、两种资源,不断提高浙江本土经济的竞争力。

主动接轨上海、积极融入长三角地区发展,在地区合作交流中推动浙江的区域协调发展。2003 年 3 月,在传达学习全国两会精神时,习近平同志强调要围绕"接轨上海、学习沪苏",进一步提高对外开放水平,以更加积极的姿态参与长江三角洲合作与发展。要把主动接轨上海、积极参与长江三角洲地区合作与交流,作为浙江扩大开放的一个重要平台。在习近平同志长三角地区一体化发展理念的指引下,长三角要素流动、优势互补、深度分工等效应不断显现,不仅主要城市三小时经济圈开始形成,而且也带动和打开了省内欠发达地区开放发展的空间,积极承接、集聚来自上海的转移产业,优化本地产业结构,提升产业层次,拓宽了绿水青山向金山银山转化的大通道。

从以"引进来"为主向"走出去、引进来"并举转变。习近平同志将浙江区域经济发展放在区域经济一体化的大势中谋划,把"山海协作"的理念延伸到参与和服务全国统筹协作发展的大局之中,强调这"不仅是浙江的政治责任,也是浙江的发展机遇",并身体力行做好与对口帮扶和对口支援地区的深入对接工作。2006 年 12 月,习近平同志在浙江省经济工作会议上指出,要跳出浙江发展浙江,努力推进对外开放从以"引进来"为主向"走出去、引进来"并举转变。他从宽广的视野审视浙江发展,提出"浙江人经济"的概念。"跳出浙江发展浙江"的理念,使浙江得以从更大的空间中整合资源,推进区域协调发展,为浙江发展打开了一个新空间,培育了浙江参与国际竞争与合作的新优势。

(三)阶段成效

在"八八战略"的正确指引下,山海协作工程、新型城市化、扩大开放等一系列发展战略加快实施,极大增强了浙江省欠发达地区的发展动能,工业化和城镇化融合发展水平显著提升,浙江在发展均衡协调性方面成为领跑省份之一。2012 年,浙江省 GDP 增至 34382 亿元,稳居全国第 4 位,年均增长 11.8％;人均 GDP 在 2005 年超过 3000 美元,是各省(区)中第一个达到 3000 美元的省份;2003—2012 年,城镇、农村居民人均可支配(纯)收入扣除价格因素实际增长约 1.6 和 1.4 倍,城乡居民收入差距缩小到 2.37∶1,远低于全国的 3.10∶1,是全国城乡居民收入差距最小的省份之一;省内人均 GDP 最高的杭州与人均 GDP 最低的丽水,人均 GDP 之比由 2003 年的 3.73∶1 降为 2012 年的 2.52∶1;根据国家统计局《全面建设小康社会统计监测指标体系》测算,2010 年全省全面建成小康社会实现度已超过 90％,2012 年超过 95％。

三、2013—2020 年:历届浙江省委省政府坚持一张蓝图绘到底,持之以恒续写好"八八战略"大文章,推动区域经济协调发展水平位居全国前列

(一)时代背景

党的十八大以来,中国特色社会主义进入新时代,我国经济由高速增长阶段转向高质量发展阶段。这一时期的浙江协调发展,已经在高水平发展的基础上,进入了较为均衡的新阶段。然而,高水平并不代表高质量,尤其是步入新时代,社会主要矛盾发生重大变化,区域经济协调发展也面临沿海地区"极"化效应持续增强、浙西南山区内生动能有待增强等一系列新问题新挑战。站在新的更高起点,浙江省委、省政府深入贯彻落实习近平新时代中国特色社会主义思想,不忘初心、牢记使命,坚持一张蓝图绘到底,忠实践行"八八战略"、奋力打造"重要窗口",把握好数字经济发展时代机遇,念好新时代"山海经",持续优化省域生产力空间布局,扎实推进习近平总书记关于区域协调发展的重要思想在浙江的新实践,努力谱写浙江更高质量区域经济协调发展的崭新篇章。

(二)实践举措

1. 驶入数字化"快车道",打破要素流动壁垒,促进资源共享与普惠,逐渐成为推动区域经济发展的新动力

数字经济是以数据资源为关键要素,以现代网络和信息技术为主导

载体,以通信技术融合应用、全要素数字化转型为重要推动力,促进公平与效率更加统一的新经济形态。以数字化的知识和信息为核心的数字经济具有"零边际成本"特征,通过提升资源配置与使用效率,逐渐成为推动区域经济发展的新动力。浙江是习近平总书记关于数字中国重要论述的发源地,也是全国数字经济的先行省份。早在 2003 年,时任浙江省委书记习近平同志就前瞻性作出建设"数字浙江"的战略决策。二十年来,浙江坚持一张蓝图绘到底,数字经济发展水平位于全国前列,成为彰显和推动浙江区域经济协调发展的"金名片",通过全面数字化,推动区域间数字设施、制度、能力的一致、协同,大大促进了区域经济布局的不断优化、统一大市场的迅速形成以及新型工农城乡关系的加快构建。

专栏 2.4　浙江数字经济的发展历程

(1)国民经济信息化与"两化"融合阶段(2003—2013 年)。党的十六大指出,信息化是我国加快实现工业化和现代化的必然选择。浙江省深入贯彻党的十六大精神,2003 年 1 月,在省十届人大一次会议上,时任省委书记习近平指出:"数字浙江是全面推进我省国民经济和社会信息化、以信息化带动工业化的基础性工程。"同年 9 月,浙江制定出台了《数字浙江建设规划纲要(2003—2007 年)》,从传统产业信息化改造、电子政务建设、数字城市建设等六个方面明确了建设任务,浙江省正式开启了以信息化推动经济转型发展的历史序幕。2011 年 7 月 22 日,浙江省发布《关于加快推进信息化和工业化深度融合的意见》,将"两化"深度融合作为浙江工业经济转型升级的重要路径,成为浙江数字经济发展的重要方向。2013 年 8 月,工信部正式批复浙江省建设全国唯一的"信息化和工业化深度融合国家示范区"。

(2)信息经济阶段(2014—2016 年)。党的十八大以来,习近平总书记高度重视网络安全和信息化事业,特别强调要全面发展信息经济。2014 年 4 月,浙江省政府召开全省信息经济发展大会,将发展信息经济列为七大万亿级产业之首;同年 5 月,《浙江省人民政府关于加快发展信息经济的指导意见》出台,浙江成为全国首个将信息经济作为战略行

动提出的省份;同年 11 月,首届世界互联网大会在乌镇召开,互联网大会成为浙江信息经济发展具备全球影响力的一个重要标志。2015 年 2月,浙江发布《浙江省信息经济发展规划(2014—2020 年)》,进一步明确了全省发展信息经济的指导思想、发展目标与重点、主要任务和保障措施。2015 年 11 月,浙江省获批建设全国第一个信息经济示范省。2016年 9 月,习近平主席在二十国集团工商峰会开幕式上,专门提到"杭州是创新活力之城,电子商务蓬勃发展,在杭州点击鼠标,联通的是整个世界",形象生动地介绍了杭州在信息经济发展中取得的成效和优势。

(3)数字经济"一号工程"阶段(2017 年至今)。伴随新一代信息技术不断成熟,信息化进入数字化、智能化发展阶段。G20 杭州峰会以来,习近平总书记多次强调要"做大做强数字经济",对建设网络强国、数字中国进行了科学擘画。2017 年 12 月,浙江省委经济工作会议提出,把发展"数字经济"列为"一号工程",提出全面推进经济数字化转型,积极争创国家数字经济示范省。2018 年 1 月,浙江省政府工作报告提出,要大力发展以数字经济为核心的新经济,制定并实施了《浙江省国家数字经济示范省建设方案》和《浙江省数字经济五年倍增计划》,提出到 2022 年全省数字经济总量较 2017 年翻一番。2021 年全省启动实施数字化改革,提出加快推进以"产业大脑＋未来工厂"为核心的数字经济系统建设。2022 年省第十五次党代会提出打造数字经济"一号工程"升级版,全面建设数字经济强省,打造引领支撑"两个先行"关键力量。

持续推动数字经济与实体经济融合发展,夯实区域协调发展的物质基础。近年来,浙江围绕"数字浙江"建设,打造数字经济"一号工程"及其升级版,将数字信息转化为现实生产力,实现数字经济和实体经济的深度融合,赋能实体经济发展。加速产业数字化发展,培育新兴产业发展动能。作为浙江西部山区的衢州市柯城区通过在杭州余杭区建设"杭州未来科技城柯城科创园"这一飞地,实现异地吸纳数字经济人才、项目、产业等优质资源,迅速培育形成了光电新产业。推进产业数字化改造,对企业的制造设备、生产工艺、流程管控等全环节、全方位的深度智能化,提升了区域内企业数字化车间和智能工厂等的覆盖率。以天台县推动传统设备制造业向计算机通信和其他电子设备制造业转型、柯城区推动基础材料制造业向电子化学新材料制造业转型等为典型,通过培育本地数字经济核心产业的技术研发中心、企业梯队、产业集聚体,进而提升传统产业向产业价值链的高价值地位转移,推动山区县制造业高质量跨越式发展。

专栏2.5　丽水市莲都区:发展数字经济实现"换道超车"

莲都区作为中国革命老根据地、浙江山区26县之一、丽水唯一市辖区,是丽水形象展示的主窗口、经济发展的主战场,也是丽水市对外开放的主力军。近年来,莲都区坚持把数字经济作为"一号工程"来抓,大力实施数字经济高能聚合计划,2022年莲都区数字经济核心产业增加值、数字经济发展总指数排名丽水市首位,5G基站建设"一件事"集成改革取得突破,全区数字经济呈现增速明显、创新融合、动能加快积蓄的良好态势。

(1)招引数字经济头部企业。作为浙江山区26县之一,莲都区的空间、资金、人才等要素制约较多,发展数字经济,莲都区并不属于"天赋型选手",但没有天赋并不表示不能干。近年来,莲都区明确将数字经济作为4大主导产业之一,专门成立数字经济招商小组,旨在通过引进数字经济头部企业推动莲都综合竞争力实现蝶变跃升。目前,蚂蚁、华为、百度等"大好高"项目已相继落地,不仅为莲都导入了云计算、区块链、数据标注等产业,也吸引了浙江数思信息技术有限公司等10多家数字经济骨干企业入驻莲都。其中,百度智能云(丽水)人工智能基础数据产业基地自运营以来,已吸引数据标注员工500余人,加速人工智能和大数据上下游及周边产业在莲都区聚集,形成了莲都区数字经济产业生态链高地。

(2)推进制造业数字化转型。为了推动传统制造业智能化改造,莲都出台《深化"亩均论英雄"改革实施意见2.0版》,在评价体系中,增设针对国家高新技术企业、省级及以上企业技术中心、省级"隐形冠军"企业（含培育企业）、省级及以上制造业单项冠军企业等荣誉的加分项，引导企业走智能化生产道路。此外，莲都不断强化"闯海借力"，组团赴温州等地学习考察数字化智能化改造经验，并纵深推进制造业企业数字化智能化改造试点工作，多次邀请浙江省智能制造委员会专家来莲都入企调研、指点迷津。目前，莲都区已基本实现规上传统制造业企业数字化智能化改造全覆盖。

（3）招才引智充实数字"大脑"。发展数字经济离不开"招大引强"，同样也离不开"招才引智"，离不开一条条创新引领的"新政"。近年来，为加快培育发展数字经济新产业，莲都区集中出台了莲都史上"含金量最高"的人才新政25条、工业新政40条等一揽子新政，打出"周一纾困解难日""百名干部助百企""重大项目谋划比赛"等组合拳，并以"来了，就是莲都人"的开放胸怀集聚"城市合伙人"。2021年以来，莲都区累计引进高校毕业生7692人，其中博士140人、硕士286人。2022年全年安排人才科技专项资金1.3亿元，较上年增长900%，惠及3000余名人才、100余家企业。

充分发挥数字经济对就业创业的促进作用，不断优化社会就业环境，稳步推进"扩中提低"、形成以中等收入群体为主体的橄榄型社会结构。数字化时代，数字经济激发创业创新活力，提供就业创业机会。数字网络平台规模的扩大和发展推动服务消费呈现出线上线下相融合的发展趋势，催生了大量新业态下的就业创业机会。如以浙江省山区26县为基础的"山海优选"农优产品服务平台，打造和建设了26个县域农优产品馆，面向全国为农优产品销售推广、品牌孵化、人才培育提供全方位服务，大大扩大了山区县广大农民就业创业的空间。

充分利用数字经济先发优势，深入推进数字技术革新与公共服务优化的融合发展，推动优质公共服务渠道不断扩宽，公共服务水平不断提升。高质量推进政务服务"一网通办""人才管家""民呼我为""车辆检测'一件事'""浙里民生关键小事智能速办"等应用场景，为优化民生服务提供了新方向,"邻里帮""文 E 家"等多跨场景应用,则用数字化创新了公共文化产品供给。2016—2020 年,浙江省基础教育信息化综合发展指数连续 5 年位居全国第一,"互联网＋旅游""互联网＋医疗"发展水平均居全国前列,大大减少区域和城乡之间在公共产品数量和质量上的不均衡性。

2.念好新时代"山海经",以促进区域产业链与创新链融合互促为重点,打造"山海协作工程"升级版

自 2002 年"山海协作工程"正式启动实施以来,浙江在探索解决区域发展不平衡不充分问题方面取得了明显成效。但在现代化新征途上,山区依然是浙江区域高质量协调发展的短板,仍面临着产业协作能级不高、生态价值实现不充分、创新发展能力不足等难题,但也存在广阔的优化空间与发展潜力。由此,浙江立足新时代发展特点和要求,以"八八战略"为统领,念好新时代"山海经",着力打造山海协作工程"升级版",进一步推进山区县挖掘发展潜力、激发发展动力、提升发展能力、增强发展效益,推动欠发达地区从"输血成长"向"造血成长"、从"对口帮扶"向"自我发展"转变提升,为全省区域协调发展、协同发展、共享发展夯实基础。

坚持产业合作主线,因地制宜推动山区县做强"一县一业"主导产业。产业合作是山海协作工程"升级版"的突出亮点,是组合利用欠发达地区土地、环境、劳动力成本要素优势与发达地区资金、技术、管理、人才要素优势的载体,成为激发多方积极性的活力之源。创新实施"产业链山海协作行动计划",采用展览展示、平台共建、结对地区洽谈、项目签约等多种形式助力山区 26 县工业高质量发展。围绕做强山区 26 县"一县一业"主导产业,为每个山区县量身定制"一县一策"发展举措,支持山区 26 县在申报省重大产业项目时,对固定资产投资、投资强度、亩均增加值、亩均税收等 4 个指标按 0.7 修正系数下调,降低项目准入门槛,并提前支用奖励新增建设用地计划指标。以松阳—余姚山海协作产业园为例,余姚、松阳两地于 2013 年签订共建协议,园区聚焦精品不锈钢管产业,经过十年建设,目前产业园入驻企业 65 家,其中规上企业 18 家,各类在建项目 23 个,拟落地项目 2 个,产业园规上工业总产值占到松阳全县规上工业总产值的近三分之一,带动 4000 余人就业。

利用"科创飞地"借智借技,吸引集聚创新资源要素,增强内生发展动能。"科创飞地"是"飞地经济"的延伸和创新,是将后发地区作为"飞出地"、先发地区作为"飞入地","借地"开展研发创新和成果转化,通过采用"在外研发+本地制造"模式,后发地区有效吸纳人才、资本、技术等创新要素,搭建科技成果转化应用和产业化的有效平台,构建"创新研发—成果孵化—产业化落地"创业生态链条。在此过程中,后发地区通过加快机制创新,加速与"飞入地"对接人才与科创资源,打通科技人才项目"飞入地"孵化与"飞出地"产业化联动发展的通道。对于后发地区而言,在科创资源高度汇集的大都市设立适度规模的"逆向飞地",能较好地发挥招商和研发平台作用,投入小、收益大。目前,"科创飞地"已成为中小城市依靠区域大都市,"借势、借力、借脑、借生态"实现后发地区跨越式发展的重要创新。目前,浙江省"科创飞地"已呈多点开花态势,并在柔性引才、成果转化、园区运营、利税分享等方面进行了一系列制度创新。

专栏 2.6 浙江丽水域外"飞地"的科创之道

浙江省丽水市是浙江省唯一所有县(市、区)都是革命老区县的地级市,全域都处在山区 26 县范围之内,是浙江省实现区域协调发展需求最为迫切的地区。近年来,杭州丽水数字大厦投入运营,上海张江丽水国际科创中心成为首个驻沪"城市会客厅",丽水不断在域外科创聚集地布局"人才科创飞地",使其成为丽水吸引高层次人才的前沿哨、招引高科技项目的桥头堡。

异地筑巢,新平台孕育发展新机。长期以来,产业发展动能不足曾是丽水面临的难题。为了破解发展困局,丽水主动跨出市域范围,大胆探索"人才科创飞地"新模式,让创新要素在跨区域流动中孕育发展新机,为跨越式高质量发展提供强大引擎。丽水国际科创中心,是丽水经济技术开发区在上海张江设立的全市首家驻沪"人才科创飞地"。2021年以来,随着配套设施逐步完善、多家企业纷纷入驻。以丽水国际科创中心为牵引,丽水经开区累计从上海引进制造业项目 21 个,总投资107.546 亿元。

借梯登高,新引擎提升产业能级。对于高端人才缺乏、研发能力不足的丽水来说,探索异地研发孵化、驻地招才引智就是应对之策,可以更好地推动本地企业"走出去",让"人才科创飞地"成为丽水区域经济发展的助推器。自 2019 年 9 月投入使用以来,杭州丽水数字大厦聚焦物联网、人工智能、互联网平台等产业,积极对接杭州乃至长三角众多高端产业资源和人才资源,打造丽水对接高端资源的"第一站",截至 2021 年 10 月已累计引进 100 家企业,其中包括国家高新技术企业 1 家、上市公司子公司 2 家。

3. 扩大县市区"朋友圈",以都市区和城市群为主体形态,进一步优化区域协调发展的空间格局

"十一五"以来,浙江省率先提出并全面实施新型城市化战略,统筹推进大中小城市、小城镇和新农村建设,城市化水平稳步提升,城市化发展进入了新的阶段。但总体上看,浙江省城市化发展质量仍有待进一步提高,特别是大城市带动力不强、小城镇布局分散、城市管理滞后于城市建设、"城市病"凸显、城乡公共服务差距等问题亟待解决。基于此,浙江省以都市区和城市群为主体形态,深入推进新型城市化,着力增强城市要素的集聚能力,着力增强城市宜居宜业的承载能力,着力增强城市带动农村发展的辐射能力,促进新型城市化、新型工业化、农业现代化同步发展。

2012 年,中共浙江省委印发《浙江省深入推进新型城市化纲要》,提出要"加快城市群和都市区建设发展,提升杭州、宁波、温州和金华—义乌四大都市区区域带动作用,坚持把都市区作为推进新型城镇化的主体形态"。2014 年 4 月,浙江再次召开全省新型城市化工作会议,时任省委书记夏宝龙在会上强调,要推进以人为核心的城市化,全面提高城市化质量和水平,同时制定出台了《关于深入推进新型城市化的实施意见》。2016年发布的《浙江省"十三五"规划纲要》再次强调了杭州、宁波、温州、金华—义乌四大都市区建设,提出要发挥都市区对全省转型升级、创业创新的核心带动作用。此后,杭州湾、温台、浙中三大城市群,杭州、宁波、温州、金华—义乌四大都市区,7 个省域中心城市,60 个左右县(市)域中心

城市的"三群四区七核五级网络化"的省域城镇空间架构与势能逐步凸显，都市区和城市群的集聚、辐射、服务、创新等功能日益增强，并通过在区域空间内交通连接、资源调配、服务共享、产业分工协作等方式，有力带动周边小城镇和山区县发展，区域协调的格局更加优化。

（三）阶段成效

这一时期，浙江省 GDP 从 2013 年的 37568 亿元跃升至 2020 年的 64613 亿元，继 2014 年、2017 年分别突破 4 万亿元、5 万亿元大关后，迈上 6 万亿元新台阶，年均增速高于全国的平均水平。2020 年，浙江居民人均可支配收入 52397 元，比上年增加 2498 元，名义增长 5.0%，扣除价格上涨因素后实际增长 2.6%，首次踏上"5 万元"台阶；城镇居民、农村居民人均可支配收入分别达到 62699 元、31930 元，分别连续第 20 年和第 36 年位居全国各省（区）第一；城乡居民收入比为 1.96，自 1993 年以来首次降至"2"以内，已连续 8 年呈缩小态势。在"提低"方面，2015 年 26 个欠发达县一次性全部"摘帽"，全面消除家庭人均可支配收入 4600 元以下贫困户后，着力解决"两不愁三保障"、家庭人均年收入 8000 元以下情况、集体经济薄弱村等问题，2020 年实现"三个清零"；2020 年，山区 26 县规上工业增加值首次突破 1500 亿元关口，达到 1535.65 亿元，占全省比重从 2016 年的 7.52% 提高到 2021 年的 7.58%，山区 26 县城镇居民人均可支配收入达到 48379.5 亿元，高于大部分内陆省份地区，区域发展差距不断缩小，高水平推进区域协调发展取得重大成就。

第二节　区域经济协调发展的浙江经验

一、始终坚持以人民为中心的发展导向，是促进区域经济协调发展的出发点和根本目的

坚持以人民为中心是习近平总书记关于新时代区域协调发展重要论述的价值追求，发展为了人民也是马克思主义政治经济学的根本立场。习近平总书记强调"缩小区域发展差距，不仅是缩小国内生产总值总量和增

长速度的差距,而且是缩小居民收入水平、基础设施通达水平、基本公共服务均等化水平、人民生活水平等方面的差距"。这表明习近平总书记强调的区域协调发展不是简单地缩小地区经济增长差距,而是要以人民为中心,处理好效率与公平的关系,促进不同区域在经济、社会、民生等多个维度上的全面协调发展,最终实现包容性增长,使人民生活得更好、更有尊严。

区域发展以什么为导向?这是区域发展的根本问题,不仅事关区域发展的路径举措,更关系到区域发展的根本动力。事实上,早在 2004 年习近平同志就提出,"发展不能脱离'人'这个根本。我们仍然需要 GDP,但经济增长不等于发展,也必须明确经济发展不是最终目的,以人为中心的社会发展都是终极目标"。在党的十八届五中全会上,习近平总书记进一步提出了以人民为中心的发展思想,强调要坚持人民主体地位,顺应人民群众对美好生活的向往,不断实现好、维护好、发展好最广大人民根本利益,做到发展为了人民、发展依靠人民、发展成果由人民共享。

浙江的发展实践也表明,坚持以人民为中心的发展导向,不仅是发展的根本目的,也是区域持续发展的根本动力。改革开放以来,浙江始终坚持以人民为中心的发展导向,人民群众充分享受改革发展的红利。2022年,浙江城镇居民人均收入已连续 19 年位居全国各省(区)第一;浙江全省的人均收入为 60302 元,稳居我国各省(区)首位,其中城镇和农村居民收入水平分别连续第 22 年和第 38 年位居全国各省(区)第一。人民群众共享改革发展成果,反过来激发了创新创业活力。2022 年,浙江在册市场主体达 943 万户,净新增市场主体 74.9 万户,比上年增长 14.7%。按2021 年末全省常住人口计,每 7 个浙江人中就有一个创业者,充沛的主体活力成为进一步支撑区域发展的内生动力。

二、率先放手发展民营经济,充分发挥制造业的基础性作用,是促进区域经济协调发展的物质基础和重要保障

率先放手发展民营经济,从内生机制上夯实了浙江协调发展的坚实基础。改革开放以来,浙江率先冲破姓"社"姓"资"思想束缚,以农村工业化起步,大胆发展个体私营经济,积极进行股份制改造,推进国有集体企业改革,努力探索公有制的实现形式,在全国率先形成了国有经济优、民

营经济活、多种所有制经济共同发展、相得益彰的良好局面。尤其是民营经济的快速发展,成为浙江城乡居民收入增长的最大来源,也成为浙江经济的突出特色和活力所在。民营经济作为典型的"老百姓经济",使浙江形成了一个庞大的创业者群体,推动了浙江从穷到富的成功蜕变。浙江民营经济的发展史,就是千千万万浙江人民摆脱贫困走向富裕的历史。

始终坚持强化制造业在区域经济发展过程中的战略性地位和作用。制造业有强大的就业岗位倍增系数,每增加 1 个制造业装配线上的岗位,便能刺激增加 6 个供应链的岗位以及 3 个其他行业的岗位。此时,制造业发挥着保证经济总量持续增长和稳定扩大就业的作用,同时壮大中等收入群体,避免收入差距进一步加大。建设现代产业体系,发展先进制造业,不仅有助于促进经济增长、夯实区域经济协调发展的物质基础,而且也能直接发挥分配效应,更好地使经济社会的发展成果为人民所共享。多年来,浙江始终坚持以产业引领和推进山区县跨越式高质量发展,在山区 26 县开展生态工业试点,发挥领军企业示范带动作用,支持山区发展电子信息、新能源、新材料、功能食品、运动休闲等新兴产业。开展产业链"山海协作"行动,建立"山海协作"结对市县之间龙头企业、"链主"企业和中小企业产业链协作关系,建设一批配套产业园,推动山区 26 县充分融入全省产业链生态圈。2016 年到 2021 年,山区 26 县规上工业增加值从 1054.21 亿元增长到 1535.65 亿元,年均增速 45.7%,与同期全省 44.5% 的平均增速相比,高出 1.2 个百分点,制造业拉动区域经济作用明显。

三、以协作共赢的原则推动实施"山海协作工程",是促进区域经济协调发展的创新举措和重要抓手

统筹内生激励与外部协作。山区和海岛等偏远地区往往存在产业发展薄弱、城镇集聚能力弱等问题,往往成为协调发展面临的重大难题。国内外推进欠发达地区加快发展,多数是通过财政转移、设施捐助等方式实施"输血帮扶"。自 2002 年"山海协作工程"正式启动实施以来,浙江突破了传统上发达地区向山区和海岛等偏远地区单向输血救济扶贫的做法,走出以互补促协作、以协作促双赢的欠发达地区开发模式。发达地区着眼于获取空间和生态要素,促进产业链走出去,欠发达地区着眼于提供空

间和生态要素,把配套产业引进来,在授之以鱼的同时授之以渔,为山区和海岛发展赋予内生的、本地化的能力,改变了长期以来治标不治本的"输血帮扶"传统模式,既要"输血"更要"造血",并且重在"造血",提升欠发达地区自身发展能力。

统筹市场机制与政府驱动。实施"山海协作工程"的主要目的是加快欠发达地区发展,政府的先行撬动作用至关重要。"山海协作工程"实施过程中,浙江充分发挥党的政治优势,将全社会各方面力量调动组织起来,形成强大合力。加大对后发地区财政转移扶持力度,发挥先导性方向引导作用,形成激励性政策环境,同时,对欠发达地区产业项目的土地、能源、资源、资金等要素供给方面给予支持,进而引导广大社会资本和企业加入协作合作项目建设。由政府支持开展山海协作系列活动、设立山海协作示范园区等具体载体和平台,为发达地区和欠发达地区合作打通通道。同时,充分发挥市场对产业合作、要素配置的决定性作用,走市场化协作新路。"山海协作工程"坚持"优势互补、互惠互利、长期合作、共同发展"原则,搭建合作平台和市场渠道,鼓励"山"的资源、劳动力、生态要素资源与"海"的资金、技术、人才、管理等要素资源自主对接,在全省范围内形成优势互补、合理分工的产业布局。实践表明,只有坚持市场化合作道路,才能充分调动"山"与"海"两个方面的积极性,形成可持续、良性、协调发展的新局面。

四、以城市化促进空间格局优化,走以工促农、以城带乡、城乡一体化的路子,是区域经济协调发展的重要推力

任何经济社会活动都必须依赖地理空间的支撑。在 40 多年发展中,浙江始终坚持新型城市化与新型工业化同步谋划、同步推进,切实强化"两化"互动、产城融合的理念,做到时间上同步演进、空间上产城一体、布局上功能分区、产业上三产融合,真正构建起城市提升产业、产业支撑城市的发展机制。同时,浙江结合不同发展阶段和条件积极探索城市化道路,从一开始在城市大门紧闭的政策环境下,坚定走农村工业化与小城镇发展相结合的道路,到 20 世纪末不失时机地实施城市化战略,再到率先探索实施新型城镇化,旨在打通城乡二元制度所造成的户籍壁垒,发挥城

市的龙头带动效应,通过城市吸纳、转移农村劳动人口,促进区域资源要素流动,推动了区域经济更加均衡、协调发展。

适时调整从"县域经济"到"都市区经济"空间组织战略,使区域竞争始终保持活力和优势。改革开放初期,在城乡二元分割的大背景下,浙江探索出根植民营经济和块状经济的"县域经济",为处于市场化和城市化发展初期的工业经济、农村经济和城市经济相互促进、相互赋能找到了结合点,成为浙江协调发展走在全国前列的重要空间组织形态。随着民营企业走向国际市场,随着发展阶段从要素驱动走向创新驱动,"县域经济"受制于自身资源禀赋条件,导致产业和企业起点偏低,大院名校等创新要素供给不足,县域之间的过度竞争也导致产业同质化。为此,浙江适时调整空间组织战略,理解、承认和主动做大都市区的要素配置功能,用中心城市带动周边县域一体化发展,围绕都市区构建区域性产业组织网络、促进区域分工、获取协同效应和规模效应,在生产领域的创新和制造、生活领域的居住和休憩构建系统循环,为打破行政区划边界,在更大空间尺度实现要素资源优化配置提供了抓手。

五、坚持"跳出浙江发展浙江","走出去"和"引进来"并举,是促进区域经济协调发展的基本路径

改革开放以来,浙江顺应国际国内形势,牢牢把握经济全球化不同发展阶段的重要战略机遇,大力发展开放型经济,坚持"引进来"与"走出去"相结合,不断拓展对外开放的广度和深度,彻底改变了改革开放前经济封闭、半封闭的状态。通过主动接轨上海,打造长三角一体化市场,浙江站在中国参与全球竞合的层面谋求协调发展。在长三角城市群内部,浙江率先发起探索协调机制谋求打破行政壁垒和体制障碍,积极探索、构建有利于推动资本、技术、产权等生产要素自由流动和优化配置的制度安排,形成金融市场、技术市场、人才市场、旅游市场乃至口岸、生态环保、公共服务一体化的政策环境。在国内,浙江积极做好对口支援和国内合作交流工作,落实好推进西部大开发、振兴东北地区等老工业基地、促进中部地区崛起、鼓励东部地区加快发展等战略部署。"浙江人经济"取代"浙江经济",推动沿海、山区协同开放,使浙江得以从更大的空间中整合资源、

利用资源,为浙江发展打开了一个新空间,由点及线、由线到面,带动地区整体发展,不断提高浙江本土经济的竞争力。

<h2 style="text-align:center">第三节　以区域协调发展推进共同富裕
示范区建设的浙江实践</h2>

一、区域经济协调发展与共同富裕示范区建设

党的十九届五中全会向着更远的目标谋划共同富裕,提出了"全体人民共同富裕取得更为明显的实质性进展"的目标。习近平总书记指出:"共同富裕本身就是社会主义现代化的一个重要目标。我们要始终把满足人民对美好生活的新期待作为发展的出发点和落脚点,在实现现代化过程中不断地、逐步地解决好这个问题。"①国家"十四五"规划和 2035 年远景目标纲要提出,支持浙江高质量发展建设共同富裕示范区。

一般来说,富裕是各国现代化共同的目标追求,但中国式现代化追求的是全体人民共同富裕。理论和实践均已证明,广大人民群众共享改革发展成果,是社会主义的本质要求,是我们党坚持全心全意为人民服务根本宗旨的重要体现。全体人民共同富裕,凸显了中国式现代化的独特性质,深化了人类现代化的内涵,丰富了人类文明新形态的价值意蕴。

区域经济协调发展是贯彻新发展理念、建设现代化经济体系的重要组成部分,集中体现共同富裕的本质特征和中国式现代化的内在要求。实现共同富裕,既要达到"富裕",又要兼顾"共同"。共同富裕是"全面富裕",关键是在高质量发展中解决区域经济发展不平衡不充分的问题。

2020 年春天,习近平总书记在浙江考察时强调"发展不平衡不充分问题要率先突破",赋予浙江"努力成为新时代全面展示中国特色社会主义制度优越性的重要窗口"的新目标、新定位。2021 年 5 月 20 日,党中

---

① 习近平. 干在实处 走在前列——推进浙江新发展的思考与实践[M].北京:中共中央党校出版社,2006:202.

央、国务院正式印发《关于支持浙江高质量发展建设共同富裕示范区的意见》,赋予浙江为全国推动共同富裕提供省域范例的重任。在党中央的坚强领导下,浙江忠实践行"八八战略"、奋力打造"重要窗口",2022 年全省居民人均收入整体迈进"6"时代,达 60302 元,居全国第三位;城镇居民人均可支配收入 71268 元,比上年增加 2781 元,增长 4.1%,比全国平均水平(49283 元)高 21985 元,居全国 31 个省(区、市)第三位,仅次于上海和北京;农村居民人均可支配收入 37565 元,比上年增加 2318 元,增长 6.6%,比全国平均水平(20133 元)高 17432 元,居全国 31 个省(区、市)第二位,仅次于上海,在解决区域发展不平衡不充分问题方面取得了明显成效。

值得注意的是,协调发展是一个动态和相对的历史过程,没有始终不变的协调举措,绝对理想的协调状态也是不存在的。改革开放 40 多年来,尽管浙江已经在区域经济协调发展方面取得了令人瞩目的成就,积累了宝贵的实践经验,但也应充分认识到当前浙江区域经济协调发展面临的新变化、新要求和新挑战,应继续大胆实践,积极创新,重点聚焦山区 26 县"补短板",推进新时代区域经济协调发展,努力打造更加协调、更高质量的现代化浙江,当好共同富裕发展的"模范生"和"先锋队"。

二、新时代浙江聚焦山区 26 县推进区域经济协调发展

持续强化产业引领,推动山区县生态工业高质量发展。改造升级山区县传统制造业,加快推进传统制造业数字化、智能化、绿色化改造,一体打造"名品＋名企＋名产业＋名产地",形成一批时尚产业、支柱产业。推动山区县围绕基础优势,认真谋划 1～2 个特色生态主导产业。依托现有基础,发挥领军企业示范带动作用,支持山区县发展高端装备、电子信息、医疗器械、新能源、新材料、功能食品等新兴产业,培育一批高质量科创主体、高新技术企业。提质升级山区工业平台,依托山区 26 县开发区(园区)整合提升的空间范围,择优布局区位条件较好、周边配套齐全、发展空间充足、城镇功能完善、生态承载能力强的区块,建设一批特色生态产业平台。支持重大产业项目向山区转移,每年定期组织央企、省属国企、名企走进山区活动,发挥广大浙商和重点商会作用,实施助力山区 26 县跨越式发展专项行动。制定符合山区 26 县发展实际、可操作性强的重大产

业项目准入标准,突出分类入库导向,降低山区 26 县的入库门槛,支持山区 26 县重大产业项目优先纳入省级计划。

不断丰富合作内涵,持续深化和创新山海协作。加快在大湾区新区、省级高能级战略平台等产业平台,为山区 26 县布局以先进制造业为主的"产业飞地",每个"产业飞地"原则上不少于 1 平方公里。支持衢州市、丽水市和山区 26 县到沿海经济发达市县布局建设"科创飞地",强化新技术新产品研发、项目孵化、人才引进等功能。推动高校、科研院所到浙西南山区开展产学研合作,共同设立重点实验室、企业研发机构、科技公共服务平台等各类科技创新载体。推动东部沿海地区特别是杭州市、宁波市的高新技术产业园、产业孵化园与结对县(市、区)建立合作关系。建立高端人才共享交流平台,引导高端科技人才为浙西南山区科技创新和企业发展服务。完善山海协作培训就业创业机制,帮助浙西南山区提升师资力量、创新教学模式,培养实用型专业技能人才。支持人力资源服务机构等市场主体搭建省内劳动力余缺调剂服务平台,重点引导浙西南山区劳动力通过培训有序向沿海大中城市转移,省里根据服务情况给予资金扶持。指导山区 26 县建设提升一批大学生创业园、农村电子商务孵化园等创业基地,对提供孵化服务的创业基地可按实际孵化成效给予资金扶持。

强化数字改革赋能,积极探索跨越式发展新模式。信息技术革命形成了新的数字生产力,数据成为新的生产资料和关键生产要素,以其"零边际成本"特征,有力推动资源要素的共享与普惠,为后发地区跨越式发展提供了机会和跑道。加大制造公共服务平台推广应用,强化对山区 26 县重点制造业企业数字化改造诊断分析、改造对接、项目实施、评估对标、示范推广等全流程服务。支持山区 26 县围绕优势产业建设推广细分行业"产业大脑",培育一批区域级、行业级、企业级工业互联网平台。推进 5G、人工智能、物联网等新一代信息技术与制造业融合,大力推动山区 26 县企业数字化技术改造,支持建设一批智能工厂(数字化车间)和未来工厂。加快建设全面覆盖山区 26 县乡镇以上地区和有条件行政村的"双千兆"网络基础设施,有序推进行政村以上地区 5G 网络布局建设,实现 5G 基站乡镇以上地区全覆盖,5G 网络重点行政村全覆盖。梳理一批具有山区特色的核心业务,谋划一批以党政机关整体智治为中枢,数字政府、数字经济、数字社会、数字法治有机联接的山区特色应用场景。

进一步拓宽"绿水青山就是金山银山"转化通道。完善生态系统生产总值(GEP)核算地方标准体系和核算制度,推进 GEP 核算成果的全面应用,形成 GEP"进规划、进决策、进项目、进交易、进监测、进考核"的应用体系。支持丽水建设国家级生态资产和生态产品交易中心,打造全国生态产品价值实现示范区,支持有条件的山区县创建一批"绿水青山就是金山银山"实践样板区,设立一批"两山银行"试点与"两山基金",培育一批"两山公司"等市场主体。在有条件的山区县发展生态创意经济,鼓励省属高校、科研院所、企业集团通过设立子公司及第二空间的形式赴山区县开展远程办公、科研攻关、创意设计、文艺创作等,作为"两山"转化的新通道。深化山区绿色金融改革,设立有山区特色的金融机构,开展特色金融服务,鼓励对有市场、有订单、有信用的农业经营主体给予贷款利率优惠。健全生态综合保护利用机制,支持龙泉、庆元、景宁先行实践跨区域联动协同发展的国家公园体制,支持开化全县域探索建设国家公园县,健全以国家公园为主体的自然保护地管理体系,打造人与自然和谐相处新典范。

加快山区新型城镇化建设,着力补齐基础设施短板。优化山区城市空间布局,推进中心城市赋能扩容升级,支持衢州四省边际中心城市建设,加快丽水"跨山统筹"试验区建设,稳妥推进行政区划调整,有序推进两市建设百万级人口城市。有序推进县域经济向城市经济转型,支持综合实力强、发展潜力大的县(市)高标准建设中等规模的现代城市。实施城市有机更新行动,提升县城城市基础设施建设与管理运营水平,系统推进城镇老旧小区改造,特色化建设 26 个具有山区风情的宜居宜业宜游县城。实施山区 26 县"百镇样板、千镇美丽"工程,推进设施、服务、产业、品质、治理五大提升行动,建设新时代"五美"城镇。因地制宜推广"大搬快聚富民安居"工程,有序推进撤乡并镇、撤村并居,有序稳妥推动县域行政区划调整和管理模式优化,支持山区走出以县城为中心,以中心镇为节点,以中心村为补充的具有山区特色的新型城镇化之路。加快打通山区 26 县对外通道和内部区域交通网,推动构建"铁公水空"一体化交通体系,基本建成省域、市域、城区 3 个"1 小时交通圈",为山区新型城镇化打好坚实基础。

　　创新政策机制,促进资源要素优化配置。创新产业引导政策,建立浙西南山区产业投资评价体系和鼓励政策,加大扶持力度,进一步减轻浙西南山区企业负担。创新财政扶持政策,加大对浙西南山区财政转移支付力度,完善山海协作专项资金和山海协作产业园专项资金管理办法,通过制度性安排,激发社会资本投资浙西南山区的积极性,发挥财政资金"四两拨千斤"的作用。创新人口转移及市民化政策,以大湾区、大花园建设发展为契机,加快推进浙西南山区人口内聚外迁。深化小县大城战略,创新生态移民政策,促进人口向县城和中心镇集聚。稳步推进户籍制度、社会保障制度和农村产权制度改革,建立相应机制,加大转移支付支持力度,增强流入地和流出地政府加快农业转移人口市民化的主动性和积极性,制定省内人口跨地区转移就业引导政策,促进浙西南山区人口向东部沿海地区有序转移。

第三章　山区 26 县生态工业发展与浙江共富

第一节　山区县生态工业发展对共同富裕示范区建设的意义

一、山区县高质量发展对共同富裕示范区建设的重要意义

浙江省高质量发展推进共同富裕先行和省域现代化先行,重点在山区 26 县,突破点也在山区 26 县。浙江土地面积 10.18 万平方公里,居全国第 25 位,在不大的区域里,山区占 71%、平原占 23%、河流和湖泊占 6%,素有"七山一水二分田"之说。在浙江 90 个县市区中,山区 26 县占据了全省 44.5% 的土地面积,而 2020 年山区 26 县的年末常住人口为 1017.3 万人,仅占全省的 15.6%,GDP 仅占全省的 9.65%,人均 GDP 仅为全省的 61.3%,山区县的区域发展不平衡不充分问题已成为浙江共同富裕的短板。山区县高质量发展对浙江高质量发展建设共同富裕示范区意义重大,主要体现在以下几个方面。

(一)山区县跨越式高质量发展有利于促进浙江区域协调发展

区域协调发展理论强调,要对区域与国家之间的关系进行有效处理,在推动区域长期发展中实现帕累托改进,逐步缩小和消除区域发展差距①。区域差异对地区经济、社会发展的影响是多方面的,且不断扩大的区域差异,不利于资源合理配置和国民经济持续、快速、健康的发展。2021 年 5 月 20 日,中共中央和国务院发布《关于支持浙江高质量发展建

---

①安虎森,汤小银.新发展格局下实现区域协调发展的路径探析[J].南京社会科学,2021(8):29-37.

设共同富裕示范区的意见》,2021 年 6 月 11 日,中共浙江省委十四届九次会议通过《浙江高质量发展建设共同富裕示范区实施方案(2021—2025年)》。加快缩小地区发展差距,是浙江省共同富裕示范区建设的重点之一。习近平总书记在浙江工作期间多次强调,要把先富带后富作为全省经济发展的大战略,不断促进区域经济协调发展。例如,在 2005 年 11 月 6 日举行的中共浙江省委十一届九次会议上,时任浙江省委书记习近平同志指出:"加快发达地区发展是支持区域协调发展的重要基础,促进欠发达地区跨越式发展是实现区域协调发展的重要环境,两者是互相促进的。"①

　　区域协调发展是浙江推动共同富裕的独特优势,也是巨大潜力所在。但是,受经济基础、地理环境等多重因素的影响,浙江沿海地区与内陆、山区与平原、城市与乡村的发展不平衡依然存在,发展差距较大,尤其是浙江东北部杭州、嘉兴、宁波、温州等沿海地区与浙西南山区的发展不平衡。浙江"清大线"(临安清凉峰镇和苍南大渔镇连接线)两侧分别是浙东北和浙西南,两大区域在人口分布、地形地貌等方面差异明显(清大线西南侧,拥有 40% 的面积、20% 的人口和 10% 的 GDP),经济发展水平、居民收入等经济发展方面的差距也非常显著。数据显示,2021 年山区 26 县实现地区 GDP 6976.5 亿元,占全省 GDP 的比重为 9.5%,与 2015 年所占比重 10.1% 相比,山区 26 县 GDP 占全省比重不升反降,下降了 0.6 个百分点,地区间差距有扩大态势。进一步从人均 GDP 看,2022 年,宁波、杭州人均 GDP 分别为 16.5 万元、15.4 万元,而同期山区 26 县居多的衢州、丽水分别仅有 8.8 万元、7.3 万元,仅为宁波、杭州的二分之一左右。

　　推进新时代区域协调发展是高质量发展建设共同富裕示范区的应有之义,浙江高质量发展建设共同富裕示范区,重点在山区县,山区县经济发展速度和水平关系到全省发展的大局。可以说,没有山区县的现代化,就没有全省的率先现代化。唯有加快山区经济发展的步伐,努力实现跨越式高质量发展,才能实现全省的全面、协调、可持续发展。因此,

---

①习近平.干在实处 走在前列——推进浙江新发展的思考与实践[M].北京:中共中央党校出版社,2006:202.

在新的形势下,探讨如何促进山区县跨越式高质量发展,已成为当前浙江高质量发展建设共同富裕示范区所面临的一个现实性和紧迫性的重大问题。

（二）山区县潜在后发优势有望成为浙江经济一大新的增长点

县城强则浙江强。浙江县域经济发展一直备受瞩目,三分之一左右的省内县域"标兵"常年占据全国综合实力百强县市、工业百强县市等各大榜单,县域经济已成为推动浙江国民经济持续、快速增长的重要支柱。浙江山区县域经济蕴藏着巨大的潜力,山区经济发展的比较优势和潜在优势尚未被充分挖掘出来。有些优势可能是潜在的"金矿",只是尚未被发现,随着经济社会发展和时代变迁会逐步显现出来。例如,山区优越的生态资源,尚未开发利用的山地、森林、水域等,以及山区丰富而独特的种质资源,展示了山区发展特色产业的广阔前景。因此,浙江要进一步挖掘山区26县潜在的比较优势,加快培育新的经济增长点,为全省经济发展不断注入新发展活力。

结合发展实际,山区26县经济发展潜在优势转化条件主要体现为:一是山区26县资源优势日益显现和释放。伴随我国超大规模内需市场的形成,人们的消费需求已发生根本性改变,对生态、健康、文化、旅游等的需求持续快速增长,山区26县的生态价值、经济价值、文旅价值、社会价值等正前所未有地显现出来。比如山区农业富有特色的高品质粮油、干鲜果品、茶叶、药材、山珍特产等的市场需求大幅增长,效益农业、生态农业、观光农业有着很好的发展前景。实现可持续发展和"碳达峰碳中和",使山区森林资源在维护动植物多样性和森林碳汇上的作用更加凸显。如全部都属于山区26县的丽水市,其生态系统生产总值（GEP）就数倍于其地区生产总值（GDP）。山区利用低丘缓坡资源,也为人多地少的浙江探索推进生态"坡地村镇"建设和发展新材料、生物医药等生态工业提供了广阔的空间。二是交通设施改善加速推动山区26县融入区域发展布局。交通不便、信息不通是过去阻碍山区26县发展的"鸿沟"。如今,这道"鸿沟"正在被不断填平。一方面,全省已实现县县通高速公路,衢宁铁路、杭绍台城际铁路建成通车,杭衢高铁、杭温高铁等建设如火如荼,为山区26县接轨大上海、融入长三角和融入省内四大都市圈创造了有利条件。另一方面,自 2018 年以来,全省持续实施数字经济"一号工程",极大完善了以 5G 为支撑的新一代互联网基础设施,实现了山区与城市的无差别信息共享。这些基础设施的建成与完善,进一步增强了浙江山区与长三角、沿海地区,以及江苏、江西等地区的对接和联系,为山区开展招商引资,推动工业结构高度化提供了强劲支撑和升级条件。2022年,山区 26 县工业投资占固定资产投资比重达到 27.2%,与全省平均水平 23.8% 相比,高出 3.4 个百分点,其中通过产业链对接合作,全年山区26 县共计协作引进亿元以上制造业项目 35 个,协议投资达 384 亿元,显示出山区县具备的巨大发展潜力。

(三)山区县生态资源优势成为厚植浙江绿色底色的重要支撑

"生态本身就是经济。"[①]生态是一种极易被忽视的"隐形"的生产力,特别是从农业社会向工业社会转变的过程中,生态所蕴藏的巨大价值需要被认识,主导"绿水青山就是金山银山"是发挥比较优势、生态优势,找到转化的金钥匙。在山地资源方面,浙江是个多山的省份,素有"七山一水二分田"之说。其中,山地主要集聚在山区 26 县。众所周知森林是陆地生态系统的主体,对改善生态状况、优化人居环境等具有不可替代作用。山区 26 县森林覆盖率高达 76%,比全省高出 15 个百分点,优质的生态环境和丰富的自然生态资源是山区县的"拳头品牌"。在水资源方面,作为江南水乡,浙江多年平均水资源总量达 955 亿立方米,单位面积产水量位列全国第四,特别是山区 26 县,大多地处钱塘江、瓯江等八大水系源头,I 类水质河湖比比皆是。凭借丰富的自然生态资源,经过多年发展,目前山区 26 县拥有药材、有机茶、竹子、香菇、猕猴桃、四季柚、紫菜、黄花梨、油茶、茭白、蜂蜜等众多领域的"中国特产之乡"称号,拥有寿仙谷医药、仙琚制药、康恩贝中药、千岛湖啤酒等知名企业。

但在过去,潜藏于生态的价值并未得到充分认识,也没有转化成发展优势。比如,水资源总量居全省第一的丽水,2019 年的水资源利用率仅为 2.7%,产业规模偏小,发展水平偏低。践行"绿水青山就是金山银山"理念,是时代发展必然,也是贯彻新发展理念的根本要求。时任浙江省委书

---

① 徐国栋.绿色民法典:诠释民法生态主义[N].中国环境报,2004-04-05.

记袁家军在浙江省第十五次党代会上作报告时指出,"聚焦共同富裕和现代化先行的宏伟目标,牢牢把握让绿色成为浙江发展最动人色彩的要求"。良好生态环境是最普惠的民生福祉,在经济与生态良性互动的发展模式下,生态文明建设正成为共同富裕的增长点。基于此,山区26县亟须进一步突破约束,找到绿水青山和金山银山之间转化的发力点,强化对绿水青山经济价值的合理挖掘,这对推动经济社会实现可持续发展至关重要。

二、山区县发展生态工业是实现共同富裕的破局关键

(一)山区县发展生态工业是缩小地区之间差距的必由之路

工业是区域经济的主体,工业化是区域经济现代化的主引擎。一个国家或地区工业发展的规模和水平在某种程度上决定着该国或该地区的经济面貌。改革开放40多年来,浙江实现从经济小省向经济大省的跨越,关键在于按照工业化的路子,坚定不移地一张蓝图绘到底。从当前发展来看,山区县与浙江沿海发达地区的差距主要在工业上。以山区县集聚的丽水市为例,2021年,制造业增加值占GDP的比重仅为24.6%,与全省水平相比低了9.9个百分点,比嘉兴、湖州、宁波、绍兴分别低20.5个百分点、18.0个百分点、16.7个百分点和13.2个百分点。从单个山区县看,以山区26县规上工业增加值最大的柯城为例,2022年柯城区规上工业增加值为269.4亿元,不到其他64县中的北仑、慈溪等地区的三分之一。

以往,欠发达地区在工业技术水平低的情况下,通常是走卖资源、卖原料的路子。从国内外区域经济发展的历史经验看,一个地区单纯依靠采掘和原料工业的发展,不仅产品附加值低,对经济增长的贡献度不高,而且由于产业链条较短,加工层次低,难以形成自身的支柱产业和竞争优势,难以带动相关产业的发展,难以与周边地区形成产业分工协作的紧密型经济联系,在经济发展过程中与发达地区的差距将越来越大[1]。同时,一个产业结构过于单一且以资源型产业为主导的地区,也容易因资源枯

---

①林弋筌.试论第二产业与海南经济再腾飞的关系——基于发展第二产业的必要性分析[J].法制与社会,2011(8):177-178.

竭和市场需求变化造成经济增长不稳定,甚至产生结构性衰退。因此,山区 26 县要缩小与浙江沿海发达地区的差距,应遵循经济发展规律,充分发挥工业的基础性、根本性、主导性作用,找准工业发展的着力点,主动与浙江沿海发达地区对接,承接产业梯度转移,努力做大工业规模总量,提升工业发展的水平和层次,实现以生态工业发展引领县域经济高质量发展。

(二)山区县发展生态工业是实现中国式现代化的关键基础

工业化是工业在一个国家或地区的国民收入和劳动就业中的份额连续上升的过程,其实质是现代工业逐渐占主要地位,由农业国家或地区转变为先进的工业国家或地区的过程。从经济增长方式的角度看,工业化是经济增长由传统的农业为主导转向以工业为主导,农业在国民收入和劳动就业中的份额连续下降,工业及其他产业份额不断上升,形成工业主导型经济增长格局的经济结构变迁过程[①]。

工业化过程和经济发展过程是紧密相关的。工业化是以生产方式的变革为实质,以产业、经济、社会结构转换为标识的经济发展与社会进步的过程。世界经济史表明,无论哪一个国家和地区,不管它的生存资源和社会制度多么不同,在国际分工中的地位、经济发展的具体进程和工业化的实现方式多么不同,无一例外都要经历工业化过程。18 世纪末开始的工业革命,使英国、美国变为发达国家,20 世纪初中期日本通过推进工业化成为世界强国,20 世纪六七十年代以后,东亚国家在加快工业化过程中走向了繁荣之路。改革开放以来,我国东部沿海地区经济的持续快速发展也主要是依靠工业高速增长来推动的。现代世界经济发展史就是一部工业社会替代农业社会的历史,这是生产方式演进的必然规律。从三大产业的关系看,工业是第一产业农业增值的手段,是第三产业服务业繁荣发展的基础。

尽管在传统工业化进程中,山区 26 县在区位交通、资源禀赋、产业配套等方面处于劣势,但是不可否认的是,在新时代大多山区县普遍正处于从工业化中期向工业化后期迈进的关键时期,有些山区县甚至刚进入工

---

① 王志国.21 世纪初江西加速工业化的战略研究[R].研究报告,2002.

业化中期阶段。面临着传统制造业升级缓慢而新兴产业发展滞后导致的产业空心化风险、资源要素驱动模式渐趋式微导致的原有动力弱化新兴动力不足的动力断层风险和更为严峻的区域战略能级逐步弱化的风险等多重因素影响,只有推进工业化才能最有效地利用资源,提高国民经济的产出水平。

(三)山区县发展生态工业是提高区域收入水平的重要途径

党的二十大强调,坚持把实现人民对美好生活的向往作为现代化建设的出发点和落脚点,着力维护和促进社会公平正义,着力促进全体人民共同富裕,坚决防止两极分化。全体人民生活水平的提高和平衡增长是实现共同富裕的重要方面。国内外研究表明,区域收入的不均衡会产生严重的社会问题,相应地降低高增长所产生的福利,并进一步阻碍未来经济的健康成长。2016 年浙江省人均 GDP 已达到 7.86 万元(超过 1 万美元),到 2022 年达到 11.85 万元。根据国际经验,浙江已步入区域差距持续扩大转向缩小的拐点区段。在这个阶段,如何防止收入差距扩大成为至关重要的挑战。因此,新时代缩小收入差距、实现全体人民生活水平的提高和平衡增长是中国经济均衡、协调和可持续发展的重要目标之一,也是实现共同富裕的重要方面。

推进山区县生态工业发展是提高区域收入水平,促进共同富裕的必然途径和关键抓手。一是只有推进工业化,才能使山区县有效实现农产品的加工增值,为农业的深度发展找到出路,才能大量转移农村剩余劳动力,广泛扩大农村就业,从根本上提高农民收入,实现城乡经济共同繁荣。二是只有推进山区县工业化,才能促进地区经济协调发展。目前,沿海发达地区工业增长十分迅速,可以通过自我发展继续保持高速增长的势头。地区经济协调发展的主要矛盾在欠发达地区,山区县的主要矛盾又在工业化水平滞后。只有通过加快工业化进程来提升欠发达地区的发展速度和水平,才能逐步实现区域均衡发展。三是只有推进工业化,才能使山区县摆脱财政拮据状况,从而有能力兴办文化、教育、卫生、体育等各项社会事业,全面提高人的素质,实现经济社会协调发展。四是只有推进工业化,引导产业升级,才能转变山区县粗放型经济增长方式,防止过度开采自然资源造成对环境的破坏,实现可持续发展。五是只有推进工业化,才能培植开放型经济载体,更好地利用两种资源、两个市场,在扩大对外开放中不断壮大山区县经济实力。

专栏 3.1　威廉姆森倒 U 形理论

如图 3-1 所示,倒 U 形假说是由威廉姆森(Williamson)所提出,用于描述地区经济发展差距的变化趋势,并且获得广泛认可。倒 U 形假说提出在经济发展的初期阶段,地区经济发展差距随之增长不断增加,当经济水平发展到中期阶段,差距达到了最高点又开始逐渐缩小,整个轨迹类似倒着写的 U,本质上是指区域发展差距随着经济的发展最终会保持一个低水平的稳定状态。

根据威廉姆森的倒 U 形理论,经济活动的空间集中式极化是国家经济发展初期不可避免的现象,但由此而产生的区域差异将随着经济发展的成熟而最终消失。

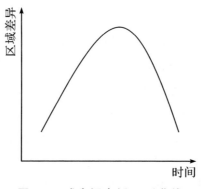

图 3-1　威廉姆森倒 U 形曲线

第二节　山区 26 县生态工业发展基本概况

一、山区 26 县生态工业发展基本状况

多年来,浙江省坚定不移沿着"八八战略"指引的路子,坚持一张蓝图

绘到底、一任接着一任干,推动浙江成为区域发展最为协调的省份之一。2015 年 2 月,浙江召开全省推进 26 县加快发展工作会议,26 个欠发达县正式"摘帽"。"摘帽"后,浙江不再对县(市、区)归类发达与欠发达,按照 26 个县的经济发展速度、发展质量、民生保障、生态环保等动态指标进行综合排名。"摘帽"后的山区 26 县一路"小步快跑",助力浙江成为全国城乡区域差距最小、区域发展最均衡省份之一。山区 26 县行政范围主要包括杭州市的淳安县,温州市的永嘉县、文成县、平阳县、泰顺县、苍南县,金华市的武义县、磐安县,衢州市的衢江区、柯城区、龙游县、江山市、常山县、开化县,台州市的天台县、仙居县、三门县,丽水市的莲都区、龙泉市、青田县、云和县、庆元县、缙云县、遂昌县、松阳县、景宁畲族自治县。

(一)经济发展:多项指标增速快于全省平均

近年来,浙江省深入践行"八八战略",推进山海协作升级,山区 26 县经济实力大幅提升,区域协调发展跑出"加速度"。经济发展多项指标增幅高于全省。2018—2021 年,山区 26 县 GDP 从 5510.4 亿元增加到 6976.5 亿元,年均增速为 8.2%。其中,永嘉、平阳、柯城三个地区 GDP 突破了 500 亿元,苍南、泰顺、磐安、三门、天台、云和、遂昌、景宁、衢江、柯城、常山等 11 个山区县生产总值年均增速高于全省平均增速,详见表3-1。

表 3-1　2018—2021 年山区 26 县 GDP 及年均增速变化

26 县(市、区)	地区 GDP/亿元		地区 GDP 年均增速 (2018—2021)/%	与全省平均 增速相比/%
	2018 年	2021 年		
淳安县	243.2	255.2	1.6	−7.8
永嘉县	414.5	500.0	6.5	−2.9
平阳县	460.2	600.5	9.3	−0.1
苍南县	560.6	399.6	9.7	0.3
文成县	97.5	116.5	6.1	−3.2
泰顺县	99.0	132.4	10.2	0.8
磐安县	96.6	133.9	11.5	2.1
武义县	246.6	313.3	8.3	−1.1
三门县	229.4	319.5	11.7	2.3

续表

26 县(市、区)	地区 GDP/亿元		地区 GDP 年均增速 (2018—2021)/%	与全省平均增速相比/%
	2018 年	2021 年		
天台县	254.5	339.6	10.1	0.7
仙居县	230.1	282.8	7.1	−2.2
莲都区	359.1	453.5	8.1	−1.3
龙泉市	133.5	161.8	6.6	−2.8
青田县	239.2	272.0	4.4	−5.0
云和县	73.2	98.1	10.2	0.9
庆元县	72.3	85.2	5.6	−3.7
缙云县	237.1	273.9	4.9	−4.4
遂昌县	116.5	153.0	9.5	0.1
松阳县	106.1	129.1	6.8	−2.6
景宁县	59.3	80.7	10.8	1.4
衢江区	174.6	269.7	15.6	6.2
柯城区	192.6	595.5	13.8	4.4
江山市	300.5	365.8	6.8	−2.6
常山县	140.4	187.6	10.1	0.8
开化县	132.0	169.4	8.7	−0.7
龙游县	242.0	288.0	6.0	−3.4
26 县小计	5510.6	6976.6	8.2	−1.2
全省	56197.0	73516.0	9.4	/

数据来源:根据浙江省统计年鉴、各县统计年鉴、统计公报等公开数据整理。

进一步从人均 GDP 等指标看,山区 26 县各项指标均有明显提高,人均 GDP 从 2015 年的 36869 元提高到 2020 年的 61397 元,年均增速 10.7%,与全省 5.3% 的增速相比,高出 5.4 个百分点。2020 年,城镇居民人均可支配收入 48379.5 亿元,年均增速 9.2%,增速高出全省平均增速(6.4%)2.8 个百分点;城乡居民收入比缩小至 2.03∶1,较 2015 年减少 0.1,区域发展差距不断缩小,共同富裕建设迈出新步伐。

(二)工业发展:工业经济支撑带动作用增强

2021 年,浙江省实现规上工业增加值 20248.1 亿元,较 2018 年增长

37.6%,规上工业增加值占 GDP 比重从 2018 年的 26.2% 增加至 2021 年的 27.5%,提高 1.3 个百分点。山区 26 县工业发展步伐加快,整体规模实现大幅跃升。2021 年,山区 26 县规上工业增加值 1535.7 亿元①,较 2018 年增长 26.6%,山区 26 县规上工业增加值占 GDP 比重从 2018 年的 15.5% 提高到 2021 年的 22.0%,提高了 6.5 个百分点,提升幅度较全省平均高出 5.2 个百分点,工业拉动经济作用日益明显(见图 3-2)。

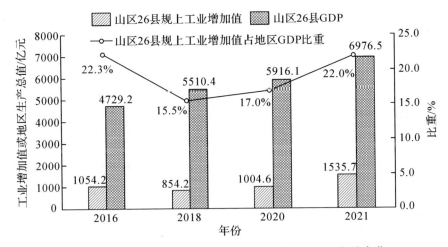

图 3-2　山区 26 县规上工业增加值占地区 GDP 比重变化

从山区 26 县占全省比重看,2021 年山区 26 县 GDP 占全省比重为 9.5%,较 2018 年减少 0.3 个百分点;山区 26 县规上工业增加值占全省比重提升显著,从 2018 年的 5.8% 提高到 2021 年的 7.6%,提高了 1.8 个百分点(见图 3-3)。

①说明:(1)2019 年 9 月,龙港镇从原苍南县划出设立龙港市,龙港市 2019 年规上工业增加值为 46.91 亿元,2020 年为 51.83 亿元,龙港划出导致苍南县工业规模减小;(2)衢州市柯城区 2021 年开始将衢州市高新园区和部分衢化的数据纳入该区域工业统计,导致柯城区 2021 年规上工业增加值从 2020 年的 15.4 亿元大幅增加至 196.53 亿元;(3)衢州市衢江区 2021 年将衢州智造新城部分企业纳入该区域工业统计,规上工业增加值从 2020 年的 43.95 亿元大幅提高到 2021 年的 87.22 亿元;(4)丽水市莲都区 2021 年将丽水市本级包括纳爱斯等企业纳入统计,规上工业增加值从 2020 年的 13.71 亿元大幅提高到 2021 年的 96.44 亿元,通过加减剔除掉上述数据变化重新计算后,这些县变化并未改变山区 26 县工业规模总体态势。

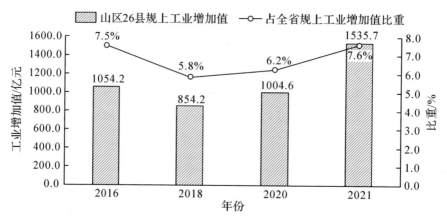

图 3-3　山区 26 县规上工业增加值及其占全省比重

如图 3-4 和表 3-2 所示,工业规模实力不断增强。按规上工业增加值规模看,2021 年山区 26 县中超过 100 亿元的有 3 个,50 亿～100 亿元的有 10 个,10 亿～50 亿元的有 10 个,10 亿元以下的有 3 个。与 2018 年相比,达到 100 亿元以上山区县数量增加了 3 个,分别为武义、三门、柯城;50 亿～100 亿元山区县增加了 2 个;30 亿～50 亿元、10 亿～30 亿元的山区县分别减少了 1 个、4 个,10 亿元以下档次的山区县数量仍保持在 3 个。以缙云县为例,2021 年,缙云县 GDP 为 273.9 亿元,规上工业增加值 69.5 亿元。2018 年到 2021 年,规上工业增加值年均增速 23.0%,占全县 GDP 的比重从 15.7% 提高到 25.4%,三年间提高 9.7 个百分点,工业发展呈现迅猛发展势头。

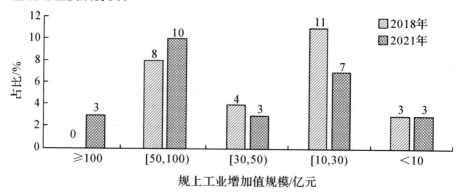

图 3-4　山区 26 县规上工业增加值规模占比构成变化

表 3-2 山区 26 县规上工业增加值规模变化

规模构成	2018 年	2021 年
≥100 亿元级县	无	3 个(武义县、三门县、柯城区)
[50,100)亿元级县	8 个(永嘉县、平阳县、苍南县、武义县、三门县、天台县、江山市、龙游县)	10 个(永嘉县、平阳县、天台县、仙居县、莲都区、青田县、缙云县、衢江区、江山市、龙游县)
[10,50)亿元级县	15 个(淳安县、磐安县、仙居县、莲都区、龙泉市、青田县、云和县、庆元县、缙云县、遂昌县、松阳县、衢江区、柯城区、常山县、开化县)	10 个(淳安县、苍南县、磐安县、龙泉市、云和县、庆元县、遂昌县、松阳县、常山县、开化县)
10 亿元级以下县	3 个(文成县、泰顺县、景宁县)	3 个(文成县、泰顺县、景宁县)

数据来源:根据浙江省统计年鉴、各县统计年鉴、统计公报等公开数据整理。

(三)质量效益:发展质效水平呈现明显提升

山区 26 县持续深化"亩均论英雄"改革,资源要素利用效率显著提升。如图 3-5 所示,2021 年,浙江省规上工业亩均税收 32.0 万元,与 2018 年 28.0 万元/亩相比,提高了 4 万元/亩,年均增速 4.6%。2021 年,山区 26 县规上工业亩均税收 19.0 万元,较 2018 年 15.5 万元/亩,提高了 3.5 万元/亩,年均增速 7%,高出全省平均水平 2.4 个百分点。其中,2018—2021 年规上工业亩均税收增速高于全省平均增速的山区县有 15 个,分别为苍南(5.9%)、泰顺(36.9%)、磐安(16.1%)、三门(4.8%)、仙居(4.7%)、云和(17.0%)、缙云(18.5%)、遂昌(10.7%)、松阳(7.7%)、衢江(17.7%)、柯城(32.3%)、江山(26.0%)、常山(20.0%)、开化(35.6%)、龙游(12.8%)。

如图 3-6 所示,2021 年,山区 26 县实现规上工业亩均增加值 109.6 万元,同比增长 15.1%,与全省 15.0%的平均增速相比,高了 0.1 个百分点。其中,2018—2021 年规上工业亩均增加值增速高于全省平均增速的山区县有 11 个,分别为龙游(31.8%)、衢江(28.7%)、开化(27.6%)、柯城(26.1%)、江山(25.2%)、常山(22.9%)、景宁(22.8%)、三门(22.7%)、武义(19.1%)、磐安(18.9%)、莲都(17.5%)。如图 3-7 所示,2021 年山区 26 县规模以上工业劳动生产率为 22.9 万元/人,比 2020 年提高 4.0 万元/人。2021 年单位工业增加值能耗 0.887 吨标准煤/万元,与 2020

年相比下降了0.102吨标准煤/万元,资源要素利用效率大幅提升。

以衢州市龙游县为例,近年来,龙游县收回企业部分闲置土地进行再出让,在零增地的情况下解决了一批高端制造类企业落地难问题。2021年,全县盘活低效闲置土地251亩,增加厂房面积25万方,同时龙游县通过建设高容积率的标准厂房,向空间要效益,提高土地亩均效益,大大提高了开发区节约集约用地水平,盘活已供的低效用地,推进土地资源利用由平面向立体整合,有效缓解用地供需矛盾,拓宽建设用地空间,促进存量用地的高效利用。

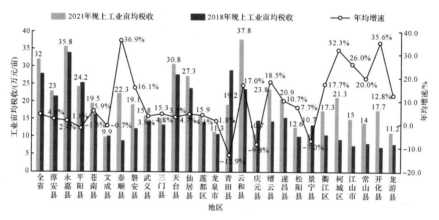

图 3-5　山区 26 县规上工业亩均税收

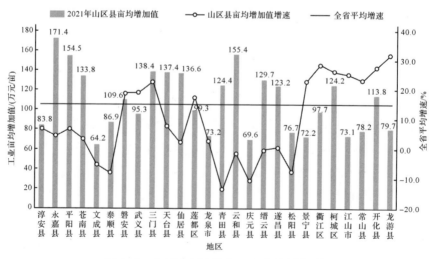

图 3-6　山区 26 县规上工业亩均增加值

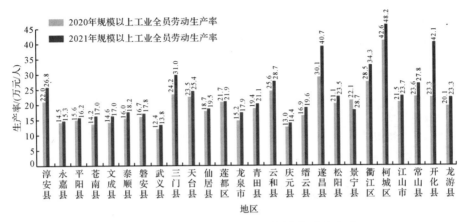

图 3-7　山区 26 县规上工业全员劳动生产率

(四)产业结构:产业结构优化调整步伐加快

如表 3-3 所示,从山区 26 县规上工业销售收入占比前 10 主导产业变化看,对比 2018 年和 2021 年,在前 10 行业中,化学、电气机械、金属制品、非金属矿物、文体娱乐用品、专用设备 6 个行业规模和占比排名均有上升,尤其是化学、电气机械规模占比分别从 4.7%、3.8% 提高到 9.4%、4.8%,排名也相应从第 3 位、第 4 位提高到第 1 位、第 3 位,而橡胶和塑料、造纸、皮革和制鞋等传统行业排名有一定下降,排名分别从 2018 年的第 1 位、第 6 位、第 9 位下降到 2021 年的第 5 位、第 12 位和第 10 位。

表 3-3　山区 26 县销售收入占比前 10 行业变化

排序	2018 年			2021 年		
	行业名称	销售收入/亿元	占全省该产业比重/%	行业名称	销售收入/亿元	占全省该产业比重/%
1	橡胶和塑料	321.6	12.7	化学	690.9	9.4
2	通用设备	310.3	6.6	通用设备	562.9	7.9
3	化学	299.7	4.7	电气机械	554.9	4.8
4	电气机械	274.6	3.8	金属制品	452.7	10.1
5	金属制品	257.4	9.5	橡胶和塑料	415.1	12.3

续表

排序	2018 年			2021 年		
	行业名称	销售收入/亿元	占全省该产业比重/%	行业名称	销售收入/亿元	占全省该产业比重/%
6	造纸	230.6	14.96	非金属矿物	362.7	8.7
7	非金属矿物	228.4	8.77	文体娱乐用品	198.2	12.6
8	纺织	155.2	3.88	纺织	187.7	4.0
9	皮革和制鞋	154.1	14.69	专用设备	164.5	5.5
10	文体娱乐用品	130.9	11.310	皮革和制鞋	148.9	16.7

数据来源:根据浙江省统计年鉴、各县统计年鉴等公开数据整理。

如表 3-4 所示,从山区 26 县规模排名前五位行业上榜次数看,2021 年山区各县排名前五行业依次为通用设备、电气机械、非金属矿物、化学、黑色金属(并列第五)、文体娱乐用品(并列第五)、橡胶和塑料(并列第五),主要以传统制造业为主,上榜次数分别为 14 次、13 次、13 次、10 次、8 次、8 次、8 次。进一步对比 2018 年和 2021 年,通用设备上榜次数排名从第 2 位提升到第 1 位,电气机械一跃进入第 2 位,上榜次数也从 2018 年的 6 次提高到 2021 年的 13 次,非金属矿物、化学、黑色金属、文体娱乐用品上榜次数和排名均有所上升。

表 3-4　山区 26 县排名前五行业上榜次数变化

排序	2018 年		2021 年	
	行业名称	上榜次数	行业名称	上榜次数
1	电力热力	18	通用设备	14
2	通用设备	15	电气机械	13
3	橡胶和塑料	10	非金属矿物	13
4	非金属矿物	9	化学	10
5	化学	9	黑色金属	8
5(并列)	/	/	文体娱乐用品	8
5(并列)	/	/	橡胶和塑料	8

数据来源和说明:根据浙江省统计年鉴、各县统计年鉴等公开数据整理;榜次数根据各县销售收入排名前五名行业出现次数累计加总测算。

从高新技术产业占比变化看,山区 26 县高新技术产业快速发展,规模呈上升态势,山区 26 县高新技术产业增加值从 2018 年的 425 亿元提高到 2020 年的 644.1 亿元;占全省的比重从 5.6% 提高到 6.5%,提高了 0.9 个百分点。2020 年全省高新技术产业增加值占工业增加值比重为 59.6%,山区 26 县中有 8 个山区县超过全省平均水平,分别为永嘉 (61.9%)、磐安 (62.2%)、三门 (69.0%)、天台 (76.5%)、仙居 (66.2%)、衢江 (60.4%)、开化 (75.3%)、龙游 (60.1%),与 2018 年仅有 3 个山区县超过全省平均水平相比,山区县高新技术产业培育步伐加快,详见图 3-8。

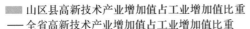
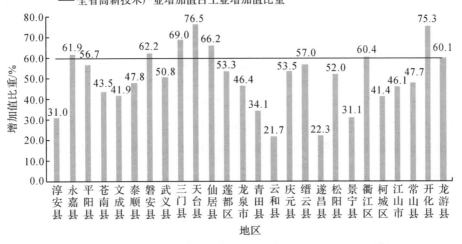

图 3-8　山区 26 县高新技术产业规模占比及与全省对比

(五)数字经济:数字赋能催生新的发展动能

浙江是数字经济大省,山区 26 县抢抓数字经济发展机遇,以数字赋能加快实现"弯道超车",数字经济增长势头强劲。2020 年,山区 26 县实现数字经济核心产业增加值 216.42 亿元,较 2017 年增长了 23.7%,占山区 26 县 GDP 的比重从 2017 年的 3.48% 提升到 2020 年的 3.66%。同期,全省数字经济核心产业增加值从 2017 年的 4853 亿元增加到 2020 年的 7020 亿元,增长 44.63%,占全省 GDP 的比重从 9.37% 提升到 10.86%(见图 3-9)。

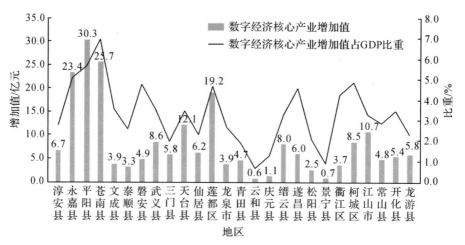

图 3-9　2020 年山区 26 县数字经济核心产业增加值及其占比

专栏 3.2　山区 26 县发展数字经济典型案例

　　浙江山区 26 县的空间、资金、人才等要素制约较多,发展数字经济并不属于"天赋型选手",但没有天赋并不表示不能干。自 2018 年浙江省全面实施数字经济"一号工程"以来,部分山区县已经开展了一系列的探索,并显现出一定的成效。

新动能:大平台发展数字经济核心产业

　　衢州把智造新城和智慧新城两大平台作为打造数字经济发展的主阵地,其中智造新城大力发展电子材料产品,高端电子材料产业平台入选第二批省级"万亩千亿"新产业平台名单,并突破量产 12 英寸半导体级单晶锭技术,进入 IC 市场、平板显示等下游市场,完整的产业链基本形成,持续加速国产化替代进程。

　　丽水市莲都区大力实施数字经济高能聚合计划,明确将数字经济作为 4 大主导产业之一,专门成立数字经济招商小组。目前,蚂蚁、华为、百度等"大好高"项目已相继落地,不仅为莲都导入了云计算、区块链、数据标注等产业,也吸引了浙江数思信息技术有限公司等 10 多家数字经济骨干企业入驻莲都,2021 年莲都区数字经济核心产业增加值、数字经济发展总指数排名丽水市首位。

新制造:推进生态工业数字化改造

龙游县大力推进生态工业数字化改造。一方面良好的生态环境吸引了维达、伊利、浙建投等企业纷纷投资建厂,另一方面县乡两级全面开展竹加工行业整治提升工作,逐步实现竹资源一体化生产和管理,用绿水青山换来金山银山,为乡村添绿增彩的同时,也为企业带来了生态红利。武义县正着力打造"绿色制造基地",发展有机国药等绿色产业,打造大健康产业园,赋能县域高质量发展,从而带动共同富裕。

新模式:优化环境吸引高端要素

遂昌县打造"天工之城"发展分时经济。提出了培育开源产业的独特发展路径,打出"天工之城——数字绿谷"的新名片。与阿里巴巴等龙头企业签订战略合作协议,通过建设绿色创新第二空间、数字人才培训工场、山地休闲向往之地,探索分时度假、分时研发、分时培训等分时经济模式,加速数字经济领域人才与科技资源的引流,为地方导入高端要素提供环境氛围,努力打造新经济的始发地。

新场景:"互联网+"生态旅游

松阳县通过大力发展民宿经济,带动乡村发展,实现了美丽乡村、美丽经济和美好生活的"三美"融合。近年,更是借力数字经济,开展互联网+民宿培育专项,搭建松阳全域旅游服务平台等云上平台,打造"游多多客栈"和"移动掌上农家乐"App等,推动民宿线上线下、城乡资源的整合。此外,大力发展智慧旅游,建设智慧旅游景区、智慧旅游乡镇,引入VR/AR技术对民宿进行拍摄,让散落乡间的民宿得以用更立体、现代的姿态与游客见面,增强游客沉浸式体验,培育旅游新动能。

(六)平台支撑:产业平台园区建设加快布局

如表3-5所示,从产业平台建设看,截至2021年底,山区26县省级经济开发区和特色生态产业平台实现全覆盖。其中,全省整合形成的134个省级开发区(园区)中,山区26县共有26个(包括已认定的17个,待批复的9个)。尤其是在2021年,根据《浙江省人民政府办公厅关于整合设立浙江鹿城等经济开发区的复函》精神,省政府批复整合设立6家经济开发区,其中山区县开发区4家,分别是浙江磐安经济开发区、衢州智造新城、浙江莲都经济开发区和浙江云和经济开发区。同时,在 2022 年 6 月,依据《浙江省商务厅等 10 部门关于推进山区 26 县开放平台共建发展的指导意见》精神,30 个先进地区开发区与山区 26 县开发区结对共建,实现全覆盖。山区 26 县建有(包括规划)的 26 个特色生态产业平台总规划用地 15.23 万亩,已开工建设 15 个,完成投资 127.90 亿元,引进项目数 188 个,引进项目到位资金 77.49 亿元。

专栏 3.3　山区 26 县新设开发区情况

浙江磐安经济开发区:规划面积 6.16 平方公里,以建设科技化、智能化、集约化、生态化的精品商务区、现代化工业园区和数字经济产业园区为目标,布局集异地扶贫、山海协作、生态补偿三位于一体,努力打造全国"飞地"经济、山海协作工程升级版、共同富裕示范区。

衢州智造新城:规划面积 117.21 平方公里,围绕氟硅新材料、锂电新材料、电子化学材料、特色轻工、芯片及传感器、生物医药与大健康,形成产业链完备的 6 大产业集群,坚持立足全国放大发展格局,打造功能布局合理、主导产业明晰、资源集约高效、产城人文融合发展的千亿级规模、百亿级税收的高能级战略平台。

浙江莲都经济开发区:规划面积 10.71 平方公里,聚焦半导体集成电路、新能源、数字经济、美丽经济四大高新低碳产业,打造功能布局合理、主导产业明晰、资源集约高效、产城深度融合、特色错位发展的莲都区生态经济产业发展集聚主平台。

浙江云和经济开发区:规划面积 6.77 平方公里,打造以木制玩具行业、通用设备制造业(阀门、轴承)、黑色金属冶炼及压延等四大产业为主导的产业体系。力争做优 1 个木玩特色产业、2 个金属支柱产业,引入"X"个新兴产业,构成"1+2+X"的产业体系,实现战略性新兴产业和传统产业双轮驱动发展。

表 3-5　山区 26 县特色生态产业平台建设情况

平台类型	平台数量/个	规划用地(建筑)面积/万亩	已完成投资/亿元	引进孵化项目数量/个	项目到位资金/亿元
特色生态产业平台	26	15.23	127.9	188	77.49

数据来源:根据山区 26 县各地政府工作报告和相关部门信息公开工作年度报告等公开数据整理。

如表 3-6 所示,从小微企业园建设看,截至 2021 年底,山区 26 县共建成认定小微企业园 141 个,占全省认定园区总量的 10.8%;建筑面积 1683.4 万平方米,占全省小微企业园建筑面积的 1.4%;入驻企业 4414 家,占全省入驻企业总数的 6.2%;吸引 9.6 万人在园内创业就业,占全省比重达到 7.5%。其中,永嘉、平阳、苍南、武义、天台等山区县小微企业园建设数量均超过了 10 家,已建建筑面积分别达到了 106.7 万平方米、178.9 万平方米、143.6 万平方米、70.3 万平方米、99.0 万平方米,建设成效显著,对各地小微企业园集聚发展具有较强推动作用。

表 3-6　山区 26 县小微企业园建设情况

县(市、区)	园区数量/个	已建建筑面积/万平方米	入驻企业总数/家	入驻企业就业人数/人
淳安县	3	11.5	47	761
永嘉县	10	106.7	216	11168
文成县	2	10.7	37	568
平阳县	12	178.9	741	16443
泰顺县	2	27.5	37	1131
苍南县	11	143.6	672	11140
武义县	11	70.3	251	448
磐安县	6	21.6	142	1673
柯城区	1	7.9	68	1000
衢江区	2	3.8	97	513
龙游县	4	24.3	68	1290
江山市	6	26.9	96	1636
常山县	2	20.0	40	632
开化县	3	17.5	1	1088
天台县	11	99.0	39	7853
仙居县	8	61.2	140	2766
三门县	9	59.6	104	3952
莲都区	4	520.6	148	7432
龙泉市	5	61.5	146	3483
青田县	5	28.7	127	39
云和县	5	28.8	144	3555
庆元县	3	21.5	106	1550

续表

县(市、区)	园区数量 /个	已建建筑面积 /万平方米	入驻企业 总数/家	入驻企业 就业人数/人
缙云县	4	47.1	258	3835
遂昌县	5	30.8	148	1763
松阳县	4	8.7	140	1570
景宁县	3	44.5	36	1991
山区 26 县小计	141	1683.2	4414	96478
全省合计	1301	117733.9	71301	1282015
山区 26 县占 全省比重	10.8%	1.4%	6.2%	7.5%

数据来源:根据山区 26 县政府工作报告和相关部门公开信息等整理。

如表 3-7 所示,从"飞地"建设情况看,山海呼应、协作力量转化为发展能量。近年来,浙江省相继出台政策举措,大力推动全省经济强县结对帮扶、共建平台、项目合作,高端要素不断注入山区 26 县,助力资源优势变发展优势。当前,钱塘—淳安、乐清—平阳、上虞—文成等多个"产业飞地"实质性启动建设,截至 2021 年底,山区 26 县产业飞地实现全覆盖,规划用地面积 4.09 万亩,已开发面积 904 亩,引进项目数 20 个,引进项目到位资金 8.9 亿元,主要涵盖高端装备制造、医疗器械、新能源汽车、新材料等新兴领域。科创飞地建设方面,有 50% 的山区县已建有科创飞地,主要为跨越发展类县市区,集中在杭州、宁波等创新要素集聚地区,规划总建筑面积 687267 平方米,已完成投资 28.7 亿元,孵化项目数 276 个,其中产业化项目数 99 个,已吸引副高及硕士以上人才 327 人。

表 3-7 山区 26 县"飞地"建设情况

平台类型	平台数量 /个	规划用地(建筑) 面积/m²	已完成投资 /亿元	引进孵化项 目数量/个	引进项目到位 资金/亿元
产业飞地	26	2727×10^4	—	20	8.9
科创飞地	13	687267	28.7	276	—

数据来源:根据山区 26 县政府工作报告和相关部门公开信息等整理。

> **专栏 3.4 浙江省全力支持山区县"双向飞地"建设**
>
> 2022 年 6 月 10 日出台的《中共中央 国务院关于支持浙江高质量发展建设共同富裕示范区的意见》,支持鼓励浙江先行探索高质量发展建设共同富裕示范区,打造新时代全面展示中国特色社会主义制度优越性的重要窗口。
>
> 《中共中央 国务院关于支持浙江高质量发展建设共同富裕示范区的意见》发布后,为发挥"空间治理和资源要素保障"支撑作用,推动省内山区 26 县跨越式高质量发展,实现全省人民共同富裕,6 月 17 日,浙江出台《支持山区 26 县跨越式高质量发展意见》,明确指出支持"双向飞地"建设,支持山区 26 县在省内大湾区新区、省级高能级平台等产业平台建设以先进制造业为主的"产业飞地",每个"产业飞地"规划面积不少于 1 平方公里,省级统筹安排每县(市、区)"产业飞地"不超过 1500 亩建设用地规划指标。鼓励省内其他地区到山区 26 县设置"创新科技园""产业合作园"等。

二、山区 26 县生态工业发展中存在的差距不足分析

(一)地区间发展差距存在扩大态势

山区 26 县工业经济正加快发展,但是体量小、占比低、竞争力弱的局面还未完全扭转。横向对比看,2021 年山区 26 县规上工业增加值只占全省的 7.6%;其中,突破 100 亿元的仅 3 个县,尚有 3 个县不足 5 亿元。从全省排名看,全省 90 个县(市、区)中,2021 年山区 26 县有 22 个县规上工业增加值规模排名集中在后 1/3(即 60 位及以后)。

如图 3-10 所示,从山区县内部对比看,2021 年仅 14 个山区县规上工业增加值占 GDP 比重超过 20%,有 8 个县仍在 10%～20% 之间,还有 4 个县低于 10%;结合 2018—2021 年山区 26 县规上工业增加值占 GDP 的增幅变化,淳安、永嘉、景宁等工业体量较小的县比重提升不足 0.5 个百分点,远低于同期三门、武义等工业体量较大的县提升幅度,地区间产业集聚不平衡存在扩大态势。

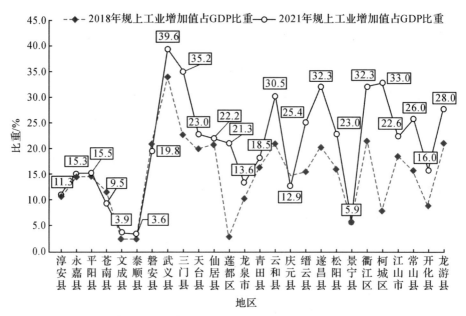

图 3-10　2018 年与 2021 年山区 26 县规上工业增加值占 GDP 比重变化

(二)山区县创新能力水平普遍不高

山区 26 县创新投入与创新产出与全省平均水平均存在明显差距,有待提升。2020 年,山区 26 县规上工业企业 R&D 经费支出 96.75 亿元,占全省比重为 4.76%;2016—2020 年间,有 19 个山区县年均增速实现正增长,但是与全省年均增速 22.5% 相比,仅有 7 个山区县增速高于全省平均水平,与其他经济发达地区相比,创新投入水平差距显著。

如图 3-11 所示,对比规上工业企业 R&D 经费支出占营业收入的比重,2020 年山区 26 县规上工业企业 R&D 经费支出占营业收入中位数为 1.8%,与全省 2.6% 的平均水平相比,低 0.8 个百分点,仅有永嘉、龙泉、文成和仙居 4 个山区县高于全省平均水平,创新投入不能满足创新需求。

从创新产出看,2020 年山区 26 县规上工业新产品销售收入占营业收入比重中位数为 32.7%,同样低于全省 39% 的平均水平,只有天台、青田、庆元、松阳和衢江 5 个地区超过全省平均水平;山区 26 县全社会发明专利拥有量共有 9360 件,占全省比重仅为 4.7%;山区 26 县每万人发明专利拥有量为 8.8 件,同期全省平均水平为 34.1 件,山区 26 县仅为全省平均水平的四分之一,差距显著。

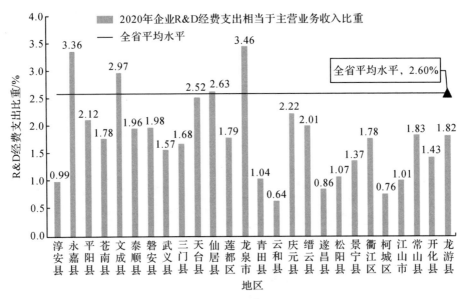

图 3-11 山区 26 县规上工业企业 R&D 经费支出比重及全省对比

(三)缺乏引领带动型龙头骨干企业

一流企业在区域经济发展中发挥着引领、支撑和融合作用,拥有一批具有核心竞争力的行业龙头企业,不仅是一个地区经济发展的"名片",更是衡量一个地区经济实力的重要指标。相比较,山区 26 县规上工业企业数量偏少,整体企业规模实力相对偏弱。截至 2021 年底,山区 26 县共有规上工业企业 5252 家,占全省规上工业企业总数的 10.9%。从企业规模分布看,与全省分布类似,山区 26 县规上工业企业规模在 2000 万~5000 万元之间居多,且这一区间明显高于全省平均占比水平,其他区间分布较少,尤其是 10 亿元以上、5 亿~10 亿元、1 亿~5 亿元等较高规模水平的区间企业占比明显低于全省平均占比水平(见图 3-12)。这一定程度反映出,相对全省其他经济发达县,山区 26 县普遍缺乏具有较强规模实力的行业龙头骨干企业,企业对产业引领带动作用不足。

如表 3-8 所示,从全省优质企业分布对比看,山区 26 县优质企业数量偏少。其中,"雄鹰行动"培育企业、国家制造业单项冠军企业仅有 6 家、4 家,占全省总数均不足 6%;国家"专精特新小巨人"企业、省"隐形冠军"企业以及省级"专精特新"中小企业仅有 41 家、49 家和 270 家,占全

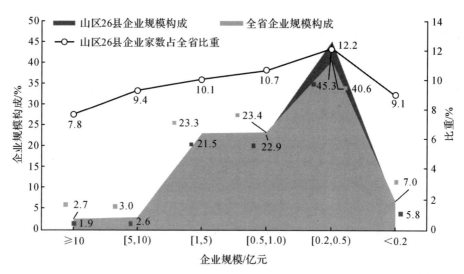

图 3-12　山区 26 县规上工业企业规模构成及与全省对比

省的 8.7％、17.4％和 12.7％。从上市企业看,截至 2022 年 5 月底,山区 26 县上市企业有 49 家,实现营业收入 1633.1 亿元、利润总额 140.3 亿元,仅占全省上市企业的 7.9％、3.8％和 3.5％。

表 3-8　山区 26 县重点企业情况

类　别	全省/家	山区 26 县/家
上市企业①	623	49
"雄鹰行动"培育企业	102	6
国家制造业单项冠军企业	149	4
国家"专精特新小巨人"企业	470	41
省"隐形冠军"企业	282	49
省级"专精特新"中小企业	2125	270

数据来源:根据山区 26 县统计公报、政府工作报告等公开数据整理。

针对优质大项目引进欠缺的问题,从工业投资和项目招引情况看,山区 26 县发展后劲偏弱。2021 年,山区 26 县中有一半山区县限额以上工业企业技术改造投资增速低于全省平均,并有 5 个山区县呈负增长。项目招引上,2022 年全省 548 个投资超 10 亿元以上重大制造业项目中,山

---

①上市企业数据截至 2022 年 5 月底,包括全部 A 股和 B 股。

区 26 县仅有 61 个,总投资额 1553 亿元,分别仅占全省的 11.1％、9.7％,差距明显。

(四)产业发展质效水平普遍较低

整体看,山区 26 县产业结构仍以传统产业为主。2021 年,在规模排名前十大行业中,化学、金属制品、橡胶和塑料、非金属矿物、纺织、皮革和制鞋六个行业属于传统行业。高新技术产业占比偏低,2020 年山区 26 县高新技术产业增加值 644.1 亿元,占全省比重仅为 6.5％。

从产出质效看,2021 年山区 26 县规上工业亩均税收 19.0 万元/亩,比全省平均水平(32.0 万元/亩)低了 13.0 万元/亩,仅为全省平均水平的 59.4％。从单个山区县与全省平均水平对比看,仅有云和、永嘉 2 个县的规上工业亩均税收高于全省平均。2021 年,山区 26 县规上工业亩均增加值 109.6 万元/亩,比全省平均水平(156.4 万元/亩)低了 46.8 万元/亩,仅为全省平均水平的 70.1％。从单个山区县与全省平均水平对比看,仅有永嘉 1 个县规上工业亩均增加值高于全省平均。规上工业全员劳动生产率高于全省平均的山区县仅有 9 个,山区 26 县发展质量有待提升。

(五)资源要素供需矛盾日益突出

如图 3-13 所示,在投资要素方面,山区 26 县工业投资普遍不高,工业发展后劲不足。2021 年全省工业投资占固定资产投资比重为 21.8％,但是山区 26 县中仅有平阳、苍南、武义、衢江、龙游、三门、缙云、龙泉 8 个县超过了全省平均水平,大多山区县工业投资占比偏低,文成、泰顺、景宁 3 个山区县仅为 5.4％、6.6％、9.0％,未达到 10％。进一步从 2021 年限额以上工业企业技术改造投资增速看,有 5 个山区县该增速呈现负增长,且与全省 13.9％的平均增速相比,有近一半山区县工业企业技术改造投资增速低于全省平均水平。

如图 3-14 所示,在土地要素支撑方面,工业用地供应偏少依然是当前山区 26 县工业发展的突出短板。2021 年,全省出让土地总量中工业用地比例为 52.7％,山区 26 县中有 12 个山区县未达到全省平均水平,其中永嘉、泰顺、磐安占比仅为 27.1％、17.4％和 19.2％,不足 30％。

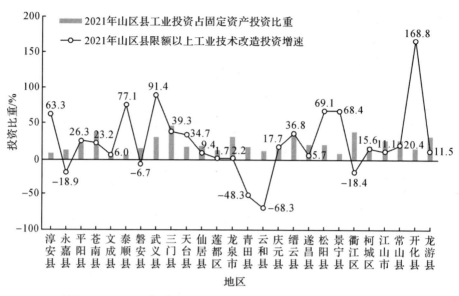

图 3-13　2021 年山区 26 县工业投资及技术改造投资情况

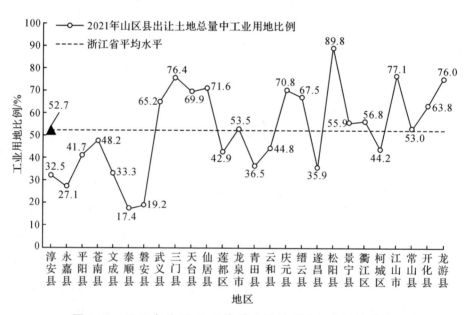

图 3-14　2021 年山区 26 县出让土地总量中工业用地情况

如图 3-15 所示,在能源资源消耗方面,山区 26 县工业发展资源消耗水平较高,工业发展粗放型模式亟待转变。2021 年,山区 26 县规模以上工业增加值单位能耗为 0.89 吨标准煤/万元,比同期全省平均水平高出

0.15 吨标准煤/万元;2021 年全省单位工业增加值能耗降低率为 5.8%,而同期山区 26 县中,仅有泰顺、柯城、开化等 8 个山区县超过了全省平均水平,大多地区工业节能降耗水平不高,永嘉、苍南、文成等 10 个山区县单位工业增加值能耗不升反降,呈负增长,未来一段时期工业发展面临较大节能降耗压力。截至 2021 年底,山区 26 县累计拥有国家级绿色园区 1 个、省级绿色低碳工业园区 1 个,分别仅占全省的 7.1%、10.0%;拥有省级以上绿色工厂 38 家,仅占全省的 9.7%(见表 3-9)。

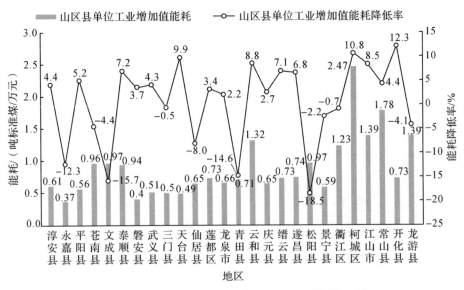

图 3-15　2021 年山区 26 县单位工业增加值能耗情况

表 3-9　山区 26 县省级以上绿色园区、绿色工厂情况对比

类　　别	全省/(个/家)	山区 26 县/(个/家)
国家级绿色园区	14	1
省级绿色低碳工业园区	10	1
国家级绿色工厂	213	18
省级绿色工厂	179	20

数据来源:根据山区 26 县统计公报、政府工作报告和相关部门公开信息等公开数据整理。

第三节　山区县生态工业发展面临的主要困境

一、针对山区 26 县生态工业发展情况的问卷调查分析

为摸清山区 26 县工业发展实际和面临的困境问题,找准山区 26 县工业发展突破口,课题组于 2022 年 4 月中旬对山区 26 县工业企业生产经营情况开展问卷调查。共收回调查问卷 649 份,其中 77 份问卷为无效问卷,做剔除处理,有效样本问卷共计 572 份。通过分析,山区 26 县工业企业生产经营情况以及存在问题概况如下。

(一)样本企业主要情况

如图 3-16 所示,从营收规模看,超过一半企业规模集中在 2000 万～1 亿元之间。样本企业中,2021 年企业的营收规模在 2000 万～1 亿元之间的有 339 家,占比高达 59.3％;营收规模在 1 亿～10 亿元之间的企业数量排行第二,共 186 家,占比达到 32.5％;营收规模为 10 亿元以上和 2000 万元以下的企业数量较少,分别为 14 家和 28 家,占比分别达到 2.4％和 4.9％。

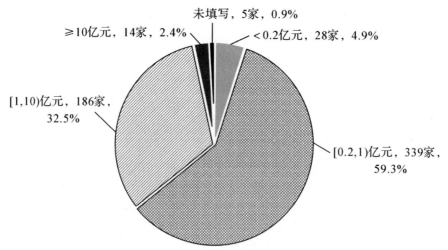

图 3-16　2021 年山区 26 县样本企业营收规模分布

如图 3-17 所示,从行业分布看,主要集中在金属制品、黑色金属、纺织服装等传统制造业。样本企业行业分布中,金属制品行业企业数量最多,共 78 家,占比达到 13.6%;其次是电气机械行业,企业数量达到 69 家,占比达到 12.0%;纺织服装与皮革、非金属矿物制品、黑色和有色金属冶炼及压延行业的企业数量分别为 41 家、38 家和 46 家,占比达到 7.2%、6.6% 和 8.1%。

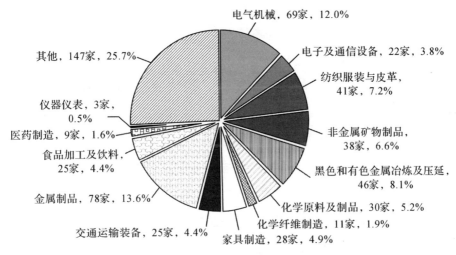

图 3-17 山区 26 县样本企业行业分布

如图 3-18 所示,从企业来源看,以本土企业居多,非本土企业落户更多考虑政策因素。结合调研情况看,山区 26 县工业企业中本土企业占绝大部分,一定程度上也反映出山区县对外招引企业项目难度大。样本企业中,有 462 家企业为当地的本土企业,占比高达 81%。相较于 26 县平均水平,温州市和丽水市的本土企业占比相对较低,台州市和金华市的本土企业占比较高。此外,根据调研了解,110 家非本土企业选择落户的原因中,"地方政府政策较为优惠"是吸引企业落户主要原因,有 70 家企业选择这一选项,占比达到 63.6%;其次是"较多的用地空间以及较低的用地成本",选择该选项有 64 家企业,占比达到 58.2%;"自然资源环境优良""较为丰富的原材料资源"和"便于上下游企业提供配套"等原因也是吸引非本土企业落户的原因,选择这些选项的企业分别有 36 家、19 家和 15 家,占比分别为 32.7%、17.3% 和 13.6%(见图 3-19)。

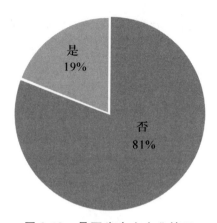

图 3-18　是否为本土企业情况

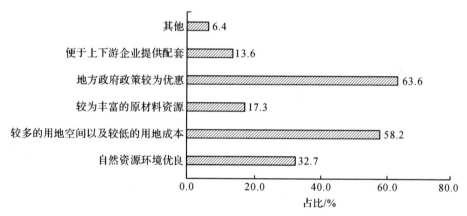

图 3-19　山区 26 县非本土企业落户原因

（二）山区县企业发展面临的主要问题

如图 3-20 所示，从综合来看，人才缺失、产业链配套企业欠缺是企业面临的两大主要困境。企业认为影响自身发展最主要的阻碍性因素是"缺乏合适的人才或面临人才流失"，选择这一选项的企业有 403 家，占比达到 70.5%，第二大影响因素是"缺乏与本行业上下游配套协作企业"，选择这一选项的企业有 201 家，占比达到 35.1%。"缺乏银行贷款等资金支持""缺乏数字化技术支持"和"市场信息难以及时准确获取"也是影响企业发展的重要阻碍性因素，分别有 125 家、123 家和 116 家企业，占比分别为21.9%、21.5%和 20.3%。

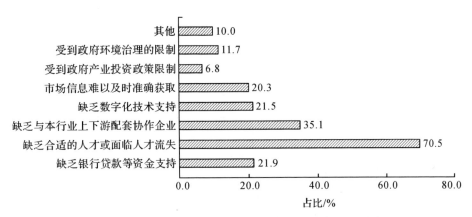

图 3-20 影响山区 26 县企业发展的主要障碍性因素

如图 3-21 所示,从用地情况来看,新增用地指标少是企业面临的突出问题。企业认为用地困难的最主要原因是"新增用地指标少",选择这一选项的企业有 239 家,占比达到 41.8%;其次是"用地成本高"和"用地办证环节复杂",分别有 177 家和 91 家,占比分别为 30.9% 和 15.9%。

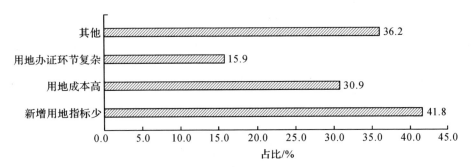

图 3-21 山区 26 县工业企业用地问题

如图 3-22 所示,从融资情况来看,贷款费用高、审批时间长、手续复杂问题是企业面临的普遍痛点。企业认为融资困难最主要的原因是"贷款费用高、审批时间长、手续复杂",数量达到 180 家,占比达到 31.5%;其次是"当地金融机构贷款权限小,支持力度弱",数量达到 164 家,占比达到 28.7%;"由于企业自身资产和盈利状况难以获取贷款"和"不太清楚融资途径或融资政策"也是企业融资困难的原因,数量分别为 78 家和76 家,占比分别为 13.6% 和 13.3%。

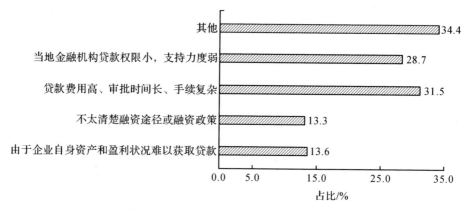

图 3-22　山区 26 县工业企业融资问题

如图 3-23 所示,从用工情况来看,专业技术人才缺乏是企业面临的突出制约。企业认为在用工方面最缺乏的是"专业技术人才",选择这一选项的企业达到 421 家,在参与调研的企业中占比达到 73.6%。第二大用工缺口是"研发人才",达到 283 家,占比达到 49.5%。此外,企业在用工问题上也缺乏"车间员工"和"中高层管理人员",分别有 208 家和 189家,占比分别为 36.4% 和 33.0%。

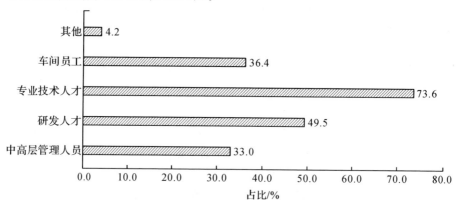

图 3-23　山区 26 县用工人才问题

如图 3-24 所示,从用能情况来看,用能价格波动较大、指标管控过严是企业面临的最大掣肘。企业认为在用能方面影响最大的是"用能价格波动较大",选择这一选项的企业数量达到 228 家,占比达到 39.9%。第二大用能影响原因是"用能指标管控过严",企业数量达到 190 家,占比达到 33.2%。"配套基础设施不完善(天然气、电、水、蒸汽等)"也是影响用能的原因之一,有 97 家,占比达到 17.0%。

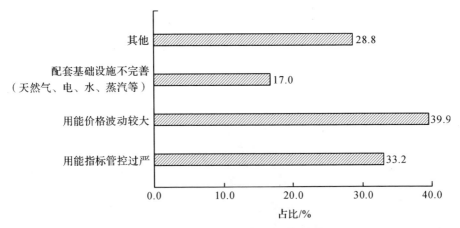

图 3-24　山区 26 县企业用能问题

如图 3-25 所示,从人才情况来看,核心领军人才和高端研发人才引进难是企业开展科技创新活动的最大障碍。企业在开展创新研发活动过程中,有 343 家企业认为最主要的困难是"引进核心领军人才和高端研发人才困难",占比达到 60.0%;研发资金压力大、周边可利用的创新资源(高校、科研院所)太少、缺少与本行业相关的产业公共创新平台也是企业普遍遇到的问题,分别占 38.8%、37.6% 和 33.4%,"缺乏相应的实验检测设备"占比 14.2%。

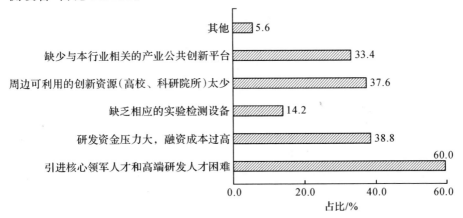

图 3-25　山区 26 县企业创新活动存在的困难

（三）山区县企业对政府优化政策环境的意见和建议

如图 3-26 所示，从山区 26 县企业对本地营商环境评价看，大多数参与调研的企业对本地的营商环境评价较好，37.6％的企业对营商环境"非常满意"，55.9％的企业"基本满意"，仅有 6.0％的企业认为营商环境"一般"。

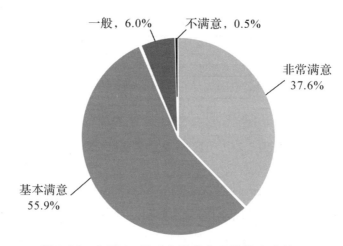

一般，6.0%　　不满意，0.5%

非常满意
37.6%

基本满意
55.9%

图 3-26　山区 26 县对本地营商环境满意度情况

如图 3-27 所示，从政策环境优化看，山区 26 县企业需要省市政府从多方面、多角度对本地工业进行扶持。企业呼声最高的扶持是"加大企业税费等方面政策优惠力度"，占比达到 91.1％。认为政府需要"加大对本行业领域桥梁企业或关键节点企业引进力度"的企业占比达到 53.1％，认为政府需要"加大对企业的政策宣传、人员培训力度"的企业占比达到 47.0％，认为政府需要"创新山海协作、对口帮扶机制，加强人才引进或合作"的企业占比达到 42.1％，认为政府需要"进一步改善信息网络、交通等基础设施条件"的企业占比达到 37.2％。此外，企业对政府改善基础设施、优化创新平台建设等方面也提出了建议和期待。

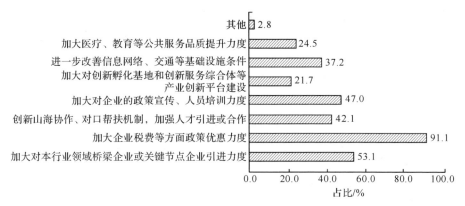

图 3-27 山区 26 县对政策环境优化的诉求

二、山区 26 县生态工业发展面临的困境及原因探究

(一)发展生态工业思想认识不够

多年来,山区 26 县大多"靠山吃山",存在发展路径依赖,开拓创新意识不强。如何结合自身禀赋和发展需求,探索适宜的发展模式,是山区县迫切需要解决的问题,但是部分山区县对于生态工业发展缺乏基于自身特点与基础的整体设计,缺乏产业生产路线图和系统谋划。有的山区县未能对自身优劣势作深度比较分析,培育高新产业时过度追求"新""奇""特",对自身的承接能力以及项目落地后的配套考虑不足。

此外,部分山区县由于经济落后和赶超发展的压力,一些地方政府目标指向主要是短期的财税回报,多年固守传统产业链低端,缺乏重新选择产业发展方向的勇气,不愿忍受可能的市场冲击和产业变革带来的阵痛,产业发展仍处于自发而非自觉、生成而非建构的状态。发展重心常常在旅游和工业之间徘徊,导致有限土地、资金等要素难以发挥最大集聚使用效用,也很难持之以恒地推动产业真正落地生根,发展潜能难以充分释放。部分山区县之间产业同质、发展模式类似,缺乏协同协作,同时又尚未建立打破行政藩篱、统筹推进一体化发展的体制机制,因此未能形成"1＋1＞2"的合作效应。"十三五"期间,淳安、青田、缙云、江山、龙游、文成等 6 个山区县工业增加值总体呈下降趋势。

（二）关键生产要素存在低效配置

从外部环境看，当今世界正处于百年未有之大变局，尤其是受新冠疫情全球大流行的影响，未来一段时期内全球经济下行态势明显。从内部环境条件看，大多山区县正处于新旧动能转换关键时期，低端产业依赖较重，以要素驱动、投资驱动模式还未发生根本改变，环境容量和用能空间受到能源资源控制趋紧政策的被动压缩，且大多山区县作为相对完整的山地生态系统，承担着水源保护、生物多样性保护等多种生态功能，环境容量难以扩展。

山区 26 县受土地空间不足、能耗指标限制等因素影响，在有限的资源要素如何高效利用上破解招式不多，加之已有的各类产业平台布局分散、规模较小、承载能力不强等现状，无法吸引集聚优质资源项目。比如景宁、松阳等县工业功能区数量不少，但普遍规模不大，最小的仅100 多亩，对优质项目承载落地能力不足。龙游、常山等县由于降耗压力较大，引进项目受限，一定程度上也制约了当地工业发展壮大。淳安县87.73% 的面积为二级以上饮用水源保护区、80.05% 的面积已划入生态保护红线，县域 9 个正在开发和可开发的点状空间，可用建设用地不足 1000 亩。

（三）产业结构升级要素支撑偏弱

山区县地理区位相对偏远，经济实力不强，财政收入不高，基础设施建设等"硬公共产品"和就业、教育、资本等"软公共产品"供给能力偏弱，难以吸引和留住技术人才、资金等产业发展所需高端要素。同时，沿海发达地区依靠先发优势和基础优势带来的"极化效应"，吸引大量的山区县劳动力、资本等要素，这些都制约了山区县产业升级发展步伐。如景宁县，全县户籍 16 万人，外出工作人员 5 万～6 万人，劳动力不足进一步制约产业结构升级发展。如 2020 年，22 个山区县万人发明专利拥有量排名在全省 60 名之后，最低的县仅为全省平均水平的 10%；松阳集聚区拥有企业管理、技术型人才 641 人，但具有研究生学历的仅 7 人，电子技术、网络信息技术、环保工程等专业领域人才引不进、留不住、用不了等现象始终难以克服。

在基础设施上,山区县受地形影响,交通设施建设落后其他地区。铁路交通方面,虽然 2020 年至 2021 年,衢宁、金台铁路相继通车,结束多个山区县不通铁路的历史,但省域、市域 1 小时交通圈仍未完全建成,温州、台州、衢州、丽水等地山区县,通往"大花园"的便捷通道亟须开通。公路交通方面,尽管 2020 年底浙江已实现县县通高速,但部分山区县交通依然不够便捷,对外连接的重要道路存在"断头路",县域内公路等级偏低、干线公路缺乏,山区县仍然难以真正全面融入都市圈、接轨长三角。

(四)较难参与新兴产业分工体系

随着全球新一轮科技革命和产业变革,新一代信息技术的迭代突破加速了信息技术、生物工程等高技术产业迅猛发展。但从产业发展特性看,与传统制造厂商不同,高技术产业厂商主要以研发投资为核心,后期原材料、人工相对较少,其产业扩散布局和集聚对要素空间布局最为显著的影响是大幅降低了跨区域流动的成本和空间集聚的成本,生产要素通过功能的连接实现了在不同地理空间上的虚拟性组合,由此造成高技术产业在空间集聚差距上不断扩大[①]。

2020 年,山区 26 县高新技术产业增加值为 644.1 亿元,仅占全省 6.5%,与 2016 年相比占全省比重下降了 0.4 个百分点。如平阳县尽管 2020 年 GDP 位居山区 26 县首位、规上工业增加值位居第 4 位,但高新产业增加值仅占 GDP 总量的 10.6%,数字经济核心产业增加值占 GDP 比重仅为 5%,低于全省和温州市平均水平,这反映出大多山区县企业自身创新能力不足,加上自然地理因素受限,很难创造出能够吸引高技术产业的能力条件,难以参与到我省高技术新兴产业分工体系中。

---

①魏艳华,王丙参,马立平.中国高技术产业发展综合评价与区域差异[J].统计学报,2022,3(6):17-32.

第四节　新时代山区县生态工业高质量发展战略思考

一、需处理好五大关系

(一)区域失衡与区域协调

存在区域失衡才有区域协调发展问题,但许多人对区域失衡与区域协调发展问题的认识存在误区,导致解决失衡问题与区域协调发展的思路存在偏差。过去国内对区域协调发展的认识停留在不同区域之间经济总量、经济布局等的均衡上。国外的情况不仅如此,德国各州之间以及日本各都、道、县之间的经济总量差距很大,而人均经济量以及人民生活水平、社会福利、公共服务的差距很小,最大也不到 2 倍。

实质上,区域协调发展应主要包括以下三个方面:一是人口分布与经济布局在不同区域之间的协调。缩小区域差距,主要不是缩小经济总量的差距,重要的是缩小人均经济量和人均收入的差距,缩小人民生活水平、社会福利和公共服务的差距。摆脱贫困的核心是人要脱贫,而不是地区脱贫。共同富裕,实质是人们之间的共同富裕,而不是地区之间的共同富裕。二是经济、人口布局与生态环境容量在不同区域之间的协调。经济、人口布局要与生态环境容量相适应。三是经济、人口布局与资源承载力在不同区域之间的协调。经济、人口布局要与资源承载力相适应。因此,区域协调主要是区域间人均社会福利和公共服务协调,以及人与自然协调,而非区域间总量协调。

(二)外部扶持与自我发展

当今世界是开放的世界。欠发达地区经济发展问题决不能仅仅依靠欠发达地区自身来解决,否则很难提高整体经济的资源配置效率。加快欠发达区域经济发展,外力的支持非常重要,特别是在市场化日益推进的今天①。与此同时,浙江省开展实施了多年"山海协作"工程,但目前山区县发展面临的一个问题是,省市层面扶持力度大,而大多山区县自我发展能力却没有被充分带动起来,导致省市政府扶持一头热。欠发达区域发展成功与否,取决于本身自我发展能力或造血功能的形成和发展。改革开放以来,浙江沿海地区以及苏南模式、珠三角模式之所以取得成功,最重要的原因之一便是既有有利的宏观政策支持,又充分地发挥横向推动的作用,依靠市场经济机制和多元化的民间资本,有力地促进了发展。

为此,山区县生态工业的推进,应积极借鉴发达地区经验,改变过去等、靠、要的依赖思想,立足于把自己的事情自己办好,尽力把优势发挥好,条件利用好,潜力挖掘好,在充分发挥内因作用的基础上,加大外部扶持力度②。突出抓好以交通、电力、水利为重点的基础设施建设,通过培育资本市场、创新投资环境,吸引更多的民间资本和项目落地,不断培育和增强山区县自我发展能力,走一条自我发展之路。

(三)区际竞争与区际互补

不同区域之间在地理、文化、政治、经济上的相互联系及其对地区经济发展的影响,称为区际经济关系③。从区际经济关系把握沿海发达省份的欠发达区域经济发展,其实质就是将世界经济看成一个资源配置的有机整体,使要素在国内外的流动能最大限度地提高区域经济发展的效率,进而缩小区域经济的发展差距。区际经济关系的类型有两种:竞争关系和互补关系④。竞争关系是由两地区之间在经济结构、资源结构和地形结构上的相似性而引起的,两个地区在经济发展中可能成为互相争夺资金、人才、资源和市场的竞争对手。互补关系是由地区之间经济结构、资源结构和地形结构上的差异性而引起的,两个地区在经济发展中可以互通有无、取长补短、共同发展。

---

①韩晓成.欠发达地区县域经济发展问题探讨[J].现代经济信息,2014(20):451.

②俞国军,程佳华,余厚咏.关于加快发展山区县生态工业的调研与思考[J].政策瞭望,2022(10):53-56.

③周克瑜.论区际经济关系及其调控[J].经济地理,2000(2):1-5.

④陈龙.区际产业转移对中国劳动力技能结构的影响研究[D].北京:北京交通大学,2022.

从新阶段山区县发展看,破除山区县自身发展限制,不能仅仅依靠发达地区项目和资金的梯度转移,必须提高本地产业发展的层次与水平,打造山区县特有的优势产业、培育山区新兴产业,形成新的经济增长极。一方面要加快传统产业的改造升级,提升传统产业链的附加值和效率;另一方面可聚焦生物科技、新能源、新材料等新兴产业,探索资金合作、产业合作、园区合作、村镇建设合作等路径,以山海互济式、先富带后富新机制打通区域间要素流动,强化陆海统筹,升级山海协作工程,挖掘海域和山区两翼的潜力优势。不仅关注发达地区对山区人才、技术和资本方面的扶持,同样强调山区利用其固有生态优势、资源优势。通过"共富联盟"解决市场主体单打独斗、同质竞争的瓶颈,力争"大树底下好乘凉",避免"大树底下不长草"和"灯下黑"。通过推动山区县与发达地区之间产业协作,构建产业协同体系,实现全产业链各环节共同致富,加快实现"输血"向"造血"的转变。

(四)制度创新与区域发展

当代经济全球化过程中区域发展充满着激烈的制度竞争,制度这一区域发展的潜在重要因素越来越得到人们的重视。主动参与制度创新竞争,是区域赢得竞争优势的关键。在过去传统工业化的发展模式下,山区县粗放型的工业化发展对技术要求不高,加上较多山区县工业主要以提供初级产品和原材料为主,在生产要素投入中物质投入远高于人力资本投入,尤其强调资金要素的投入,这种发展思路导致与发达区域的差距越来越大。那么,增强欠发达地区竞争力的关键是什么?日本、韩国、美国犹他州等发达国家和地区自身资源贫瘠,但区域竞争力很强,其主要原因是制度创新能力强。在经济全球化、市场化的今天,区域自身拥有资源的多少、优劣对当地社会经济发展的影响越来越小,提升制度创新能力比利用资源优势更重要,这也是新阶段培育山区县核心竞争力的关键。

当前,我国已全面进入以创新驱动为主的历史性转型发展期,经济增长由主要依赖资本、劳动、土地等要素推动向依靠技术、知识、制度等创新驱动转变[①]。这表明,在新发展阶段下,山区县在区位、资源、人口等方面的劣势相对减小,而生态环境方面的优势相对增大。山区县生态环境优美,可以通过打造宜居、宜业环境,引入高端研发人才团队,集聚创新研发要素,为发展生态工业创造重要条件。因此,山区县生态工业的推动要从劳动力、资金等传统资源要素驱动转向科技创新驱动,这不仅是适应数字经济时代对工业化发展的挑战,而且也是提高山区县工业竞争力的必然要求。这就意味着山区县要重视引入科技这一新的生产要素,加强产学研整合,构建相应的科技创新或知识创新网络,使生态工业发展能够充分利用科技创新促进产业结构调整升级,培育一批行业领军型企业,引导中小微企业走"专精特新"发展道路,形成一批单项冠军、"专精特新小巨人"等企业,重塑工业发展竞争新优势。

（五）绿色发展与区域实际

在新阶段,发展工业不是简单地办工业企业,也不是一说到搞工业化就要处处点火、处处冒烟,工业化并不是在所有区域和所有村镇都办工业企业。党的二十大报告提出到2035年基本实现新型工业化,强调把发展经济的着力点放在实体经济上,推进新型工业化。新型工业化道路,就是要坚持以信息化带动工业化,以工业化促进信息化,走出一条科技含量高、经济效益好、资源消耗低、环境污染少、人力资源优势得到充分发挥的新型工业化路子[②]。尤其是山区县,生态工业发展要走特色经济、差别经济和错位经济之路。走特色经济、差别经济和错位经济,就是充分利用自身已有的资源优势、生态优势或创造特色优势,发展特色经济,提高自身竞争力。与发达地区相比,山区县最大优势体现在生态环境保持较好、劳动力资源及后备土地资源丰富且价格低廉上,在新发展阶段,应发挥特色优势,凭借高质量的生态环境提高区域吸引力,增加跨越式高质量发展机会。

---

①殷阿娜.中国开放型经济转型升级的战略、路径与对策研究[M].北京:新华出版社,2015:268.

②曹建海,李海舰.论新型工业化的道路[J].中国工业经济,2003(1):56-62.

二、战略选择

伴随着山区县经济的发展,加速山区县工业化进程,逐步缩小浙江地区间发展差距,已成为浙江高质量推进建设共同富裕示范区的重要课题。探索山区 26 县生态工业发展的道路,应从生态工业的发展方向和实现途径上作出正确选择。

(一)以丰富的资源优势为依托,做顺向选择

所谓顺向选择,就是在择定工业发展方向上,以自然资源或经济资源为依托,从开发利用资源出发,由资源优势变为布局优势,再转变为经济优势的工业成长方式。基于山区县资源丰富的现状,要首先根据资源分布状况,在工业发展的战略和结构调整上作出理性选择,要重视工业发展的区级分工,按照市场需求结构的变化和要求,注重在资源型工业上下功夫,走市场—资源开发的新路子。相反,如果不能充分利用资源的优势做好工业布局,而与发达地区比技术、比资金,显然是舍本逐末,在市场竞争中必然处于不利地位。当然,选择顺向工业发展模式,并不排除在一些地区根据实际情况所选择的逆向发展方式,实际上,随着市场机制的进一步健全,工业发展必须以市场为导向,根据市场机制和政府引导来进行空间配置,以此推动区域产业结构调整和优化。

(二)按照工业行业关联效应大小,择定工业主导部门

由于山区县普遍存在工业化起点较低,经济实力较弱,且原本投资时较少考虑产业的关联效应等问题,使得工业内部各行业处于分散或分割发展的状态。因此,山区县生态工业发展必须将有限的生产资源投入前向、后向联系效应很强的行业上,以形成本地区的主导工业。比如处于中下游的食品、纺织、皮革、造纸等行业,其后向联系效应均大于前向联系效应,据此,部分山区县应以资源开发为主,发展诸如食品、轻纺、服装、皮革等下游产业,这不仅可以刺激中游产业的发展,而且还可以用前期工业的积累发展上游产业。同时,在有一定工业基础的山区县,可以有选择地发展冶金、重化工、机械、能源和原材料等前向联系效应较强的行业,形成各具地方特色、能带动相关行业的主导产业集群,从而促使整体工业格局的

升级。

(三)加大改革开放力度,推动工业化进程的两个根本性转变

就工业化的运行机制而言,走以市场经济为运行机制的工业化道路,无疑是社会主义工业化模式的必然选择[①]。目前,山区 26 县中部分山区县市场化程度依然较低,必须进一步解放思想,深化经济体制改革和工业进程中的市场机制,推动工业增长方式的转变。其中,在发展形式上,在盘活工业存量的同时,应发挥浙江民营经济优势,充分调动各类经济主体创业的积极性,使政府与民营企业共同深度参与工业化;在增长方式上,通过外引内联、加强管理等多种途径,促进工业技术和经济效益的提高。有两点值得注意:一是加强技术改造必须与企业组织结构调整相结合,使有限的资金集中投入基础产业、先导产业和优势行业,提高集约化程度;二是努力提高劳动力素质、劳动者的市场观念和竞争意识,以及科学技术水平。

(四)高度重视地方政府在工业发展中的领导作用

政府的职责在于根据本地区实际情况制定工业发展战略,引导经济主体不断调整产业结构,并为实施工业化创造一个宽松的经济环境。这里的环境包括硬环境和软环境,前者要求地方政府尽力发展基础设施和相关配套设施,后者则要求政府制定各项政策措施,特别是在工业化的启动以及后发展阶段,都必须明确导向以充分调动各种经济主体创业的持续动力。浙江沿海发达地区工业化的实践也证明,发挥地方政府强有力的领导作用是山区县发展生态工业需要借鉴之处。

三、总体战略构思

(一)战略思路

区域协调发展是一项长期艰巨的历史任务。新时期新阶段要实现区域协调发展,山区 26 县必须有超常规发展速度。生态工业作为山区 26 县跨越式发展的破局关键,必须被高度重视和重点施策,使资源优势尽

---

①易德成.山区县经济发展与市场接轨策略[J].计划与市场探索,1995(7):12-14.

快转变为经济优势、发展优势。因此,在全面建设社会主义现代化国家的新征程中,山区26县生态工业发展就是要从根本上克服传统工业化发展模式所带来的弊端,立足自身优势,寻求一条产业内生增长和外生增长相结合的生态工业发展道路,着力增强造血机能,实现跨越式高质量发展。

新时代山区县生态工业高质量发展的总体思路建议是:深入践行习近平新时代中国特色社会主义思想,以"八八战略"为总纲,以"绿水青山就是金山银山"理念为指引,以产业生态化、生态产业化为主线,因地制宜,特色发展,谋划新模式新路径,把产业培育和发展作为山区26县实现共同富裕的重要切入口,强化数字赋能、高端要素资源支撑[①],全力提升特色产业竞争力、创业创新驱动力、生态环境支撑力、公共服务保障力,加快实现跨越式高质量发展,为浙江建设共同富裕示范区打下坚实基础。

(二)发展目标

通过一定时期的发展,山区26县生态工业发展规模明显壮大,绿色发展、特色发展、集聚发展、跨越发展水平大幅提升,区域之间工业发展差距明显缩小,逐步实现产业、要素、资源环境等在空间上的均衡发展。在具体目标上:

26县内部工业差距有所缩小。山区26县之间生态工业规模差距总体缩小,各县内部生态保护与有序开发基本平衡。山区县规上工业增加值占GDP比重持续增加,规上亩均增加值前五位与后五位地区的差距[②]、研发强度前五位与后五位的差距持续缩小。

工业规模集聚程度显著提高。通过各地区产业链上下游协同布局,形成若干跨区域的产业密集带,产业集聚效应不断凸显。规上工业增加值、占全省规上工业增加值的比重持续增加,山区26县规上工业增加值比重与全省平均水平基本一致。

---

①李文博,王肇鹏,岑益峰.山区县高质量发展推进共同富裕的迭代升级新模式——以浙江省武义县为例[J].浙江师范大学学报(社会科学版),2022,47(4):49-57.

②差距衡量主要是指后五位地区亩均增加值(中位数)相对于前五位地区亩均增加值(中位数)比重。

存量发展潜力充分挖掘。山区县水能资源、天然气、有色金属等资源开发取得重大进展,形成了一批新的能源、原材料工业基地。山区 26 县各县出让土地总量中工业用地比例、规上工业亩均税收等指标持续改善,能源总量实现充分供应,能源总量缺口实现自发自用,水电、核电、风电等清洁能源实现较快发展。

新兴动能培育成效显著。山区县企业主体实力大幅提升,构建形成大中小企业融通发展培育体系,创新投入和产出水平显著提高,发展活力充分释放。规上工业企业、工业上市公司、国家制造业单项冠军、省"隐形冠军"数量持续增加。创新活力进一步释放,科技服务支撑不断增强,布局省级重点实验室、制造业创新中心、产业创新服务综合体等省级创新载体。

开放合作水平持续提升。山海协作、结对帮扶等开放合作平台建设加快推进,区域协调发展步伐加快。继续建设结对共建园区,招引重点产业链项目。实现"产业飞地"全覆盖,建成符合省级科技企业孵化器(众创空间)认定标准的"科创飞地"。

第二篇

他山之石篇

从世界范围看，地区经济发展不平衡是一个普遍性现象。追溯历史，世界上许多国家都曾对欠发达地区进行了大规模开发，从而促进了经济发展，提高了整体经济实力，并在长期的实践中积累了丰富经验。虽然今天看来，其与浙江所处的客观历史条件并不完全相同，但"他山之石，可以攻玉"，深入分析和总结这些经验，取其精华为我所用，对于新时代浙江全力推动山区26县区域协调发展无疑具有十分重要的借鉴意义。

第四章　做法经验与启示思考

第一节　后发地区主导产业开发

一、德国巴伐利亚州主导产业的引资开发

(一)德国巴伐利亚州概况

巴伐利亚州位于德国东南角,面积 70554 平方公里,为德国面积最大的联邦州。据 1999 年底普查,巴伐利亚州共有 1215 万人,是德国第三大城市。该州地处阿尔卑斯山北麓,境内南部以山区和高原牧场为主,著名的欧洲大动脉多瑙河从西面的巴弗州黑森林发源,从西到东流经巴伐利亚中部,北部则是连接德国中部的平原地区。这是巴伐利亚通向全国中心市场和欧洲中心市场的唯一通道,因为南面为阿尔卑斯山,道路崎岖,交通困难,而东南的奥地利山区通向的是当时的经济互助委员会国家,西面则是巴符州山区,人和商品往来不畅。这种远离市场中心而偏居一隅、三面临山而又不靠海岸的劣势区位,是重化工业当道的工业发展中期阶段大型企业转移投资的避讳之地,也是国内国际科学技术的扩散死角①。

正因为如此,直到 20 世纪 40 年代末期,其区域经济的主导产业是农林业,粮食、乳品和林木生产支撑着区内 30% 以上的就业和收入。相应地,以农产品加工为主的传统工业也具有较大的规模,其增加值甚至超过农林业。但是这些传统工业大多是手工业、食品业、纺织业和为之服务的机械业,缺乏科技含量,不能远距离输出产品,只能为当地消费服务。而且,这些传统工业大多已在第二次世界大战中遭到严重破坏,处于难以恢

---

①阿尔诺・卡普勒.德国概况(英文版)[M].法兰克福:莎西埃德出版社,1995.

复生产的境地。据统计,当时巴伐利亚州人均收入只及全国平均水平的70％。20 世纪 50 年代初,巴伐利亚州大力发展机电设备和电子产业,并利用这些新兴主导产业的高速扩张优化区域产业结构,到 80 年代成为全国最大的机电设备制造基地,一跃成为德国高科技经济强州。1946—1985 年巴伐利亚州经济增长了 15.3 倍,特别是 50 年代后半期到 60 年代末,该州经济年均增速近 10％,实现持续中高速增长,被称为发达国家区域经济跨越式发展的楷模。

(二)德国巴伐利亚州产业结构的演变

巴伐利亚州新兴主导产业开发最大特点是跨越式,即由一个基本属于农业经济的区域产业结构,越过棉纺工业、重化工业的工业化第一、第二发展阶段,大步跨入精密制造这个工业化的第三阶段,而且所需时间只有 20～30 年。

如表 4-1 所示,从巴伐利亚州经济的跨越式发展看,超速增长的动力不是来自原有的农林业和传统工业,而是蕴藏在德国人所称的"增长型"产业。结合产业结构演变历程,历年数据显示,工业在巴伐利亚州生产总值中的比重 30 年间几乎没有发生变化,都是 45.8％左右,而农林业比重的递减似乎被服务业比重剧增所取代。但不能因此得出结论说,服务业和其活动是该州经济跨越式发展的火车头。在该州当时所处的工业化阶段,生产性服务业仍不属于远距离输出的产出物,只能为本区域其他产业所消费。没有工业的快速发展,就没有对服务业发展的需求,也就没有服务业的高速发展[①]。而多年来工业在经济中比重没有上升的原因是工业的发展不在比重的增加,而是质量的变化,即从 1950 年的以传统工业为主转变到 1980 年的以现代工业为主。当然,由于制造业急剧发展,20 世纪 70 年代的工业比重也曾高达 54.4％,但随着服务业的发展,该比重又下降了。

---

①乌尔里西·罗尔.德国经济:管理与市场[M].北京:中国社会科学出版社,1995.

表 4-1　巴伐利亚产业结构的变化

产业	各行业增加值占比变化/%				1980 年比 1950 年增长/%
	1950 年	1960 年	1970 年	1980 年	
农林业增加值占州 GDP 比重	14.7	9.1	4.0	3.3	250
工业增加值占州 GDP 比重	45.8	51.0	54.4	45.9	1458
商业交通增加值占州 GDP 比重	18.7	19.0	17.1	14.7	1106
其他服务业增加值占州 GDP 比重	10.8	11.6	14.0	23.6	3662
其他活动增加值占州 GDP 比重	10.1	9.3	10.6	12.5	1894

资料来源：张蕴岭，顾俊礼.西欧的区域发展［M］.北京：中国展望出版社，1988：205.

　　从以就业人口核算的工业结构变化表看，该州在 1950 年到 1980 年间，采掘业在工业中的比重下降到 0.2％的微不足道程度，而基础工业比重则扩张到原来的 10 倍，达到 21％（见表 4-2）。同时，机器设备制造业的比重也几乎翻番，从 24.8％增长到 45.8％，几乎占了整个工业就业的半壁江山。而传统的消费品加工业比重却又下降了 25.4 个百分点，这包括皮革加工业、制鞋业、铸造业、陶瓷业、纺织业，这些行业有的停滞，有的甚至明显衰退。同时，食品工业也下降了 4.6 个百分点。显然，巴伐利亚经济实现跨越式发展虽然靠工业火车头拉动，但是火车头的动力来源却不是来自原有的食品、采掘等传统工业，而是基础工业和机器设备制造业，特别是占了整个工业一半就业的基础工业、机械设备等高增长产业[①]。

表 4-2　巴伐利亚工业结构的变化(各部门就业人口占比)(单位：％)

部门	1950 年	1960 年	1980 年
采掘业	10.8	0.6	0.2
基础工业	2.1	19.5	21.0
机器设备制造业	24.8	35.7	45.8
消费品加工业	46.2	27.39	20.8
食品工业	16.8	16.3	12.2

资料来源：H.霍夫曼.巴伐利亚(德文版)［M］.柏林：德国居特-奥尔措克出版社，1983：283.

――――――――

　　①具体数据见表 4-1 中各行业从 1950 年到 1980 年占比变化；机电设备行业是当时世界经济技术发展条件下，属于知识和技术密集型的新兴工业部门，也是二战后世界经济的新兴主导产业。

（三）德国巴伐利亚州主导产业引资开发的实践经验

一般说来，以农林业和传统工业为主的区域经济，很难依靠自力更生迅速发展起自己的新兴产业，那么巴伐利亚是如何从无到有发展起机电设备制造业的？究其原因，其成功之处在于当地政府抓住德国大公司转移扩张机遇，不断创造新的有利条件，主攻产业发展迫切需求的关键性生产要素，大力发展教育科研和基础设施，吸引产业集聚并力争将企业留住，从无到有壮大新兴主导产业群。

1. 主攻关键性生产要素诱导产业集聚

巴伐利亚州既无区位优势和产业基础，又无矿产资源可开发，更无高技术人才，而要吸引新兴产业前来集聚，除了安宁环境、劳动力供给以及加速完善交通设施等，最为重要的是自身具备新兴产业发展迫切需求的关键性生产要素，这样才能打动外来企业，诱导其前来聚集。结合巴伐利亚州历史资料发现，该州找到的关键性生产要素是能源。能源是重工业发展的前提，也是机电设备制造业十分重要的成本因素。巴伐利亚虽然具有水能和原煤储量，但其他方面能源匮乏。也正是这个原因，加上新兴产业发展需要大量消费新型能源的趋势，巴伐利亚抓住能源开发这一区域经济发展的首要战略任务，在 20 世纪 50 年代超前谋划制定了开发新型能源的决定性措施，重点开发石油冶炼、天然气、水电和核能，用 20 多年时间全力以赴，根本扭转了能源匮乏局面。巴伐利亚丰富的能源供应，为耗能巨大的机电设备制造业提供了长期、稳定、便宜的能源，并以低于德国平均水平的能源价格弥补其区位劣势和产业弱势，持续吸引区外机电企业大规模前来聚集，这也是该州能够从无到有不断发展其机电设备制造业和宇宙工业的关键所在。

2. 重视发展职业教育和科研创新

在抓住要害、新创条件、改善投资环境的同时，巴伐利亚也十分重视发展潜在条件，坚持人才培养和强化科研创新，吸引企业聚集并留住企业。二战后初期，巴伐利亚只有慕尼黑大学等高校和几所高等专科学校。20 世纪 50 年代以来，先后创办了 7 所大学和 10 所高等专科学校。20 世纪 80 年代，该州文化教育经费已占州财政预算的 29.9％，其中高等教育经费达 29.3 亿马克,高等学校在校学生近 15 万人。巴伐利亚还十分重视职业教育,1972 年,巴伐利亚公布了职业教育发展计划,对传统职业教育体制进行彻底改革,实行"双元制"模式发展职业教育,这种模式能够精准对接企业发展需求,输送源源不断的人才资源。高等学校是科学研究的重心,科学研究的主要领域都集中在对生产发展具有直接影响的科学技术方面,这对吸引外部企业集聚和留住企业发挥着强有力的作用。这一时期,该州科研成就主要表现在三方面:一是不断革新生产工艺。在生产过程中,广泛采用塑料、精铸或聚变、热爆破、显微电火花、激光等等新材料、新工艺,使一般的机械工艺向电化学和电物理工艺过渡。二是创造计算机、机器人等崭新的劳动工具。20 世纪 80 年代巴伐利亚机器制造中,拥有 1000 名职工以上企业全部使用计算机,在拥有 500～1000 名职工的企业中使用计算机的比重也达到 80％。新兴工业部门,如宇航工业、机电设备业中使用机器人也很普遍。三是不断研制新材料。丰富的科研成果,特别是化学方面的成果,创造了新兴工业所需要而自然物质中所没有的特种性能材料,如创造了各种硬度不亚于钢、韧性不亚于铝的塑料等,为新兴的现代工业,特别是宇航工业、核能工业提供了新材料,促进了工业迅速发展。

3. 大力推动交通网络设施现代化

经过 30 年发展,巴伐利亚通过改善铁路、公路、水路和航空运输,构建四通八达的现代化交通网络设施。第一是铁路交通畅通无阻。20 世纪 80 年代,德国铁路全长 285200 公里,巴伐利亚铁路全长有 7200 公里,占了全国铁路的 2.5％。而且,其中 2670 公里实现了电气化。第二是公路交通四通八达。1950 年,巴伐利亚高速公路只有 570 公里,到 80 年代增加到 1560 公里,占全国高速公路总长度的 21.4％。高速公路不但联结了州内各交通干线,而且与州内以及全国乃至欧洲各主要交通干线连成一体。第三是水路交通发展很快。多瑙河和美因河是巴伐利亚境内的两大水上运输动脉,通过积极建设,巴伐利亚推动"莱茵河—美因河—多瑙河"的欧洲运河从巴姆贝格到纽伦堡一段通航,从此把巴伐利亚和莱茵河流域联成一体,大大改善了巴伐利亚北部和中部的水运交通。据统计,巴伐利亚境内的水运航道超过了 3500 公里。第四是航空运输发展迅猛。

20世纪80年代,巴伐利亚已有22个民用飞机场、52个专用机场、54个直升机场,慕尼黑和纽伦堡均已成为全国著名的客货运机场。巴伐利亚的航空客运量从1960年的11万人次增加到1980年的81万人次,同期货运量也从2550吨增加到15000吨。州府慕尼黑与州内主要城市都有定期航班,与法兰克福、巴黎、伦敦国际大都市空中来往频繁,大大方便了跨国企业的运作。

4.促进大企业与中小企业协调发展

企业密度是衡量区域内部经济活动盛衰和企业规模的重要指标。巴伐利亚经济的跨越式发展,除了大企业迁入的作用,中小企业受到带动后形成的扩张作用以及政府对中小企业的扶持也不可低估。西门子作为欧洲机电设备业巨头,面临二战之后的冷战局面,在战争还没结束时就已考虑将其总部从一片废墟的柏林迁往政治环境较为安宁的地区。正是利用这一历史性机遇,巴伐利亚充分借助各种条件,成功将西门子吸引到州内发展。随之而来的其他企业还有拉特格贝公司、德克尔公司、布姆弗公司、胡特公司、林霍夫公司等,推动产业链上下游配套企业加速集聚。尤其是巴伐利亚拥有西门子、宝马、奥迪等著名跨国公司总部以及上下游客户企业和产品配套厂商,这三大跨国公司总部和巴伐利亚州吸引的近千家国际著名跨国公司设立的分公司,迅速带动起一大批为其生产高科技、高质量零部件的中小企业。这些企业在巴伐利亚的集聚,逐步形成了以州府慕尼黑为中心,包括慕尼黑、奥格斯堡、纽伦堡—埃尔朗根等地在内的电子工业、宇航工业、汽车工业的制造基地。同时,这个新兴工业密集地区还向西部延伸,与巴登—符腾堡州首府斯图加特相接,形成了当时联邦德国新兴产业发展的"硅谷"。此外,巴伐利亚州重视扶持中小企业发展,在60年代初就设立巴伐利亚州资助银行,多年来一直对有市场潜力的中小企业进行经济资助,并通过建立开发区、创业园等形式支持高科技中小企业发展。

二、意大利东中部的工业小区开发

(一)意大利概况

意大利位于欧洲南部,以阿尔卑斯山为界,北与法国、瑞士、奥地利为邻。领土包括地中海上的亚平宁半岛、阿尔卑斯山脉以南的大陆部分和西西里岛、撒丁岛。早在古代,意大利就是地中海东部—亚洲、埃及、希腊等国文化、商品传入欧洲内陆的中转站。罗马帝国时代,意大利成为地跨地中海两岸的罗马帝国核心,居中的地理位置和方便的海运,使得意大利地区成为东、西方交通贸易的枢纽和商品的集散地。意大利是一个多山的国家,山地、丘陵面积约占国土面积的五分之四,阿尔卑斯山脉呈弧形横跨北部边界,长约 220 公里,山势高峻,平均海拔超过 1000 米。众多河流从阿尔卑斯山脉的高山冰川和积雪带下泄,水能资源丰富。山脉由新生代造山运动形成,多为火山、地震。亚平宁山脉东坡陡,沿海平原狭窄,海岸平直,西坡缓,沿海平原面积大,并覆盖着肥沃的火山土,是半岛上人口、城市集中,工农业发达的地区。

意大利经济活动在地理空间上的分布极不平衡。全国 20 个行政大区,以罗马以南 30 公里处马佩斯卡拉的连接线为界,连接线以南包括两大岛屿,叫作意大利南部,而连接线以北则成为意大利中、北部,包括东西两面靠海的中部地区、靠近法国和瑞士的西北部和靠近南斯拉夫和奥地利的东北部。长期以来,经济活动在意大利的地域空间分布呈现出西北部现代工业发达、南部经济发展落后、东中部经济发展居中的局面。意大利东中部地区包括威内托、弗留利-威尼斯·朱利亚、艾米利亚-罗马涅等大区,这些大区土质较好,气候宜人,社会文化比较发达,因此农业和旅游业一直是区域经济的主干[①]。

(二)意大利东中部与西北部的差距

与西北部"集中型工业化"相比,意大利东中部地区工业较少,大多是组织松散、设备落后的小厂或手工坊(见表 4-3)。以制造业产业群为例,1951 年威内托、艾米利亚-罗马涅和托斯卡纳 3 个大区在全国制造业就业人口中的比重分别仅为 6.5%、5.3% 和 5.7%。与西北部发达工业区相比,意大利东中北的工业小区在企业规模、产业结构、生产和资本集中度以及企业的地理分布上,都有很大不同。这主要表现在西北部发达工业区的特点为"集中型工业化",而东中部工业小区则是"分散型工业化"。

---

①费尔迪南多·米洛内.意大利区域经济[M].都灵:埃依纳乌迪科学出版社,1956.

表 4-3 意大利东中部和西北部地区工业发展区别

比较	意大利西北部	意大利东中部
企业组织	以雇员 500 人以上大型企业为骨干,比如菲亚特、蒙特爱迪生等公司	大型企业很少,以雇员在 250 人以下中小企业和手工企业工厂为主
产业结构	重型制造业,如米兰是冶金、机械、化学等中心	轻工业和传统工业为主,如威内托的服装、家具,托斯卡纳的毛纺、陶瓷
生产组织	集中化程度很高	大多分散或干脆实行家庭包工
地理区位	企业集中在大城市郊区	大多分散在小城镇甚至农村
资本密集	资本密集度高,大财团和大资本云集	资本密集度低,数百个中小企业

资料来源:朱欣民.落后地区开发的国际比较研究[M].成都:四川人民出版社,2006:160-162.

受全球经济危机的冲击,1963 年到 1971 年期间,意大利西北部发达工业开始出现衰退,在国内工业总产值中所占比重下降 4 个百分点,而东中部却在经过 30 多年沉淀发展后,伴随工业化不断普及,组织结构上持续完善,从 20 世纪 60 年代开始经济获得快速增长,企业数量大幅增加,许多地区逐步形成工业小区发展模式。1963—1971 年期间,与西北部相比,意大利东中部在国内工业总产值中所占比重上升 2.5 个百分点,工业产值增长 1 倍多,工业就业人口增加 20% 左右。到了 1982 年,东北部的威内托大区和艾米利亚-罗马涅大区的工业在本大区国内总产值中的比重均超过 40%,而且到了 20 世纪 90 年代,这些大区经济仍然具有相当的活力。意大利东中部落后地区的工业小区开发典型,不仅曾是国际上经济学家和管理学家研究的重点,还是 1996 年西方七国首脑会议推荐学习的样板,意大利东中部也被称为不同于发达的西北部和落后的南部的"第三意大利"。

(三)意大利东中部工业小区开发的实践经验

1.专业化的产业群分工协作

意大利东中部工业小区之间普遍具备横向协作和纵向协作的条件。经过多年发展,意大利东中部的中小企业不仅在数量上大幅度增加,而且在组织结构上不断完善,许多地区逐步形成了自己独特的发展模式,这就是工业小区。在意大利,工业小区是一个特定的概念,并非随便一批中小企业聚集在一起就可称为工业小区。工业小区指的是一个地区的中小企业全群(生产企业和生产企业之间、生产企业和非生产企业之间)以一项经营活动为中心,根据现代经营的需要,逐步建立起来的一种相互信赖、比较稳固的协作关系和产供销关系①。它有助于加强专业化,提高生产效率,降低产品成本,增强在国内外市场的竞争能力。

例如,在皮革和制鞋业小区,有企业专门制革、制皮,也有企业专门制鞋、制皮件。在制鞋企业中,又分为专门制鞋帮的企业、专门制鞋底的企业和专门制鞋跟的企业。最后,即使处在同一生产环节的企业,在产品的款式、规格上也有明确分工。在这些生产企业周围,还出现了一批专门负责运输、销售、原料和设备进口、信贷、科研等方面的非生产性中小企业。例如,意大利萨索洛瓷砖工业小区,1987 年时瓷砖产业产值为 100 亿美元,是名副其实的瓷砖生产和出口大区,当地生产的瓷砖占全球的 30%、国际市场交易量的 60%。当地高度发达的设备供应商和支援产业,形成了材料供应、专业服务和基础设施的一条龙配套产业链,这是萨索洛瓷砖产业的一大优势(见图 4-1)。中小企业通过横向和纵向协作,就可以形成一个无形的然而却是事实上的巨型联合企业。当然,各工业小区的组织形式由于社会经济情况不同也有所区别,有些工业小区是以一个产业群为中心内容,比如普拉托的陶瓷产业,产业族群的地理集中性主导了整个过程。也有些工业小区是以一个产业群为主要内容,同时兼有其他经济活动,另外有些工业小区家庭包工普遍,更多是中小企业与家庭包工之间纵向协作,而非生产性中小企业之间的协作较少,因此,工业小区产业协作模式并非千篇一律。

2. 深厚良好的社会文化情怀

意大利东中部工业小区的产生和发展,并不依靠政府行政指令,也没有专人负责,它完全是中小企业自发形成的,但同时又围绕共同的发展目标展开活动。所以说,它是一个地区企业文化成熟的集中表现。如果一

---

① 王传英. 意大利产业区发展经验与启示[J]. 经济纵横,2003(7):31-34.

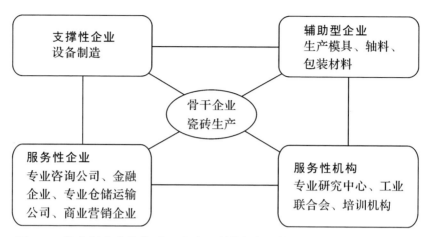

图 4-1　意大利萨索洛瓷砖工业小区的"生产—销售—服务网络"产业链

个地区只具备产业基础条件,但是居民文化素质差、不实干、不进取,企业信誉差,社会服务机构和公务机关效率低下,那么该地区中小企业再多,也不能形成组织良好、效率很高的工业小区。因此,社会文化情怀看起来虽然是一个"软指标",但它至关重要,是工业小区能够真正形成和能否创新发展的关键。比如意大利中东部萨索洛市,当地生产的瓷砖占全球的30%,除了不停地实验所积累的制造经验外,保持竞争优势的另一大关键就在于当地企业对乡土的感情与责任,让从业者持续投资,绝不轻言放弃。外国厂商要与之竞争,实际上要面对的是一套完整的意大利文化,这是萨索洛市瓷砖厂商最强的持续竞争优势。

3. 持续创新的工艺流程技术

意大利较多工业小区产品产销之所以能够保持竞争优势,并非由于历史渊源,而是由于其产业内部的活力和变革,这离不开企业在技术工艺、设备流程等方面的持续创新。以萨索洛市瓷砖产业为例,由于瓷砖产业门槛低,往往容易造成白热化竞争,任何创新产品或工艺一旦问世,就迅速扩散被抄袭仿制,这迫使领先企业不断在技术、设计、销售上持续创新,以免被淘汰。同时,20 世纪 70 年代初期,意大利瓷砖产业遭遇国内外强烈竞争、零售客户压力和 1973 年石油危机冲击,这迫使企业必须降低汽油和劳动成本,最终导致技术突破,出现了快速的单烧工艺。这种工艺使得瓷土硬化、质变和上釉等步骤能在窑内一次性完成。使用单烧法,将原本双烧法需要的 200 余名工人,减少到 90 人,制作时间也从原来的 16 至 20 小时降至 50 至 55 分钟,同时这种新颖的体积较小而重量更轻的一次烧窑设备,也更容易外销。20 世纪 80 年代初期,意大利相关设备外销数量首度超过内销。而且在瓷砖厂商和设备厂商的合作下,意大利瓷砖生产技术于 20 世纪 70 年代中后期获得了另一次重大突破,那就是进料流程一体化取代传统的单窑作业,这大幅度降低了劳动成本。加之,意大利政府颁布法令严格限制工人加班,也进一步抬高了本地工人工资成本。减少劳动力成本也倒逼意大利瓷砖产业需要持续不断地进行工艺流程、产品技术创新突破,从而加速了本地工业化水平。

4. 追求卓越的市场品牌形象

从市场供求关系看,意大利各大区最为重要的供求关系结合点具有供给容易、需求难寻的特点,要促进供给和需求的有机结合,或者说培育经济增长点,地方政府的工作重心自然落在开发需求上,集中力量解决难寻的需求,而不是易得的供给。基于上述情况,在国内外需求日益提高下,为保持市场领先地位,意大利东中部工业小区较为注重持续改善生产方式。加上意大利工业设计业兴起,也助推了本地企业率先推出新设计新性能产品,增加销售渠道,建立品牌形象,构建形成供给与需求的双向互动和良性循环。同时,20 世纪 70 年代,意大利的国内市场日益饱和,迫使生产厂商迅速转向海外市场。为打开海外市场,各厂商利用在国内外专业杂志上刊登精美广告、在国外建立产品促销点、举办商展等形式,不断拓展产品销售渠道,意大利皮鞋、皮包、皮衣、家具、厨具、工具广告遍布全球。比如意大利瓷砖外销上,国内市场一停滞,生产厂商就快速开发海外市场。在瓷砖外销上,瓷砖厂商通常会在国内外专业建筑杂志上刊登广告,加之意大利室内设计与装潢杂志原本就拥有的大量海外建筑师、设计师和消费者订户宣传推广,这种多元化销售形式的连带优势,使意大利工业小区瓷砖、座椅、皮革等产品的品牌得到快速强化,并在国际市场上持续保持卓越品质形象,获取稳定的市场份额。

5. 强劲有力的中小企业政府支持

由于工业小区中中小企业多、分布广,意大利政府对东中部落后地区的开发给予支持,主要表现在对中小企业的多元支持上。在金融支持上,例如在艾米利亚-罗马涅大区就有上百家信贷机构、一千余家银行分行。由于银行信贷业十分发达,且分布广泛,就很容易将各方面闲散的货币资金动员起来,银行信贷机构进而又将这些资金贷给中小企业用于扩大生产和流通。此外,考虑到中小企业一般存在交易条件差、间接税多、积累资金难的问题,意大利政府自 1952 年开始多次为中小企业发放优惠贷款。20 世纪 70 年代工业结构调整后,政府对中小企业的支持进一步加强,例如减免中小企业社会捐款,增加对它们的优惠贷款。为了帮助中小企业更新设备,1983 年底议会又通过第 696 号法律,决定向雇员在 300人以下、技术设备方面的固定资产低于 114.9 亿里拉的制造业和冶金业中小企业出租一批数控自动化机器,或为之提供低息贷款,鼓励它们购买设备。另外,各地方政府也采取不同措施,促进本地工业化进程,例如波伦亚的市政府鼓励在职职工在条件成熟时离厂自办企业。

第二节　后发地区区域协同发展

一、日本欠发达地区的区域均衡发展

(一)日本概况

日本位于亚洲东部的太平洋上,由 4 个大岛及约 4000 个小岛组成,面积 377748 平方公里,是世界人口密度最大的国家之一。日本海岸线漫长曲折,多港湾,境内山地崎岖,山地占全国面积近 80%,最高海拔为3776 米的富士山。河谷交错,河流多短小,水量充沛。矿种多,但储量小。森林占总面积的 66%,地热和渔业资源丰富。

二战后 20 世纪 50 年代中期开始,日本经济经历高速增长时期,工业和国民经济生产总值均居世界前列,跻身于工业发达国家。但经济整体发展的同时,也出现了地区间经济发展不平衡的问题,主要体现在:一是人均收入差别很大。如果以东京 1967 年的人均收入为 100,那么大于或等于 70 的府县只有 4 个;大于 60 小于 70 的有 6 个县;小于 60 的县(道)

有 35 个,其中有 14 个县不足 50,最低的只有 35(鹿儿岛)。二是工业的
地区分布差异大。以 1965 年的工业成交额为例,四大工业地带占全国工
业成交总额的 64.4%,其周围地区(关东内陆、东海、冈山、广岛、山口等)
占 20.8%,其他地区占 14.8%。也就是说,工业主要分布在四大工业地
带及其周围地区,它们所包括的 25 个都府县的工业成交额占了全国工业
成交总额的 85.2%,差异较大。三是人口分布不平衡。大量人口从边缘
地区向中心城区,特别是向三大城市圈集中。1970 年,全国 43.5% 的人
口集中在只占有全部国土面积 10.4% 的三大城市圈中。

(二)日本欠发达区域开发的演变

20 世纪 60 年代至今,在一系列政策举措的支持下,日本欠发达地区
持续发展,呈现出据点式开发—大型基地建设—定居圈建设—网络开发
的开发计划演变历程。其中,日本开发欠发达地区的经济政策主要经历
了三个阶段。

1.“非均衡发展战略”时期(二战后至 20 世纪 60 年代初)

二战后,日本政府吸收了美、苏等国家的国土开发经验,结合当时日
本国内的实际情况,确定了对国土实行综合开发的方针,并制定了《国土
综合开发法》,以特定地区综合开发计划为核心,整治河流、增产粮食和合
理利用水资源,经济发展迟缓的欠发达地区也采取了相应的对策。20 世
纪 60 年代初,日本政府则开始实施向重点地区倾斜的非均衡政策。这一
政策的实施促进了日本经济的恢复,为日本经济的高速增长奠定了基础。

2.“均衡发展战略”时期(20 世纪 60 年代初至 90 年代末)

从 1962 年开始,日本将经济建设重点转向工业领域。1962—1968
年间执行的全国综合开发计划提出,要有效开发利用自然资源,实现生产
要素在地区的合理配置,以求各地相对均衡的发展,并防止城市的过度膨
胀。很明显,这一时期追求效率是第一位的。因为此时日本经济还处于
实现重化工业化的过程中,需要通过生产要素的集聚推动经济发展。与
此相适应的是,提出了据点式开发方式,即将全国划分为“过密”“发展”
“开发”三类地区,以过密地区的大城市、大工业基地为基础,在其周围发
展地区选择一批有利于工业投资、经济效益好的大中小规模的基地作为

据点进行重点建设,以促进过密地区的产业向发展地区转移并带动落后地区发展。

日本经济在70年代中期已进入发达国家行业,进入80年代后更是极快地缩短了同美国的距离,但这一时期日本也遇到了一系列新情况,如仅仅依靠有限的工业重点地区已难以使生产要素继续保持高效率使用,新技术革命的迅速发展给经济社会带来了深刻影响等。在此背景下,日本在1977年实施了第三次全国综合开发计划,提出"定居圈"开发计划构想,以各中小城市为中心组成一定数量的定居圈,各个圈内实行综合开发,以消除落后地区同大城市、繁荣地区之间的显著差别。在此基础上,1986年付诸实施的面向21世纪的第四次全国综合开发计划进一步提出了网络开发方式,即在全国各地区建成多个各具特点的中心城市,使各地区之间形成既有分工又有协作,并能发挥地区优势的局面,实现地区间均衡发展。

3."协调-倾斜发展战略"时期(21世纪至今)

进入21世纪,日本政府制定了第五次国土规划——《21世纪的宏伟蓝图》,开发方式为参与协作。新国土规划的政策目标是:建设自然居住区,修建大城市,加强地区之间的合作,形成广泛的国际交流圈。从四个政策目标来看,新国土规划十分重视地区的选择和主要地区的建设,重视依靠各主要部门的参与和地区之间的合作,促进高质量的国土环境建设。

(三)日本推动欠发达地区开发的实践经验

1. 制定和不断调整持续发展的区域开发战略

日本开发欠发达地区的一个重要经验,是根据国民经济发展的需要和经济发展阶段的不同,不断地适时制定和调整目标明确、富有针对性的区域开发政策(见表4-4)。从上述欠发达地区开发历程看,从20世纪50年代以来,日本区域开发政策经历了非均衡发展、均衡发展、协调—倾斜发展等阶段,开发方式则依次实行了据点开发、大规模开发、综合开发、多级分散型开发、参与协作开发转变①。每个时期政策体系都是由一系列地区开发立法组成的,能够精准、有效保障和推动欠发达区域开发战略实质性落地。

表 4-4　日本欠发达区域针对不同类别开发的立法政策

产业振兴类	特定区域振兴类
低度开发地区工业开发促进法(1961)	孤岛振兴法(1953)
新产业城市建设促进法(1962)	产煤地区振兴临时置法(1961)
工业整备特别地区整备促进法(1964)	雪地带对策特别措置法(1962)
农村地区工业导入促进法(1971)	大多分散在小城镇甚至农村
工业再配置促进法(1972)	资本密集度低,数百个中小企业
高技术工业集聚地区开发促进法(1983)	特定地区中小企业对策临时措置法(1986)
关于促进有利于地区产业高度化的特定事业的集聚的法律(1989)	过疏地区活性化特别措置法(1990)

资料来源:本书编写组.他山之石——国外欠发达地区开发启示[M].北京:中国林业出版社,2000:322-323.

此外,日本各时期的开发政策和措施,在注重灵活性、动态性的同时,最大限度地保持了政策的相对稳定性尤其是连续性②。以北海道的开发为例,目前执行的是第六期综合开发计划。每一期计划都有一个重点,但每一期计划又都是前期计划的延伸和发展。第一期的重点是开发资源和振兴产业;第二期的重点是实现产业结构现代化;第三期的重点是提高生产水平和建设社会福利设施;第四期的重点是促进社会经济稳定性和综合环境的形成;第五期的重点是提升北海道的国际竞争力和国内外经济地位;第六期的重点是通过培育地区产业群和主导型产业基地,振兴日本的高技术产业。

2.地方经济成为经济发展重要力量

战后日本经济高速增长,以三大都市圈为中心的太平洋带状工业区的形成,带来了人口与工业分布的"过密"等一系列经济、社会问题。日本

---

①杨晓慧.产业集群与日本区域经济非均衡发展研究[D].长春:东北师范大学,2003.

②李满鑫.日本区域经济发展的举措探究[J].中国商贸,2014(17):182-183.

政府自 20 世纪 60 年代以来,先后采取了制止在东京、大阪及川崎、横滨等大城市新建工厂的措施,并连续制定了四次国土综合开发计划。日本逐步进入了地方时代,其主要标志:一是经济重心逐步向三大都市圈以外的地区转移,地方经济得到了很大发展。以制造业为例,20 世纪 80 年代以来,日本共有 70 多万家企业,其中 40% 以上的是地方企业。二是新技术革命改变了日本经济结构,也带来了经济地域结构的改变,日本经济结构由基础资源型向知识密集型转化,以短、小、轻、薄产品为特点,附加价值高的尖端技术产业在布局指向上摆脱了"临海型"布局的框架,成为日本经济地方化的催化剂。日本政府抓住了这一契机,大力推进三大都市圈以外的科学技术密集城的建设。三是地方经济由"外力助长模式"向"内发型模式"转变,由于国家财政困难,很难再以中央财力为后盾推进经济布局向内陆地区发展,只能依靠地方政府来创造条件,吸引外来企业和发展地方产业。

3. 推动经济地域结构与生产力合理布局

在欠发达地区开发中,要充分重视和研究地域经济结构与生产力的合理布局。在不同历史时期和生产力发展的不同阶段,工业分布与工业地带形成有其自身的发展规律。20 世纪 50 年代,日本政府根据重化工业为主的经济结构要求和岛国地理条件,抓住了这种产业结构在总的布局指向上的"临海性"特点,在沿海地区进行了大规模的投资,填海造地,修筑基础设施和增设通信线路,为配置大量企业提供了各种方便条件,有力促进了长达 1000 公里的太平洋工业带的形成。20 世纪 60 年代初,日本在经济高速增长期间,注意到了工业重新分散的必要性和将会出现的分散趋势,于是在 1962 年和 1965 年先后禁止在东京、大阪等大城市新建工厂,并制定了一系列有助于企业分散到地方的计划,同时把建设投资大量转移到地方进行大规模的基础设施建设。80 年代初,日本政府根据即将成为主导产业的尖端技术产业布局要求,迅速制定了高度技术密集地区开发促进计划,与振兴地方的计划结合在一起,确定了 19 个科技城建设地区①。由此可见,日本高度重视全国生产力地域空间布局结构研究,

---

① 张于喆,白亮,张义梁.日韩发展高技术产业经验和启示[J].经济问题探索,2008(4):164-169.

政府也较准确地把握了经济结构变化对地域结构提出的要求,成功实现了日本经济的发展。

4. 积极建设和发展技术密集型城市

日本于20世纪70年代后期提出"技术立国论",并在1983年颁布了《高技术工业集聚地区开发促进法》,迅速建设新型的科学技术密集型城市,以求加速从原材料和加工型产业结构向尖端技术产业为主的结构转化,进而创造新的国际分工。该法明确规定,技术密集城的建设必须在三大都市圈之外。这种布局区位的规定,是有客观依据的。一是尖端技术产业的布局指向,摆脱了过去传统的区位理论束缚,轻、薄、短、小的产品特点,使其成为"临空"指向型产业,依赖快速、便捷的交通设施——高速公路和机场,日本即使在落后地区也基本上拥有了这类设施。二是尖端技术产业需要良好的地理环境、清洁的水源和可供依托的城市。正是那些内陆的欠发达地区能够满足这种布局需求,同时,这些地区也具备了相当规模的中心城市依托。三是尖端技术产业趋向于拥有智力资源、技术开发能力较强和能够取得大量信息的场所,日本计划各县都有若干所公立和私立的高等学校,落后地区也不乏著名的大学。此外,日本也十分注重对欠发达地区的信息通信系统建设,在2000年7月,专门成立了信息通信技术战略本部,制定和颁布了《建立高度信息通信网络社会基本法》,加强对欠发达地区高度信息通信技术研发的指导和支持。由于日本采取"地方主导"建设科学技术密集型城市的方式,使地方能够更主动、合理地确定尖端技术产业的复合方向。如熊本县机械工业有一定基础,其微电子工业的主要复合方向确定为自动化机械产品,因此他们把先进的微电子技术应用于机械工业;九州南部的鹿儿岛县是日本传统乐器的发源地,因此他们决定把发展电子乐器作为尖端技术的复合方向之一。

二、巴西落后发展区域的经济开发

(一)巴西概况

巴西是拉丁美洲国土面积最大的国家。国土面积达到854.7万平方公里,居世界第5位。巴西位于南美洲东南部,北接法属圭亚那、苏里南、委内瑞拉和哥伦比亚,西邻秘鲁、玻利维亚,南接巴拉圭、阿根廷和乌拉圭。巴西国土 80% 位于热带地区,最南端属亚热带气候,北方亚马逊平原属赤道气候。巴西是世界上最大的热带气候国家,也是一个典型的具有复杂多变的陆地地形特征的国家。在植物资源中,木材、食用植物、油料作物、橡胶和纤维类植物最具生产和商业价值。丰富的森林资源给巴西带来了巨大的财富,为巴西的经济发展作出了重要贡献。

巴西经济南北悬殊较大。巴西东南部是全国的工业区,拥有圣保罗、里约热内卢和贝洛奥里藏特三角地带,被称为巴西心脏和中心。北部、中西部、东北部则发展落后(见表 4-5)。1949 年,占巴西国土面积 11% 的东南部在巴西国民收入中占据了 41.8% 的份额,而北部和中西部地区面积分别为 42%、22%,但国民收入则分别只占全国 4.1% 和 4.8%。巴西经济发展的不均衡,加之不发达地区又聚集了较大比重的混血人种和印第安人,这带来了种族矛盾凸显等问题。"发达的巴西"和"不发达的巴西"并存,长期困扰着巴西的发展。二战后,巴西开始重视区域协调发展。1970 年,巴西政府提出了"全国一体化计划",以此来缓和区域经济发展失衡,改善区域经济和产业结构布局,缩小贫富差距。

表 4-5　巴西各区域人均 GDP 水平比较

(全国平均水平为 100)

区域	1950 年	1960 年	1970 年	1980 年	1990 年	1999 年
北方区	54	61	56	62	64	60
东北区	42	46	39	41	44	46
东南区	150	145	153	144	138	137
南方区	108	105	94	106	106	119
中西区	53	58	71	87	122	94

资料来源:巴西联邦政府规划部应用经济研究所区域与城市经济研究室,转引自古斯塔沃·梅亚·戈麦斯.巴西的区域开发战略[M].出版社不详,2002:6.

(二)巴西落后区域经济开发的历程

世界各国都有区域经济发展不平衡问题,而因为不均衡程度不同,各国的应对方式大相径庭。巴西的应对措施始于二战结束,推行的协调区域经济均衡发展政策一直在持续实施之中。对落后区域的开发主要有以下阶段。

1. 零星支持落后区域开发阶段

巴西政府的区域开发行动发端于 1946 年,该年的联邦宪法条款确定了三级政府动用财政资金支持亚马逊区域开发的条款,而巴西政府正式制定区域政策则是在 1952 年。鉴于东北区是巴西区域经济发展的老大难,巴西政府 1952 年设立了专门向这一大区融资的金融机构——东北银行,要求其根据东北区环境的特殊性,在东北区经济开发中具体负责制定和实施切实有效的发展计划。这实际上就是东北区开发署的前身和职能。到 1953 年,巴西政府才将 1946 年的宪法条款落实为设立亚马逊区域开发管理局的具体行动。正是二战后巴西政府的这一创新性做法,带动了其他地区出现了一系列的区域开发署。后来很多地区模仿了东北区开发署和亚马逊州开发的模式,如在南方区出现了极南边远区域开发署,中西区出现了中西区开发署,东南区出现了东南区秘书处。

2. 杂乱支持困难区域开发阶段

1967 年,巴西对联邦行政体制实施了改革,重点是将各大区开发署纳入联邦政府内阁,进行直接管理,这使联邦政府内阁正式担负起全国区域规划和区域开发的职能。同年还建立了亚马逊州玛瑙斯自由贸易区管委会,以促进亚马逊州贸易的发展。按照巴西学者的观点,这一时期巴西政府的区域政策具有杂乱的特点,因为除了东北区开发署和亚马逊州开发署的系统运作外,其他区域开发署的工作均致力于解决各自的难题,从电力生产到发展贸易,相互之间缺乏统一目标和协调行动,因此被叫作"破碎时代"。

3. 推出自主重点开发计划阶段

20 世纪 70 年代,巴西政府的区域政策开始转向大规模的落后区域开发,主要方式是联邦政府设立各种地区性的开发计划,鼓励各大区政府和各省政府按照计划的要求,组织社会团体和私营企业申报开发项目,然后由巴西政府审查批准,通过区域开发银行给予这些开发项目一定的融资便利,同时政府也给予税收优惠。为了实施这些开发计划,巴西政府还将亚马逊州开发署和东北区开发署从原来的区域开发政策制定者变成了联邦政府区域开发政策的实施者。主要计划包括 1970 年实施的全国交通一体化计划、1974 年实施的圣弗朗西斯流域开发计划、1975 年实施的中西区戈亚斯州社会发展计划和巴西利亚地缘经济计划、1996 年实施的"大都拉多斯开发计划"以及"潘塔纳尔开发计划"。

4.减少自主重点开发计划阶段

到了 20 世纪 80 年代,巴西政府推出的落后区域开发计划大大减少,这一阶段主要计划有联合世界银行提出的对东北区进行支持的计划,这就是"东北计划"。它包括 6 类具体项目,但是只有其中的"小生产者支持项目类"得到了实施。与此同时,巴西政府在北方区也实施了两个重要计划,即北方区通道建设计划和"加拉斯计划",实施前者是为了在巴西与秘鲁和哥伦比亚接壤的边境地带获取经济上的有利地位,但是由于实施效果不佳,该计划不久就取消了。实施后者则是为了勘探和开发该地区丰富的地下矿产,现已建成了庞大的矿产勘探公司。

5.推出全国统一开发计划阶段

20 世纪 90 年代后半期以来,巴西政府又开始大规模推出区域开发计划,但是这一着眼点是全国一盘棋,这就是"巴西在行动计划"。巴西政府的"巴西在行动计划",于 1996 年 8 月启动,实施的目的是缓解区域发展和社会发展的不均衡。该计划从战略高度出发,按照在落后地区投资的能力选择了 42 家公司进行了重点扶持。1996—2000 年期间共投资了 701 亿雷亚尔,其中 221 亿雷亚尔投入基础设施建设,436 亿雷亚尔投入社会发展领域,截至 1999 年底,"巴西在行动计划"已扩展到 58 家企业。这个庞大的计划中还包括"全国一体化计划:以轴线发展开拓巴西的未来",目的是将全国融为一体,发展手段是在全国范围选择有能力缩小区域差距的大企业进行投资,而不是按照贫富差距进行选择。

(三)巴西缩小地区经济发展差距的实践经验

1.在落后地区建立发展极并形成发展极网络

以玛瑙斯为例,在被确定为一个发展极后,巴西政府实行了一系列特殊政策。一是实行进出口自由贸易,符合有关规定的进口物资可免除产品进口税;二是实行财政刺激,凡在这一地区投资设厂的企业可得到投资基金的资助、享受减免所得税和流通税、得到信贷帮助等。玛瑙斯地区的经济很快发展起来,并在它的带动下,1974 年以来,亚马逊地区又相继建立了 17 个规模不等的发展极,初步形成了带动整个区域经济开发的发展极网络。

2.重视通过加强基础设施建设来改变落后地区的面貌

政府制定了一系列计划加强对交通、能源、通信等部门的投入。从 20 世纪 50 年代末到 70 年代初,巴西制定了两个全国公路发展计划,以北部和中西部为重点,将新首都巴西利亚与全国各大城市连接起来,形成一个中心在中西部的公路辐射网;同时建设出口走廊,将内地与沿海港口连接起来,打通内陆地区的出海口①。其中,在 1956 年政府经济行动计划及 1972—1974 年第一个全国发展计划中,政府对交通、能源、通信的投资分别占上述两个计划全部投资的 58.4% 和 47.3%,其中很大一部分投资在落后地区。以建立新首都为中心,建成公路 1.7 万公里,基本上形成了连接各州主要城市的公路网。在被称为巴西"公路时代"的 60 年代里,东北地区修建了许多公路干线。70 年代,巴西建成了世界上著名的亚马逊公路。统一公路网的建设,加强了各州之间的交流,促进了全国统一大市场的形成。

3.组织落后地区自发性移民

巴西地广人稀,北部、中西部每平方公里人口密度仅 1～2 人。因此,以移民方式扩大经济边疆,通过对空旷的落后地区实行生产性开发,使这些地区成为国家经济的有机组成部分是促进发展极建设和区域经济开发的重要方面。在修建由南向北的跨巴西公路(由乌拉圭边界一直延伸到北部地区的贝伦,途经 5 个地区和 9 个州)时,充分发挥私人企业的积极性,以低价、提供贷款、免税等措施鼓励私人在公路两旁投资建厂或开垦土地。在修建公路的同时,政府吸取了 70 年代修建亚马逊公路的经验教训(在公路两旁由政府出资安置移民),以低廉的价出售土地,鼓励私人购买、开发。经过几十年的努力,公路的两旁已经建成了包括工业、农业、畜牧业、矿业在内的各种经济实体,出现了很多现代化的中小城市,吸引了

---

① 阿尔弗雷多·戈麦斯·内托.巴西区域开发计划的教训[EB/OL].(2004-07-20)[2023-03-01].https://www.oecd.org/dataoecd/58/29.

大批其他落后地区的移民,沿公路的落后地区经济发生了质的变化。在巴西农牧业研究公司和农牧业技术推广公司的技术支持下建立了一大批畜牧场,开辟了旅游景点,建立了以当地资源为主的农副产品加工业,落后地区的面貌得到了彻底改观。

4.建立自由贸易区带动欠发达地区开发

为弥补政府财政投入的不足,1967 年巴西政府颁布了 288 号法令,在亚马逊州首府玛瑙斯地区建立玛瑙斯自由贸易区,以优惠的税收政策吸引国内外资本前往投资设厂,允许私人企业 20 年内免交所得税,用于扩大再生产的进口商品免交进口税,从巴西其他地区输入的消费品和原材料免交商品流通税等。同时设立亚马逊投资基金,从资金上扶植具有战略意义的项目。经过几十年的开发,目前玛瑙斯由小城市发展成为大都市,特色产业迅速发展。目前,玛瑙斯的电子产品占全国市场的 15%,彩电产量占全国市场的 80%,钟表产量占 25%,成为开发亚马逊地区的门户和辐射源。

第三节 后发地区创新能力提升

一、美国犹他州区域的创新开发

(一)美国犹他州概况

犹他州位于美国中西部,总面积约 22 万平方公里。其西部处于大盆地,包括大盐湖和美国大沙漠。东部为落基山脉,位于科罗拉多水系的大峡谷和山谷之中。犹他州地处内陆高原,气候四季分明、比较干燥,尤其是冬季由于有"地球上最好的雪"的美称,每年冬天吸引了不少旅游者。州内约有 35% 的土地系沙漠和干旱地带,是全美山脉最多的州之一。犹他州矿产资源丰富,包括金、银、铜、石油、铀、煤和盐,其中煤、铜储量在全美是最多的。在美国历史上,犹他州属于传统的农业和矿业区,由于工业不发达,经济实力和社会发展水平远远落后于其他地区。在 19 世纪中叶,犹他州还是闭塞落后的农牧区。随着金矿的发现,采矿业发展迅猛,其经济发展曾一度繁荣。此后伴随着淘金热的西移,加利福尼亚州成为美国经济新发展区后,犹他州开始衰落,20世纪70年代犹他州人均GDP大约只有美国平均水平的70%,属于经济最落后的20个州之一。

(二)美国犹他州区域创新发展的成效

20世纪80年代末90年代初,作为自然与社会经济条件都较为恶劣的传统农业和矿产区,犹他州抓住世界新技术革命发展机遇,较早开始调整经济结构,制定相应的经济发展新战略,用不到10年时间从一个经济落后的传统农业、矿业区发展为经济发达、科技领先的明星州,走出了一条具有鲜明特色的落后地区跨越式发展的道路[①]。就其发展历程及成效看:

1963年,犹他州国民经济收入仅32.07亿美元,占全美GDP的0.46%;1970年是44.48亿美元,占全美的0.44%。犹他州前瞻性看到了高科技这一新的经济增长点,于1986年制定了旨在寻找明天产业的"卓越计划"。在这个计划中,犹他州选择了投入少、效益高、运输量小的高新技术产业作为突破口,重点发展软件、医疗器械、生物工程三大产业,改变了过去以军工、采矿业、旅游业为支柱产业的经济结构。从1990年开始,当主导美国经济的加州经济处于22年来的最低谷时,犹他州以每年超过7%的速度增长,远远高于全美1.5%的平均增长速度。1992年美国经济还未走出低谷时,犹他州这一年人口增长2.5%,就业率增长3.1%,个人收入增长7.3%。其建筑业年增长速度高达37.7%,居民住宅数量增幅高达40.8%。

1990年以来,犹他州在全美各项评比中获得的桂冠最多。1994年被《世界贸易》评为最适于外国投资的地方,1991年和1995年两度被《幸福》评为最适合做生意和建立公司的地方,1992年和1995年被《全美各州评比》评选为最适于生活的州。

更令世人瞩目的是,20世纪90年代以来,在位于首府盐湖城和第二大城市普罗沃之间40余公里的谷地上,奇迹般地崛起了一座高科技工业

---

①张念椿.美国犹他州的经济奇迹[J].华东科技,2000(8):31-32.

重镇——世界软件工业谷,形成了两个专门赋予电脑灵魂的新的信息产业中心,与美国电脑主机芯片制造中心在加州旧金山附近的"硅谷"齐名。美国新闻媒体指出,如果你想了解美国下世纪的高科技社会,你必须认识 20 世纪 90 年代的犹他州。

1999 年,犹他州人均 GDP 已达到美国平均水平的 80%,经济年增长率 10 年来始终保持在 7% 左右,远远超过了美国全国的平均增长率。2001 年至 2010 年,犹他州 GDP 已由 723.84 亿美元跃升到 1169 亿美元,这十年间其名义 GDP 平均增长 5.39%,高于同时期全美的 3.98%。2005 年犹他州 GDP 达到 907.48 亿美元,占当年全国 GDP 的 0.72%,2010 年占比则继续升至 0.8%(见表 4-6)。即使在 21 世纪初的萧条时期,犹他州仍然是美国实际 GDP 增长最快的地区,比其他州率先走出萧条。

表 4-6　1990—2010 年犹他州 GDP 占全美水平变化

(单位:10 亿美元)

对比	1990 年	1995 年	2000 年	2005 年	2010 年
犹他州	31.25	46.75	69.48	90.75	116.9
美国	5800.5	7414.7	9951.5	12638.4	14657.8
占全美比重	0.54%	0.63%	0.70%	0.72%	0.8%

数据来源:Bureau of Economic Analysis, U. S. Department of Commerce.

(三)美国犹他州推动区域创新开发的实践经验

1. 顺应经济趋势确定产业结构调整核心,制定相应发展战略和计划

犹他州政策制定者对于新技术的突破和新事物的出现反应十分敏感,没有被动等待机会的来临,而是始终以前瞻性的眼光积极主动规划产业发展方向[1]。20 世纪 80 年代以来,信息产业成为推动世界经济向知识经济转变的重要媒介。犹他州政府前瞻地认识到高科技技术将成为新的经济增长点,把信息技术作为重中之重。早在 1986 年,州政府就制定了

---

[1]尼尔森·汉森.变化世界中的区域政策[M].纽约:Plenum 出版社,1990.

产业结构调整的"卓越计划",将本地从采矿、军工和旅游支柱产业转向软件、医疗器械和生物工程等新兴高科技支柱产业[①]。1993年9月,美国"信息高速公路"计划出台后,犹他州又率先制定出州级"信息高速公路"计划,使现代化电信网络迅速遍及全州。从前期的"卓越计划"到"软件工业谷"的崛起,顺利实现产业升级。此外,犹他州政府还通过制定一系列统一具体、切实可行的方案,有计划、按步骤地调整产业结构。如1993年的"智慧犹他"(Smart Utah)计划,吸引众多高科技企业落户。

2.加大教育投入,扬长避短,提高人力资本的优势

犹他州地理位置和交通条件相对较差,自然资源也不丰富,但在经济转型中,犹他州看到了自身拥有的人才资源,把培养具有挑战性和创造性的高素质人才作为走出经济困境的根本性措施。主要做法有:一是持续有针对性地加大对教育的投入。州财政支出的60%以上投入基础教育和高等教育。二是建立机制灵活、健全高效的教育系统,其高等教育大专院校分工明确,既避免了专业和学位的重置,又有效利用了政府教育资金。三是建立与大学紧密结合的产学研一体化科技工业园区,如创建的"软件工业谷",目前在犹他州各主要城市都设有科技园区或经济开发区,而这些经济区所在地附近,至少有一所大学。犹他州持续加大的教育投入提升了本地人力资本优势的基石,由此形成的人力资源优势是犹他州能够发展高科技并带动全州经济成功跨越的根本保证和最大动力。

3.改善政府服务职能,为高新科技发展创造良好软硬件环境

为留住投资者,防止人才和资金外流,犹他州特别注重做好各种服务工作,从申办执照到资金支持等多方面为企业开办和运营提供便利,并在新办企业使用土地、用房及开展市场调查、推销产品方面给予协助和优惠。同时,犹他州还十分重视营造有吸引力的生产生活环境,吸引高科技企业投资。大力发展交通、电信、电力、供水等基础设施,盐湖城一带自然环境好,犯罪率低,医疗条件好,教育发达,特别是幼儿园和小学的设施好于其他州,很多有子女的父母都愿意来这里工作。

---

①尼尔斯·汉森.美国的区域经济开发政策与规划[M]//尼尔斯·汉森.变化世界中的区域政策.纽约:Plenum出版社,1990.

4.帮助、扶持中小企业发展

犹他州视中小企业为经济发展的主力军,鼓励中小企业特别是小型高技术企业的发展,为中小型科技企业发展提供必要的条件和优质服务。建立中小企业发展网络中心,许多中心直接设置在犹他州各大学商学院中。针对信息产业尤其是软件产业创业阶段风险较高,银行不愿提供贷款和担保的情况,州政府实施提供优惠贷款、减免税收等多方面的措施,吸引众多公司来落户。通过统筹制定和切实执行这些政策,既能保证外来投资企业的投资质量,又能保护州内企业的积极性,奠定了从盐湖城到普罗沃之间绵延 60 余公里的美国最大的"软件硅谷"的基础。

二、韩国高技术产业的扶持培育

(一)韩国概况

韩国位于亚洲东部朝鲜半岛的南半部。东毗邻日本海,四面与中国山东省隔海相望,是世界上人口密度最高的国家之一。韩国的地形具有多样性,低山、丘陵和平原交错分布,低山和丘陵主要分布在中部和东部,海拔多在 500 米以下,太白山脉纵贯东南岸,构成半岛南部地形的脊梁。平原主要分布于南部和西部,海拔多在 200 米以下。韩国的矿产资源较少,已发现的矿物有 280 多种,有开采利用价值的矿物有铁、无烟煤、铅等,但储量不大。由于自然资源匮乏,主要工业原料均依赖进口。

韩国原本是一个资源匮乏、经济技术落后的国家。1961 年,朴正熙提出"建立一个工业化的韩国",韩国的工业化从进口替代转向出口导向。伴随从"进口替代"、"出口导向"到"输出立国"进而"科技立国"战略的提出,韩国政府大力扶植重点高技术产业,通过有效的产业政策,引导和推动了其产业结构的升级,一跃而成为新兴工业化国家,创造了"汉江奇迹"[1]。

(二)韩国产业政策的演变

1.选择性培养政策(20 世纪 60 年代到 80 年代)

1961 年以前,韩国主要以建设非耐用消费品工业为中心,包括布料、

---

①李怡,罗勇.韩国工业化历程及其启示[J].亚太经济,2007(1):51-55.

鞋类、家用品等作为进口替代。1960年以后,急速发展成为韩国产业政策的主要特征,目的在于辅助国内的幼稚产业。具体地,通过从先进国家那里购买中等技术,使这些企业能够快速赶上先进国家的生产水平。从1962年到1966年,韩国的工业化刚刚起步,在分析各种发展方案的利弊得失之后,韩国积极从国外引进技术,优先发展以出口为导向的劳动密集型产业,并取得了显著的成效。这种国家级支援体系的构建以政府对国内外金融资源的控制为基础来筛选培养的行业,对于被选中行业中的企业实行一种叫"馅饼分配制"的政策,也就是以软硬兼施的办法来强制它们投资和学习,积累更多的技术能力。政府通过建设产业园区和进行一系列支援活动,以提高相关产业之间的协同效应。在这个过程中担任投资角色的民间企业,带领着一些有关或无关行业中的部分附属公司慢慢成长为集团企业。

2.产业结构调整政策(20世纪80年代到90年代)

20世纪80年代以后的产业政策与六七十年代所构成的选择性培养政策存在质的不同。这一阶段,在建立稳定的经济能力和调整重化学工业结构的过程中,新的产业政策的基本方向是摆脱对于特定产业的选择性支持,摸索出促进竞争性产业结构产生和发展的手段。通过促进调整产业结构,不断提高财政特别是税收支持力度,真正实施了支持民间企业研发的政策。在这个过程中,随着研究开发资金与人力资源的不断扩充,各大企业从只是一味地引进技术阶段发展到了开始消化、吸收的阶段。随着韩国经济的逐步成熟并日趋发达,为更好满足国家发展要求,1985年底,韩国通过《产业发展法》,强调市场的作用,减少了政府对形成产业政策的干预,政府的干预只局限于弥补市场失灵时的两个特殊领域:具有极小的激励机制,唯有依靠政府干预才能扩大其国际竞争力的领域,以及夕阳企业。

3.技术支援政策的展开(20世纪90年代至今)

亚洲金融危机后,韩国吸取了金融危机的教训,开始对产业政策进行全面调整,对"金融、企业、劳动力市场和公共部门"进行大幅度的改革,特别是在企业经济结构调整方面,把通过提高企业的效益进而提高产品的国际竞争力作为产业政策的中心环节,全面改革大企业,制定政策推动中小企业发展[①]。并制定了发展计算机、半导体、精细化工和生命科学等高技术产业的实施计划,把培育和发展高技术产业,作为保持经济持续稳定增长的战略措施。2003 年以来,韩国更是开始对大型企业集团进行改革。同时,还发布了推动中小企业发展的具体措施,如风险企业投资基金集中支持电子、机械、音像等风险企业。

现在,韩国的产业政策仍处于转换时期,一部分大型企业通过提高技术能力已经基本能够达到独立生产制造的水平,正努力缩小与先进国家的技术差距。可是,后发优势的减少,可快速成长的余地越来越少,再加上外部环境的变化,尤其是新兴国家的崛起以及全球化加快,韩国要确保尖端技术产业竞争优势,产业政策制定仍面临新的挑战。

(三)韩国扶持培育高技术产业的实践经验

1.突出重点,集中力量在重点领域寻求突破

韩国无论是在其高技术产业整体实力不强的发展初期还是在高技术产业竞争力大幅提升的后期,均没有遵循当时流行的比较优势理论,而是根据战略性贸易理论,按照"战略重要性""需求的收入弹性"和"劳动生产率增长率"等标准确立发展的重点,集中力量在重点领域寻求突破。韩国自 1962 年制定了第一个科技发展五年计划,并于 1967 年制定了第 1864 号法律即《国家科学和技术促进法》,且制定了从 1967 年至 1986 年长达 20 年的《科技长期综合计划》,同时,确定了 10 个高技术领域作为重点领域,选定了 236 个重点项目组织攻关。90 年代又先后提出了"高级先进国家项目计划""战略性国家研究开发项目计划"等计划。同时,韩国商工部还制定了《1990 年至 1994 年知识密集型产业部门发展五年计划》并拨款 388 亿美元来实施这项计划。其中 164 亿美元是用于微电子、航空航天、生物工程、精细化工、激光技术、光学设备以及新材料等重点核心领域的技术开发。

2.提供强有力的组织保障

为促进产业技术的跨越式发展、确保产业竞争力的有效提升,韩国在

[①]金钟范.韩国落后地区开发政策特点及启示[J].东北亚论坛,2005(5):58-63.

高技术产业发展初期就开始建立相应的政策组织机构。韩国于 1967 年设立科技部,主要负责科技发展规划和具体计划的制定与实施。1972 年设立了国家科学技术理事会,由总理任理事会主席,科技部长官任秘书长官,其他各部长官任理事会长期成员,其余成员由主席从科技领域专家中任命;理事会主要负责制定和管理促进科技发展的基本计划和行动计划、选择对国家利益至关重要的国家级 R&D 项目、负责管理人力资源开发的政策与计划等。1982 年建立了国家技术促进会议制度,成员包括政府各部长官、研究机构领导和企业界代表,主要是规划技术发展以实现国家发展目标、保证科技发展计划的有效实施、研究发达国家技术发展的成功案例和技术发展趋势等。

3. 重点培育核心大企业

在产业竞争力不强的发展初期,韩国针对意图培育的核心大企业的发展采取了一系列的战略和政策体系安排。韩国非常重视大企业的发展,把推动大企业的发展作为实现产业竞争力迅速提高和赶超发达国家的重要手段。政府主要是通过实行保护民族工业的政策,为大企业成长提供保障;制定和实施一系列国家计划,对大企业的发展方向、重点进行指导;指令或指导企业进行合并、重组,形成规模经济以减少重复投资与建设,并减少国内企业间的过度竞争;通过产业技术政策,引导企业引进、消化、吸收国外先进技术并逐步提高自身的技术能力;建立海外投资管理体制,为大企业提供政府支持;为企业创建国际品牌、开拓国际市场、减少贸易摩擦、扩大对外直接投资、进行海外扩张以实现国际竞争力的提高提供配套服务及政策支持。

4. 强化技术引进、消化和吸收并逐步转向自主创新

对于任何一个后进国家而言,实现技术跨越的路径选择都比较多,韩国在产业发展的初期,选择了充分利用先进国家已有的科技成果,高度重视技术的引进、消化和吸收,为提高自主创新能力奠定坚实基础,直到产业具备较强竞争力后,才逐步从模仿创新转向自主创新。韩国在 20 世纪60 年代主要是引进外国技术,形成韩国经济发展的技术基础;70 年代是强化引进技术的消化吸收,促进研究开发能力的形成;80 年代是强化产

业技术的自主研究开发,大力促进技术密集型产业的发展;90年代以来,则主要是在关键技术领域赶超发达国家水平,全面促进韩国国际竞争能力的提高。截至2004年,韩国共引进国外技术超过一万项,支付金额接近400亿美元。应该说,韩国政府虽然一直把增强自主创新能力作为重要目标,但其是根据产业发展的不同阶段量力而行,分别采取不同的产业技术政策。

5.加强官产学研间的互动合作

从韩国的发展经验看,其充分利用官产学研各方资源,促进产业发展所需各种生产要素的有效组合,通过官产学研的互动合作以实现技术重点突破、产业跨越式发展,而事实也证明这种由政府出面组织、协调官产学研共同攻关的研究模式在赶超时期是特别有效的。比如韩国政府在1984年牵头组织三星、现代、大宇等三家企业和电子通信研究院组成"韩国半导体合作研究计划",合作开发电子技术,共投资1.19亿美元,政府和企业各承担总投资额的50%。1988年至1993年,韩国政府以科技厅、通信省、商工省等政府部门为主导,采用官产学研合作的方式,共投入1900亿韩元实施了16M、64M的DRAM开发计划。此外,为将官产学研合作研究制度化,韩国政府于1994年和1997年分别颁布实施了《合作研究开发促进法》和《科学技术革新特别法》,有效促进了高技术产业快速发展。

第四节　经验启示

通过对国外后发地区主导产业开发、区域协同发展、创新能力提升等方面的深入分析,可以发现,由于自然、社会条件和政治经济制度的不同,各国在解决国内区域问题、对欠发达地区实施援助上各有特点,但是也存在许多具有共性的经验。具体而言:

一、审时度势制定以工业化为核心的发展战略

从国内外落后地区发展历程看,都是坚持以推动工业发展为核心,制定相应战略和计划,在工业化发展过程中逐步实现跨越式发展。如德国

巴伐利亚州一开始就清晰地制定以工业为主的发展战略,不断创造有利条件迅速发展超越重化工业的机电设备和电子产业,并利用这些主导产业的高速扩张优化区域产业结构,到 80 年代成为全国最大的机电设备制造基地。日本对欠发达地区开发,主导产业选择对象主要是工矿业,并不包括农业、建筑业和服务业。主导产业经历了"轻纺工业—重化工业—知识密集型产业—创造性知识密集型产业"等不同阶段。韩国每个时期的产业结构调整和转型,几乎都是由政府率先制定发展战略并加以推动的,既利用市场的自由竞争培育企业的创新能力,又通过某些措施扶持企业的核心竞争力,引导产业结构的高级化走向。此外,在德国巴伐利亚州、意大利东中部、美国犹他州等地区,各届政府政策保持了高度的前后一致性。巴伐利亚州政府在 20 世纪 50 年代后期,树立了由农业州变为高科技工业州的战略思想,后来历届州政府都始终不渝地把发展高科技企业作为最重要的任务,最终经过两代人的共同努力,巴伐利亚经济实现跨越发展。

二、培育产业集群和充满活力的中小企业

产业集群是区域经济发展的引擎。从落后区域的发展实践来看,这些地区都比较重视产业集群培育,形成大企业和中小企业分工合作紧密的产业链条①。比如巴伐利亚州,利用西门子主动迁入机遇,大力招引上下游客户企业和产品配套厂商,迅速发展起一大批为其生产高科技、高质量零部件的中小企业,形成了极具竞争力的机电产业集群,从而使巴伐利亚州实现了经济跨越,成为经济强州。意大利东中部的民间和政府一开始目标就很明确,推动各主导产业自发形成自己的工业小区,这种工业小区不是一般意义上的企业群落,它不是互不相干的众多企业在空间上的集聚,而是以一项经营活动或龙头企业为中心或重点,既根据生产加工的工艺技术需要,又根据现代企业业务经营的客观要求,建立在专业化分工与协作关系基础上、产供销密切配合的现代产业组织体系。每一个工业

---

①埃德加·M.胡佛.区域经济学导论[M].3 版.纽约:美国 Alfred A. Knopf 出版公司,1984.

小区就是一个专业化的产业群，最终打造成专业化的区域主导产业群。除了吸引大企业迁入外，这些地区都非常重视中小企业发展壮大，大量中小企业的进入和迅速成长成为各地经济充满活力的保证。如犹他州视中小企业为经济发展的主力军，鼓励中小企业特别是小型高技术企业发展，通过建立中小企业发展网络服务中心等为中小型科技企业发展提供必要的条件和优质服务。再如德国巴伐利亚州也非常重视扶持中小企业发展，在 60 年代初就设立巴伐利亚州资助银行，对有市场潜力的中小企业进行经济资助，以建立开发区、创业园等形式支持高科技中小企业发展。

三、借智借力强化科技人才资源的支撑

创新是企业获得竞争力的最有效手段，而技术创新需要人力资源的支撑。从上述落后地区跨越式发展过程看，都是从产业发展需求出发，通过加强对人才的集聚和强化科技支撑来推动产业升级。如美国犹他州地理位置和交通条件相对较差，自然资源也不丰富，犹他州通过持续有针对性地加大对教育的投入和建立与大学紧密结合的产学研一体化科技工业园区，如创建"软件工业谷"或科技园区等，由此形成人才汇聚优势带动全州经济成功跨越。再进一步从日本、韩国的发展经验看，两国也都十分重视人力资源的开发培养和引进，弗里曼曾指出，日本落后地区产业的快速发展"没有劳动力教育与培训方面的进步，没有一系列打破'蓝领'型与'白领'型就业问题屏障的有关社会进步，企业层次的提升和发展，就没有实现的可能"。为能在全球高技术产业的竞争中争取或保持优势，两国都大力倡导终身学习理念，建设终身学习体系，并将其列入基本国策，例如韩国在 1999 年颁布了《终身教育法》。此外，这些国家极其注重职业教育。如德国巴伐利亚州，1972 年，巴伐利亚州公布了职业教育法，对传统职业教育体制进行彻底改革，实行"双元制"模式发展职业教育，这种模式能够精准对接企业发展需求，输送源源不断的人才资源，这对吸引外部企业集聚和留住企业发挥了强有力的作用。

四、为工业发展创造良好的软硬件环境

良好的软环境和硬件基础设施直接决定一个地区经济发展的速度和

质量。上述落后地区都非常重视为产业发展创造良好软硬件环境。一是重视生产性基础设施建设。如德国巴伐利亚通过改善铁路、公路、水路和航空运输,构建四通八达的现代化交通网络设施,为本地企业生产运营提供便利支撑。铁路交通方面,80 年代巴伐利亚铁路全长有 7200 公里,占全国铁路 25%;公路方面,1950 年巴伐利亚高速公路只有 570 公里,到 80年代增加到 1560 公里,并与州内以及全国乃至欧洲各主要交通干线连成一体。二是加强社会基础设施建设。"授之以鱼,不如授之以渔",各国对欠发达地区的公共投资还包括教育、卫生、文化等社会基础设施的建设,通过改善欠发达地区的教育条件,提供再就业培训、信息和技术服务,目的在于开发欠发达地区的人力资源,培育其自我发展的创造能力和竞争能力。比如美国犹他州十分重视营造有吸引力的生产生活环境,吸引高科技企业投资,犹他州不仅大力发展交通、电信、电力、供水等基础设施,还在医疗、教育领域加大投入,特别是幼儿园和小学的设施和教育水平要好于其他州,从而吸引很多有子女的人才来这里工作。同时美国犹他州为能够留住投资者,防止人才和资金外流,特别注重做好各种服务工作,从申办执照到资金支持等多方面为企业开办和运营提供便利,并在新办企业使用土地、用房及开展市场调查、推销产品方面给予协助和优惠。

第三篇

研究篇

　　产业为基、实业为本。在新起点新阶段，亟须强化针对性研究，提出创新性举措，谋定浙江山区26县生态工业发展的新思路新路径新抓手，为全省以集成精准的大政策、系统重塑的大变革推动山区县生态工业高质量发展提供理论支撑，为全国其他地方促进共同富裕探索路径、积累经验、提供示范。

第五章 新时代山区县生态工业 高质量发展路径与建议

第一节 山区县生态工业发展路径

一、路径选择

(一)欠发达地区工业发展的基本模式

关于欠发达地区经济开发模式的基本类型,国内外学者有许多不同的分类和阐述。从不同维度归纳,主要有以下主要模式:第一,按经济发展阶段的不同,可以分为资源转换型开发模式、结构导向型开发模式和技术导向型开发模式;第二,按与外部经济联系的不同,可以分为封闭式开发模式和开放式开发模式;第三,按市场取向的不同,可以分为内向型开发模式和外向型开发模式;第四,按经济发展态势的不同,可以分为内聚式开发模式和外促式开发模式。

也有学者基于不同国家欠发达地区工业化发展模式,研究认为可以按点、线、面、体四个要素来划分,即:点——增长极开发模式(表现为城镇经济)、线——沿轴开发模式(表现为流域经济和通道经济)、面——环圈开发模式(表现为板块经济)、体——超行政开发模式(表现为国内合作和国际经济区域合作组织)。

增长极开发模式。一是适用于处在较低发展阶段的"点"上,如各级城镇,这是带动性增长极布局。二是适用于高度发达的城市,集中配置有限的稀缺资源,这是乘数效应增长极布局。城市化和小城镇建设,就是增长极地域开发模式的应用。增长极是多层次的,也是多形式的,地域增长极只是一种形式而已。

沿轴开发模式。一是适用于发展中地区,属于放射性布局。二是适用于经济密集地区,属于地带性布局。广西沿江沿海沿边沿线开发地带的布局,西南出海大通道就属于沿轴开发模式的应用。

环圈开发模式。城镇密集的较发达地区,通过新旧点轴线的不断交织,在空间上形成一个节点网络体系,开发的经济空间较大,属于板块性布局。如广西环北部湾开发,五大经济区的构建就属于环圈开发模式的应用。

超行政开发模式。这是区域经济在一定时期走向全国化和国际化的表现。当今世界,作为"超国家机构"的三大专门性国际经济组织——国际货币基金组织、世界银行和世界贸易组织,就是区域经济全球化的产物。合作的内容主要是建立和维护规则。

四种模式所涉及的地域逐步放大,层次相对提高,管理难度逐步增加,由低级向高级发展,后一层次涵盖前一层次,前一层次是后一层次发展的基础,后一层次是前一层次的发展方向。

(二)山区 26 县生态工业发展路径的选择依据

山区 26 县既是浙江高质量发展建设共同富裕示范区亟须补强之处,也是巨大潜力所在。但是应该看到,与全省沿海发达地区已进入工业化后期的发展阶段不同,山区 26 县大多仍处于工业化中期阶段,在"绿水青山就是金山银山"理念指引下,结合山区禀赋优势、典型经验借鉴以及国家、省市战略机遇和要求,未来一段时期,山区 26 县工业发展已不能重走粗放增长道路,而要突出"绿色、高效、低碳",在生态功能区中限制开发区域进行的适度开发,本质是一种要兼顾规模扩张更要追求可持续发展的追赶型发展。

为此,在山区 26 县生态工业发展路径选择上,应立足山区 26 县发展实际和发展理论,重点以生态工业高质量发展为主线,主要考虑从山区 26 县自身内生潜力挖掘和外部产业机会导入两个维度入手,双向发力,找准突破口,推动山区县生态工业内生增长实现追赶发展。一方面,从山区县自身内生挖潜维度出发,重点统筹考虑山区 26 县资源禀赋、区位特点、产业基础等条件,立足产业价值链提升角度,以数字化改革为牵引,注入科技、数字等高端元素,深挖内部独特资源,拓展延伸优势产业链条,提升产业发展核心竞争力。另一方面,从山区县周边及外部可借力导入高端要素资源维度出发,立足产业集群培育角度,积极主动融入区域发展大战略、大产业分工体系,借智创新升级,承接反梯度产业转移,打造具有竞争力、辨识度的现代产业集群,构筑区域差异化竞争新优势。

二、路径模式

基于上述分析,在今后一段时期,山区县基于自身资源禀赋、生态功能、产业基础等因素,可从内生潜力挖掘和外部产业机会导入两个维度入手,以加快产业高端要素向山区县流动集聚、增强工业内生增长为方向,找准产业发展着力点,做大做强标志性、特色化产业。梳理总结山区26县生态工业发展路径,主要有以下四类:优势资源转化模式、龙头企业带动模式、结对帮扶带动模式、科技创新引领模式。

(一)"内部优势资源挖潜转化"的模式

山区县往往具有独特的资源优势,优势资源的转化是县域经济发展的重要动力。山区县优势资源转化这一模式主要是基于山区县差异化特色化的资源优势,以创新为支撑,以品牌为抓手,一二三产业深度衔接和协同发展,深度挖掘和拓展优势产业价值链,形成特色生态资源向产业发展转型跨越的路径模式。这一路径模式实现需要注意四个方面:一是与其他地区相比,必须有丰富的自然资源,如矿产资源、旅游资源、生态资源等;二是要想使自然资源优势转化为现实的经济优势,还要有一系列条件,如科学技术的普及和应用、良好的交通等;三是地方政府要对当地特有资源的开发价值及储量了如指掌,对资源开发要统筹规划,增加技术投入,加大产品宣传力度等;四是走可持续发展道路。

如武义县,立足"八山半水分半田"的生态环境优势和灵芝、铁皮石斛等中药材资源优势,注重与健康养生、中药文化、休闲旅游等要素的融合,推动中药材全产业链开发应用,成为"浙江省中药材产业基地县""浙江省中药材产业示范性全产业链"。与武义发展类似的苍南县,借助天然地理环境和生态优势,以核电为龙头,全面布局海上风电、光伏、水电、潮汐能、抽水蓄能、空气储能等清洁能源产业,相继成功引进浙江省最大的海上风电项目苍南玉海风电、总投资50亿元的远景苍南零碳产业基地等重量级项目,推动苍南加速迈进全国清洁能源示范地行列。此外,文成县"以水为媒",用生态资源优势引进娃哈哈集团、旺旺集团等省内饮料龙头企业项目,做大"水经济"文章。开化经济开发区以水为支点招引布局新能源产业等案例也均十分典型。

专栏 5.1 山区县内部优势资源挖潜转化模式的案例借鉴

案例 1 武义县创生态高效模式 做长做强中药材产业链

（1）基本情况

武义县"八山半水分半田",山多田少,属亚热带季风气候,生态环境优越,为中药材的种植与生长提供了良好的地理环境,拥有温泉、古村落、中药、生态旅游等丰富的生态资源,自古就是中药材天然宝库。中药材的种植、加工历史悠久,炮制技艺最早可上溯到一千多年前的唐代。自 20 世纪 80 年代以来,武义就大力扶持发展中药材产业,形成一定产业基础。特别是近年来,武义抓住健康产业机遇,积极拓展产业功能,拓展中药材产业价值链,成效显著。

（2）经验做法

一是找准特色优势资源。武义县气候、土壤等自然条件有利于中药材生长和养分积累,山区昼夜温差大,小气候环境丰富,不同习性的中药材都能找到适宜的生长环境。中药材种植已逐步发展为部分乡镇的优势特色产业,成为农业增效、农民增收的重要途径。立足自身气候、地理等资源优势,武义坚持大力发展中药材产业,2013 年将中药材产业列入全县农业主导产业,逐渐加大扶持力度,开展中药材种植规范化和规模化基地建设。对新发展浙贝母、元胡、白术、白芍、菊米、天麻、玄参、覆盆子等药材集中连片 20 亩以上,给予适当补助。中药材产业发展形成五大区块,包括白姆乡、俞源乡铁皮石斛、灵芝、西红花基地,新宅镇白术、玄参、天麻、杭白菊基地,泉溪镇浙贝母、元胡、铁皮石斛、灵芝基地,大溪口乡金银花、白术、天麻基地,桃溪镇、西联乡厚朴基地等多个中药材标准化生产基地。

二是深度挖掘资源价值。武义结合地域特点和资源禀赋,采用林药结合(林下套种三叶青)、草药结合、粮药结合(元胡-水稻轮作)、果药结合等种植新模式。探索"有机全产业链"生产模式,栽培生产道地药材。严把原料关,创造"仿野生有机栽培技术",严格遵循药材自然生产

规律,不人为地缩短药材生长周期,不使用化学合成的农药、化肥和生产激素,也不使用转基因技术,确保药材天然,无污染。2011年国家农业部首个铁皮石斛地理保护标志落户浙江寿仙谷珍稀植物药研究院。此外,实施中药材身份证可追溯制度,从种植和采挖源头上建立追溯机制。积极推进中药材质量安全追溯体系建设,从源头上把控好中药材的质量。为进一步促进中药材产业链的发展,武义以科技创新和实践的方式,突破以往"企业+农户"的常规生产模式,注入健康养生、中药文化、休闲旅游等要素,建设源口有机国药基地、寿仙谷有机国药馆、健康产业园等平台,有效提升产业层级。

三是打响资源市场品牌。围绕"建设有机国药第一基地"目标,武义构建以项目、技术、产品、专利、标准等为主的产业创新体系,打造"武七味"区域公共品牌,不断提升产业品牌竞争力。全县有寿仙谷、万寿康、海兴生物、济世德泽等10余家中药材种植、加工、销售企业,十里沟、百川、良武等20余家中药材专业合作社。部分企业已具有一定的知名度和竞争力,其产品深受广大消费者青睐。浙江寿仙谷医药股份有限公司是国家高新技术企业和中华老字号企业,公司通过了中国和欧盟有机双认证、国家中药材GAP认证、保健食品和中药饮片GMP认证等质量体系认证;浙江牛头山药业有限公司是市农业龙头企业和农业科技型企业,多项技术申请了国家专利;浙江海兴生物科技有限公司是省著名商标和市农业龙头企业,通过了国家绿色、有机及GMP质量体系认证。

(3)经验启示

武义精准把握中药材这一资源优势,关键在于能够以科技创新和实践的方式,在原有中药材种植基础上,积极拓展产业功能,注重与健康养生、中药文化、休闲旅游等要素整合,拓展延伸中医药产业链,真正实现了内部优势生态资源转化为产业发展优势。

案例2 苍南县以海上风电项目探索能源产业发展新路径

(1)基本情况

苍南县是浙江省重点打造的海上风电发展基地之一,具有风力大、干扰少的天然风电场优势。苍南县依托海洋资源禀赋,实施"两电一区一带"

推动海洋经济高质量发展,驱动千亿生态风电及其关联制造业与地方融合发展,打造特色鲜明、种类多样的能源产业体系,引领山区 26 县高质量发展,打造全国清洁能源发展示范地。

目前,苍南海域内规划有苍南 1 号、2 号、3 号、4 号、5 号风电场,合计装机容量 230 万千瓦;其中 1 号、2 号、4 号风电项目已核准,容量达 110 万千瓦,是全省第一个核准容量超百万千瓦县。华能苍南 4 号海上风电项目作为省重点工程,总投资约 87.2 亿元,项目建设总装机容量 400MW 的海上风电发电机组,配套建设海上风机、220kV 海上升压站和陆上计量站。

（2）经验做法

一是创新谋划,精准发力。苍南地少人多,传统能源资源匮乏,但是苍南瞄准全球第三次新能源革命,精准定位发展新能源产业,抢占新一轮发展先机。苍南充分依托风能这一核心竞争力,精准对接华能、华润、远景等一批重量级企业。2021 年 5 月,投资 50 亿元的远景零碳产业基地落户苍南,将在此打造集科研、生产、运维等于一体的风电设备生产基地。围绕风能谋划海上风电海洋牧场、氢能发动机、远海海工装备制造等项目。

二是创新审批,用心服务。华能苍南 4 号海上风电项目前期审批涉及海域、路由、军事、港航等 8 大项 28 分项,在温州均无先例。为加快重大项目落地,苍南成立审批专班攻坚,每天督办项目推进,在合法合规中不断弯道超车,在全省率先实现同类项目全合规审批,将审批时间由 21 个月缩短为 11 个月。

三是创新机制,克难攻坚。针对项目存在历史遗留土地争议、海底光缆上岸选点遭渔民反对、塔基工程用地争议、工程车通行损坏周边民房、进场道路建设受阻等五大政策处理难题,苍南县采取"1+2+3"的模式破题开路,即成立 1 个政策处理攻坚专班,实施每周会商制和问题销号制 2 个制度,建立问题、时间、责任清单,确保工程进度按计划推进。

（3）经验启示

苍南地少人多、传统能源资源匮乏,但苍南依山傍海,新能源资源有得天独厚的优势。全球正经历第三次能源革命,抢占风口将赢得新一轮的发展先机,苍南能够立足自身优势,发展新能源产业,找到了资源和产业发展的"最佳结合点"。

(二)"龙头企业带动集群发展"的模式

龙头企业处于产业链的核心位置,起到带动上下游产业发展和协作的作用。大量的中小企业依存于龙头企业,配合龙头企业实行专业化生产,从事外围的、辅助性的零部件、元器件生产或者提供原材料、燃料供应等服务。龙头企业是产业集群的"领头羊",它通过将非核心生产制造部分和辅助部分(包括包装、运输、仓储、信息、培训等)剥离出去,把企业内部分工协作关系外部化,把剥离出去的业务交由周边中小企业来进行专业化生产,使得这些中小企业成为自己的配套厂家。山区县通过本地"链主"企业培育和对外招引产业链头部企业,带动产业链上下游各节点企业集聚协同,拓展产业上下游生态,形成"一家龙头企业,撬动一个产业链,带动一个集群"的产业发展模式,从而能够有效带动县域经济发展。

如缙云成功招引到世界顶尖企业,抓住高质量跨越式发展先机。龙游县以本地深耕伺服电机领域多年的"链主"企业禾川科技为轴心,找准链条短板,招引产业链上下游企业集聚,无中生有培育形成精密数控产业链。2020 年"链主"禾川科技实现产值 6.3 亿元,同比增长 79.7%,产品伺服电机跻身工业自动化国产品牌第一方阵。天台县发挥本地汽配龙头银轮股份"链主"企业的引领带动作用,建立"大车配产业发展服务平台",将全县汽车、轨道交通、航天等 698 家交通出行装备相关的上下游企业连接在一起,推动企业抱团作战共赢发展。此外,三门县依托本地链主企业引领转型升级重塑百亿级橡胶产业、缙云县短途交通产业从星星之火的企业个体嬗变为一个具有百亿潜力的产业集群、青田招引国内电动两轮车龙头企业"爱玛"科技,"一链式"引进上下游企业,实现"招引一个,带动一批"等案例也都具有典型性。

专栏 5.2　山区县龙头企业带动集群发展模式的案例借鉴

案例 1　龙游县全力打造"禾川系"精密数控产业链

(1)基本情况

龙游县以精密数控产业"链主"企业禾川科技为核心,借助"链长制",

精准打通产业链、供应链、创新链，全力破难点、畅堵点、添亮点，打好补链固链强链"组合拳"，推动"禾川系"微产业链通过产业"自循环"，稳步向空间上高度集聚、上下游紧密协同、供应链高效运作的高端制造业产业集群转型跨越。2020 年"链主"禾川科技实现产值 6.31 亿元，同比增长 79.69%。禾川科技借助产业联动加快技改创新，产品伺服电机跻身工业自动化国产品牌第一方阵。

（2）经验做法

一是上下游集聚"补链"。在新冠疫情期间，龙游县成立了"战时服务团"，在跟踪服务企业复工复产的同时，由县领导带领 124 名经济部门骨干组成"护企手"，通过常态化服务机制，为"禾川系"把脉开方，聚焦综合优势，找准发展短板，以禾川科技为轴心，全面布局产业链条向上下游延伸。禾立五金、立优电器等本土企业为禾川科技量身定制铝压铸件、服务器外壳等零配件；禾川科技专攻控制驱动系统，威仕喜主攻执行系统，双方通过资源整合，共同开发集成化、机电一体化的气动产品，将产品配送给中孚精机、台钰精机，用于生产自主研发的五轴数控机床。产业链上下游的集聚，让企业协作更加紧密，推动整个区域产业良性发展。

二是要素保障"固链"。龙游直面产业链要素保障"缺口"，摸清上下游环节瓶颈问题，疏通堵点难点，从用地、用工到融资，政策措施全覆盖。用地指标向产业链企业倾斜，禾川科技一二期项目获批土地 172 亩；威仕喜安置在标准厂房过渡，并预留 100 亩土地；中孚精机在机器人产业园 50 亩免租厂房安家落户；台钰精机入驻富民小微园孵化发展。企业用工实行"点对点"服务，在新冠疫情防控期间，开出复工复产"禾川专列"，做到产业上下游企业同步复工。加大政策扶持，禾川科技获"浙江省隐形冠军企业"称号；"禾川系"中，2020 年禾川科技获得产业链协同创新补助 800 万元，2021 年禾川科技、威仕喜共获得产业链协同创新补助 1000 万元的政策支持，为企业跨越发展注入活水。

三是做优服务"强链"。建立涉企"一事通办"机制，加快一批产业关键共性技术研发速度，拥有杭州、深圳研发中心的禾川科技，最短时间内完成自动化 KN95 口罩机设计研发，由中孚精机代为生产，迅速投放市场，补足口罩生产链的最关键一环，全面助力防疫物资生产；主攻服务器 ST 芯片研发,目前 ST 芯片已投产,实现了国产替代。威仕喜在青岛设立"科研飞地",其自主研发的阀岛产品,填补了国内市场空白。持续优化产业发展生态。创新探索"轻资产招商"新模式,通过转租闲置资产、厂房定制服务、建设富民小微园、富民孵化园、机器人产业园等标准化举措服务,为产业"筑巢",按照企业需求"量身定做"厂房及配套设施,实现企业"拎包入驻"。

（3）经验启示

龙游县作为山区县,以链主企业禾川科技为龙头牵引,精准找到了产业集群培育突破点和着力点,有效推动"禾川系"微产业链加速向制造业"微笑曲线"高点不断拓展延伸。因此,山区县应立足实际,紧盯龙头企业或重大项目,通过"链长制"精准服务,破解产业链难题,深挖产业链上下游资源,推动以一家或一批龙头企业带动一条产业链。

案例 2　世界巨头联姻浙西南小镇

（1）基本情况

德国肖特集团是全球最大的光学玻璃制造商、全球领先的特种玻璃生产商,在中国占有 70% 的高端药用玻璃市场份额。2017 年肖特集团计划在我国投资建厂,缙云抢抓机遇,成功引进肖特集团全额投资 10 亿元的肖特玻管（浙江）有限公司在缙云落地,并以此为契机,将健康医疗列入"十四五"期间三大主导产业布局,顺势提出"建设制造之城,打造全省大花园核心区生态工业高地",致力打造全国高端药用包装基地。

（2）经验做法

一是聚焦产业链培育孵化项目。2012 年 7 月,肖特集团与缙云本土企业浙江新康药用玻璃公司共同投资设立中外合资企业肖特新康,生产药用玻璃容器,为"药用包装"的下一步合作埋下了伏笔。在近年发展中,缙云按照"缺什么补什么"原则,充分发挥本土关联企业在行业上下游、产业产品等方面关联互补作用,一个环节一个环节地招商,推动健康医疗产业链越拉越长,实现"以产业链拓市场,以市场引项目"。近年来,缙云周边已拥有 10 余家健康医疗企业,聚集效应日趋明显。

二是高起点打造最优投资载体。近年来,缙云县以龙头企业肖特的需求为牵引,高起点、高标准建设园区环境,构建起政策、物流、技术、人才、服务等全要素供给体系,量身定制企业未来发展所需配套,努力为企业做到成本最低、效率最高、回报最佳。如针对肖特玻管(浙江)有限公司进口设备及配件种类繁杂、难以归类的情况,制定个性化通关方案,实现货物通关速度最快、优惠政策送达最快。目前,相继引导公司将近百项批货物存放保税仓库。

三是全力提升服务"软实力"。围绕龙头企业为核心集群发展,缙云把比拼重心集聚在软实力上,用服务"软实力"弥补基础、政策"硬伤疤"。县主要领导始终坚持靠前指导、一线办公,以最强的决心、最大的力度、最优的服务全力当好"店小二",成功打破世界顶尖企业不过"杭嘉湖"先发地区的传统藩篱。始终把讲诚信作为招商引资的催化剂,以最强执行力高标准高质量培育企业主体。比如在招引龙头企业肖特时,缙云县将企业提出的教育、能源、酒店、医疗等方面诉求作为"一号工程",对 10 方面 100 多个具体问题全部作出限时解决承诺。正式签约后,缙云县迅速聚合各领域精锐力量,逐项立下军令状、制定作战图,采用挂号研究、组团破题等方式,实现了百分之百兑现。

(3)经验启示

一家世界顶尖企业扎根缙云,带来的不仅仅是 10 亿元投资,更能借助顶级企业的强大磁场,快速形成高端产业链、创新链、要素链,提速发展成为国内国际双循环的重要支点。事实证明,无论是后发地区还是先发地区,在产业谋划和培育上,以龙头企业项目为牵引,创造最优环境服务,能够有效快速推动产业集群集聚发展。

(三)"链条延展扩大产业圈"的模式

产业发展是整个产业生态系统共同作用的结果,各区域经济之间的竞争归根到底是产业生态的竞争。根据产业集群发展一般规律,集群在发展的初期,仅是产业相关企业在地理空间简单集聚,产业链偏短。伴随产业集聚水平提升,当集聚区内企业合作的收益大于合作的成本时,企业会进行有效的分工,生产专业化分工越来越细,以产业链为纽带,带动产业上下游建链成圈。山区 26 县应聚焦打造山海协作升级版,加强与结对地区、先进地区产业链对接合作,围绕地方主导产业或支柱产业中的共性和互补性,加快形成跨区县之间的延链、强链、补链,创造良好的产业发展生态,推动产业链上下游的协同发展。比如青田县借助山海协作产业链合作项目契机,引导 17 家省"雄鹰企业"深度参与青田县产业补链强链延链项目合作,其中,青田县赛欧包装已成为娃哈哈集团浙西南最大外包装供应商。嘉兴、丽水创新建立"政府引导＋市场参与"产业基金支持模式,共同打造山海协作产业基金,通过强化区域优势产业协作,推动产业协同发展。此外,上虞经济技术开发区与景宁结对,成功引进符合景宁产业定位的智力玩具生产基地项目等案例同样较为典型。

专栏 5.3　山区县链条延展扩大产业圈模式的案例借鉴

案例　上虞·文成推动山海协作"产业飞地"建设

(1)基本情况

上虞—文成"产业飞地"于 2021 年 10 月正式签约,位于杭州湾上虞经开区南片高端智造集聚区,规划面积约 1900 亩,其中产业用地约 1200 亩,重点发展新能源、新材料、高端装备等产业。项目签约后,双方各级部门通力合作,深谋划、强招商,保障项目快速落地。截至目前,"飞地"内已落户 10 亿元以上项目 3 个,这些项目达产后预计将实现产值超 100 亿元,税收超 5 亿元。

(2)经验做法

一是发挥平台优势,高起点布局产业飞地。按照高标准共建"产业飞地"的要求,在"飞地"选址上重点把握三个度,即交通便利度、配套完善度和产业活跃度,把上虞最成熟的地块作为"产业飞地"来支持文成。该地块临近主城区,靠近高速互通,周边有晶盛机电、锋龙电气等上市公司投资项目,且地块中已有联东上虞智造科技谷等项目落地建设,相比其他地区"飞地"具有基础好、见效快的优势。

二是结合产业特色,高质量开展项目招引。着力推动与文成县资源双向流通,发挥各自优势,引导要素集聚、平台共建、项目共享,抓牢"产业飞地"见实效的关键。围绕上虞产业发展特色,突出联合招商理念,探索产业链"双链长制",重点招引新能源、新材料、高端装备等"平台型""链主型"企业。截至 2022 年底,已洽谈对接项目 13 个,其中储备意向项目 5 个。在此基础上,鼓励区内企业加强与文成县的合作对接,聚焦文成铸造产业,延伸产业链配套。

三是着力优化服务,高效率推进项目建设。抓住项目建设"牛鼻子",加快推进"飞地"项目建设,力争"飞地"项目早竣工、早投产、早达效。将"产业飞地"内项目纳入全区"五个一批"重点项目清单,实行区领导"一对一"挂钩联系。强化项目服务,定期开展由区领导牵头的协调解难活动,打通堵点、破除难点,切实帮助企业解决困难和问题。实施"赛马机制",压实各方责任,倒排工期抢抓节点,加快推进项目建设,动态更新晾晒结果,形成长效机制。

(3)经验启示

"产业飞地"要真正见到实效,离不开"飞入地"和"飞出地"双方的倾力合作。只有双方充分发挥产业、区位、政策、资源等优势,以产业链上下游产业合作,优势互补、合作共建,才能够持续推动产业飞地建设取得实质性成效。

(四)"借智借力协同创新发展"的模式

提升内生发展动力,科技创新是关键。对于山区县而言,要想实现赶超跨越、共同富裕,人才和科技是最为倚重的关键所在。立足山区 26 县现有短板不足,应寻求更大范围和更多其他技术予以支持与配合,重点要围绕产业发展需求,强化借智借力创新发展,加强与沿海发达地区紧密合作,主动融入长三角一体化发展,探索"孵化研发在外头、产业转化在山区县"的跨区协同创新发展模式。

如仙居县以医疗器械产业为重点,加快在本地打造医疗器械小镇,导入省市外部服务资源,做好内生培育的同时,把产业飞地建设作为孵化器,实现与大城市人才共享,并发挥飞地纽带作用,吸引长三角创新成果落地转化在仙居。衢州与浙江大学合作共建"两院"、打通研发成果产业化路径,丽水遂昌以头部企业作为推动创新"火车头"、推进"天工之城—数字绿谷"建设带动全域数字化转型和换道加速发展等案例也较为典型。再如"一半是江南,一半是欧洲"的青田县,以建设浙江(青田)华侨经济文化合作试验区为引领,利用跨山统筹、创新引领、问海借力三把"金钥匙",建设进口商品世界超市、问海借力创新平台、侨乡项目投资交易中心、百国风情园等特色平台,把华侨经济文化转化为青田经济,形成"回流海外、接轨上海、承接温州、融入市区"的开放融通之势,始终走在开放创新最前列。

专栏 5.4 山区县借智借力协同创新发展模式的案例借鉴

案例 1 仙居县以"科创飞地"建设"引凤入巢"

(1)基本情况

仙居县为破解产业能级不高、创新能力偏弱、空间容量不足等发展痛点,以域外科创"飞地"为突破,实行"孵化在外头、转化在仙居"的发展模式,不断融入长三角构筑高层次产业,有效集聚创新资源。截至2022年底,共建有浙江大学、浙江工业大学等校地合作平台 7 家,引进高端医疗器械项目 44 个、台州市"500 精英计划"人才项目 17 个,引进博士以上高端人才近 70 人、发明专利 200 余项,成为省内创新医疗器械重要集聚地和创新人才集聚高地。

(2)经验做法

一是搭建平台,导入省市服务资源。针对医疗器械产业强监管特性,为减轻初创企业审批压力,仙居县联合省药监局设立全省首个创新医疗器械服务站——台州湾创新医疗器械服务站,为产品上市提供服务,加速创新产品上市。为深化科技创新领域"最多跑一次""最多跑一处"改革,加快建设科技云服务平台,以数字赋能飞地建设,与台州市科技局联合建设"科企飞"飞地企业全链式智孵系统,被列入全省科技创新"揭榜挂帅"应用场景建设先行试点。

二是建设飞地，借力柔性科技引才。为缓解山区县招人难、留人难问题，仙居运用迂回战术，建设杭州科创飞地、仙居—上海生命科技协同创新中心、绍兴滨海新区"科创飞地"等多个"飞地"，柔性引进人才、留住人才。其中，仙居—上海生命科技协同创新中心，位于上海市闵行区莘庄工业区，首期面积 4000 平方米，配备路演大厅、成果展厅、城市推介、创客空间、综合服务区、小型洽谈室、招商办公室等功能区块，围绕高端医疗器械、生物医药等战略性新兴产业培育引进，按照"孵化在沪杭、转化在仙居"的产业孵化培育模式，积极承接上海创新资源溢出，努力打造成为融入长三角一体化的桥头堡。

三是改善环境，吸引高端要素注入。科创飞地不仅让土地"飞"出去，更让项目"飞"回来。比如仙居—上海生命科技协同创新中心，运营一年多来，科创飞地先后入驻孵化企业 14 家，其中落地仙居 4 家；直接落地仙居企业 19 家；引进领军人才 1 人。为吸引项目转化落地，在国家 5A 级风景区核心区域的神仙氧吧小镇，建设院士之家，凭借良好环境和优质服务，累计柔性引进院士 10 位，促成合作项目 12 个，包括钟南山院士团队与亿联康公司共建的联合实验室等项目。

（3）经验启示

聚焦破解科技成果来源不足、转化缓慢问题，山区县通过建立"科创飞地"，探索推进跨行政区域创新合作机制改革，打造研发孵化在先进地区、产业转化落地在山区县的创新方式，能够为山区县更有效吸引集聚高端创新资源，更全面融入区域合作发展，实现借智发展、借梯登高提供新路径新模式。

第二节　推进山区县生态工业发展的八大行动

一、实施产业链山海协作行动

优化山区 26 县产业链布局，进一步确立无工不稳、无工不强、无工不活理念,秉持少而精、少而专方向,聚焦做大做强特色优势产业、培育发展战略性新兴产业和融合提升历史经典产业,推动山区26县明确1~2个主导产业或支柱产业开展"一县一业"培育。注重示范引领,支持青田、龙游、永嘉等先行区加强探索创新,突出亮点打造,引导先行区在飞地合作、产业链对接协作、本地产业(企业)培育上进一步培植特色。探索实施"一企一县",切实发挥财政资金作用,引导发达地区1~2家龙头企业与山区26县企业建立"1+N"产业链延链合作,实施一批产业链协同项目。

突出产业精准帮促,优选18个工业大县与山区县结对创建"产业促共富"联合体,分析结对区县产业链上下游固链、延链、强链结合点,加强企业、项目合作,助推结对县产业互动发展。树立全省"合作招商、信息共享"理念,鼓励发达地区共享符合全省产业发展导向但本地暂不具备落地条件的有效投资信息,有序推荐给山区26县,对项目成功流转的首谈地,在年度考核中给予一定加分。开展省级经济和信息化主管部门结对服务,每年帮助山区26县招引项目,对落地项目实施"一企一策"。聚焦绿色生态产业链环节,推动山区26县与省际毗邻区联动开展生产力布局。

持续深化"亩均论英雄"改革,推动山区26县加大低效企业整治力度,腾出发展空间,促进资源要素优化配置。探索山区26县内部协作发展机制,地域相邻、产业同质、互补较强的地区要打破行政藩篱,统筹布局产业平台和配套建设,推进资源要素优化配置。探索开展资源要素跨区域精准对接、置换机制,推动要素富裕企业与山区26县企业开展合作。

二、实施科技支撑换挡提速行动

针对山区26县高端创新资源匮乏的短板,启动"科技合作服务山区26县跨越式高质量发展"系列活动,引导大院名校研究院、国际科技合作基地、海外创新孵化中心等科技合作载体主动走进山区26县,开展专项科技对接服务。创新借智借技模式,支持山区26县到沿海发达地区布局建设山海协作"科创飞地",探索"科创飞地"入驻企业异地注册支持政策,对入驻企业在高层次人才团队引进、项目联合申报、科技型中小企业和孵化器认定等方面给予支持。

立足山区26县县域创新特点,围绕创新驱动产业兴旺、企业创强等主题,分类启动创建一批高质量发展创新型县,着力培育一批创新能力突出、创新辐射引领作用强、经济社会协调发展、城乡融合发展的县域创新驱动发展标杆。设立山区 26 县高质量发展科技专项,实行项目、平台、人才、资金重点倾斜支持。探索建立科技成果"转移和支付"体系,推动高校院所面向山区 26 县和对口支援地区,实施科技成果定向免费或者低价许可。

围绕山区 26 县标志性产业链,健全"企业出题、高校院所解题、政府助题"的协同创新机制,支持山区 26 县创新型领军企业联合产业链上下游企业和高校、科研院所组建体系化、任务型的创新联合体。按照"一业一载体"的配置思路,加快推动已有省级重点实验室、产业创新中心、制造业创新中心、产业创新服务综合体等省级创新载体与山区 26 县精准对接并开展一对一结对共建。通过项目、资金等一体化配置,支持结对载体围绕山区 26 县产业需求持续稳定开展基础研究、技术攻关和服务,提升主导产业发展水平。引导山区 26 县每年梳理一批创新基础好、有发展潜力的高成长科技型中小企业,纳入高新技术企业培育后备库进行培育。支持山区 26 县高新技术骨干企业主动对标国内外领先企业,强化核心技术研发,努力成为全球细分领域的领军者。

三、实施企业梯队扩量提质行动

支持山区 26 县培育创新型中小企业、"专精特新"中小企业、隐形冠军、"专精特新小巨人"、单项冠军,加快构建大中小企业融通发展培育体系。支持山区 26 县创新大企业大集团培育模式,围绕主导产业链明确 1～2 家龙头骨干企业,开展"一业一企"培育。深入实施"凤凰行动"计划 2.0,建立健全股改上市挂牌企业培育库,支持一批潜力企业加快上市步伐,促进上市公司、挂牌企业围绕提高产业集中度、延伸产业链实施以高端技术、高端人才和高端品牌为重点的并购重组,在更大范围内整合优势资源,实现创新发展。

引导中小企业实施针尖战略,集聚有限资源,选准主攻方向,长期专注并深耕于产业链中某个环节或某个产品,在差异化的细分市场中赢得主动,逐步成长为在国内外细分市场占有优势地位的行业"配套专家"。

持续实施企业管理现代化对标提升行动,推动山区 26 县优质企业建立一批管理实训基地,输出技术、标准、品牌、管理等,帮助山区企业提升管理绩效,支持管理专业机构到山区 26 县开展管理咨询活动。

丰富产业链招大引强渠道,组织开展全省开发区"三个一百"招商活动,利用浙洽会、进博会等重大平台,高质量办好山区县开发区招商对接系列活动,争取投资合作项目签约,引导省级产业基金投资开发区项目。强化浙商助力,举办"浙商智慧·助力山区县发展论坛"、浙商助力山区海岛县座谈会等活动,打造浙商与山区县企业沟通合作平台。开展"知名浙商家乡行""知名浙商天下行"等活动,促进产业对接、项目招引。

四、实施产业平台建设提升行动

推动山区 26 县加快各类开发区(园区)整合提升工作,支持每个县结合地方产业特色、资源禀赋和基础条件,建设提升 1 个及以上省级及以上开发区(园区)。在符合国土空间规划基础上,依托山区 26 县开发区(园区)整合提升的空间范围,择优布局区位条件较好、周边配套齐全、发展空间充足、城镇功能完善、生态承载能力强的相对集中区块,建设特色生态产业平台,通过山海协作共建机制,招引大企业大项目,打造绿色产业集群,构建扩大税源和促进就业增收的发展平台。推进山区县小微企业园利用新增建设用地和存量低效用地多模式推进小微企业园建设。

推进山海协作"产业飞地"建设,进一步深化完善山海协作结对关系,鼓励协同打造一批山区县域外高能级特色产业新平台和高质量发展示范园区。坚持规划引领,联合专业机构组织实施"产业飞地"有关规划编制工作,制定与要素供给相适应的总体规划和具有前瞻视野的产业规划,以科学规划引导"产业飞地"有序开发建设。按照"责权利"统一和共建共享的原则,探索建立"飞地"跨区合作与财政支出责任相匹配的税收分成机制、要素补偿机制,调动各方参与积极性,合力促进平台做大做强。

做大做强一批双创孵化平台。支持山区 26 县建设一批具备产业细分领域、垂直整合能力的专业化众创空间,完善"众创空间—孵化器—加速器—产业园"的全链条孵化体系。对山区 26 县申请认定省级科技企业孵化器的,探索差异化设定孵化场地面积、在孵企业数量、毕业企业数量、孵化资金规模、知识产权比例等认定标准。推动省属高校、科研院所与山区26县联合共建一批"双创"示范基地。

五、实施绿色智造推广应用行动

全力实施数字经济创新提质"一号发展工程",强化对山区26县重点制造业企业数字化改造诊断分析、改造对接、项目实施、评估对标、示范推广等全流程服务。支持山区26县围绕优势产业建设推广细分行业"产业大脑",培育一批区域级、行业级、企业级工业互联网平台。推进5G、人工智能、物联网等新一代信息技术与制造业融合,大力推动山区26县企业数字化技术改造,支持建设一批智能工厂(数字化车间)和未来工厂。

以实施工业领域碳达峰行动为统领,支持山区26县建立完善绿色制造体系,推行工业产品绿色设计,开发工业绿色产品,打造绿色供应链,同等条件下优先创建绿色低碳工业园区和工厂。支持山区26县工业企业利用先进适用技术加快绿色化改造,推进企业清洁生产自愿性审核和创建节水型企业,在实施节能减碳技术改造项目和碳达峰碳中和产业化示范项目中予以优先支持。深化新一轮制造业"腾笼换鸟、凤凰涅槃"攻坚行动,加快高耗低效企业整治,打造山区26县生态工业领域绿色低碳转型样板。

强化数字新基建全覆盖,加快建设全面覆盖山区26县乡镇以上地区和有条件行政村的"双千兆"网络基础设施,加快推进行政村以上地区5G网络布局建设,实现5G基站乡镇以上地区全覆盖,5G网络重点行政村全覆盖。有序推进低功耗广域网在山区26县的部署和覆盖,探索打造物联网发展样板。

六、实施聚才育才留才筑基行动

加大高层次人才引培力度。大力实施"鲲鹏行动"等各类人才计划,统筹推进各类引才项目,支持山区县更大力度、更加精准引进海外高层次人才和创新团队。鼓励山区县设立博士后工作站,当地财政可给予建站补助,博士后出站并首次在山区县民营企业就业的非在职博士后研究人员,当地按规定给予一次性引才补贴,省级财政视情给予补助。着力做好专家服务,强化省市专家团队"点对点""面对面"各类服务对接,拓展与长三角、珠三角地区企业、专家、乡贤的联系衔接。

持续推进高技能人才培养。协同人力社保、教育等相关部门,在山区26县构建"产教训"融合体系,建设技师学院,加强产业工人技术培训和再教育。引导企业积极创造本地就业机会,充分利用当地劳动力资源,加强在岗培训,提升人力资本,提高就业质量。支持一流技师学院建设培育单位到山区县设立机构,开展职业培训、校企合作等工作。支持山区县建设实训基地、技能大师工作室、技能评价专家培养基地,承办省级职业技能大赛。鼓励有条件的企业自主开展技能等级认定,为企业搭建校企合作平台。每年举办行业性、专业性招聘会和校企合作对接会,推动实现"青年才俊浙江行"、大学生实习活动山区县全覆盖。

加强企业经营管理人才培养。创新开展山区26县"浙商薪火""希望之光""浙商名家""新生代企业家"综合素质能力提升行动,加大对山区26县企业高管、企业家和小微企业创业者的培训。积极联合著名高校和科研机构开展战略规划、科技创新、品牌建设、挂牌上市等领域"菜单式"培训和培养对象自主选择学校、培训内容的"双自主"培训,着力打造一批具有较强战略眼光、具有强烈开拓精神和社会责任感的优秀企业家队伍。以"民企创二代"和自主创业的青年企业家为主体,探索组织开展政府经济部门挂职交流活动,努力引导和培养政治上有方向、经营上有本事、责任上有担当的新生代企业家。支持企业引进培育高层次经营管理人才,统筹推进不同所有制、不同层次、不同专业领域经营管理人才培养培训,不断提高经营管理人才的专业化水平。

七、实施质量品牌标准建设行动

结合山区26县产业特点,运用"质量特派员""质量服务团"等服务载体,针对性解决企业质量技术难题和质量提升需求。实施"千争创万导入"活动,指导规上企业导入和实施卓越绩效管理、精益管理、5S现场管理等先进质量管理方法,推广实施首席质量官制度。支持山区26县推进小微企业质量认证提升行动,推动品牌认证机构赴山区26县开展"五个一"个性化服务,全面提升小微企业质量管理水平。在符合条件的山区26县围绕重点产业链、产业集群、特色小镇布局省级质检中心、产业计量测试中心,支持创建缙云锯床、江山消防产品等国家质检中心。

遴选山区 26 县质量基础良好的企业纳入"千企创牌"培育库,实施"一企一策"分类指导和"一品一策"跟踪服务,支持符合条件的企业争创"品字标"品牌。指导山区 26 县加强区域品牌建设,深化"'品字标'+市域公用品牌+县域品牌+企业品牌"的母子品牌战略,提升品牌建设覆盖面。将山区 26 县作为"品字标"品牌宣传推广重点,提升品牌影响力。引导企业加强品牌培育和运营,制定品牌发展战略,综合运用专利、商标、著作权、质量标志等知识产权保护手段,完善品牌培育服务体系,强化自主品牌宣传。

深入开展山区 26 县企业对标提标活动,通过分类指导、精准对接等工作方式,引导企业对标国际先进标准和出口标准,以先进标准推动企业提升产品质量和产业层次。支持山区 26 县企事业单位积极参与制修订国际标准、国家标准、地方标准和"浙江制造"标准等,鼓励承担各级标准化技术委员会秘书处工作,提升标准化能力。围绕山区 26 县特色产业发展,鼓励开展对标达标提升行动,加强产业链标准体系建设。

八、实施优政策强服务助力行动

省级产业资金加大对山区 26 县项目支持力度,同等条件下优先支持。发挥各级政府在产业投资基金中的引导作用,协调各类产业基金、重点产业平台和社会资本,引导推动产业链山海协作项目落地开工。对山区 26 县在小微园区申报、产业平台建设和专业人才引进、要素保障等方面给予优先政策支持,降低申报省级相关专项门槛。创新利益分成机制,探索全省龙头企业布局山区 26 县新设企业形成的产出增量实行跨区域分享,分享比例按根据因素变化进行调整。

创新绿色信贷、保险、债券和基金产品,强化绿色、普惠、科创和转型金融融合发展,高标准推进碳账户金融延伸扩面、生物多样性金融先行先试等重点工作,支持深化衢州绿色金融改革。指导山区县更好地推广应用"凤凰丹穴"系统培育辅导企业上市,重点指导上市"空白"县金融部门持续加强上市后备资源培育,支持当地招引优质企业资源。支持当地根据企业特点开展专题上市培训,积极帮助对接省级相关部门和沪深北交易所,协调解决上市难点。加强政府性融资担保机构建设,深化银担合作,开发针对山区 26 县的融资担保模式和特色融资担保产品,推进政府性融资担保业务增量扩面。

支持山区 26 县全面享受全域土地综合整治和生态修复政策,结合国土空间规划编制,在分解国家下达我省控制性指标时加大对山区 26 县发展空间支持力度。省级统筹安排"产业飞地"用地规划指标,"飞地"建设用地指标由飞出地通过全域土地综合整治与生态修复工程产生的城乡建设用地增减挂钩节余指标予以保障,支持山区 26 县将加快发展实绩考核奖励用地指标调剂用于各类"飞地"园区建设项目。支持山区 26 县重大项目建设,降低山区 26 县省重大产业项目准入门槛,允许符合条件的重大产业项目预支奖励新增建设用地计划指标。每年安排用地计划指标,对山区 26 县发展实绩考核优秀的县(市、区)予以奖励。

组建由省级单位、省属企业、央企在浙分支机构、金融机构、省属高校等帮扶团组,对山区 26 县开展"一县一组"的组团式定点帮扶。建立山区 26 县典型推广应用模式,通过不定期召开现场推进会等形式,形成一批山区县生态工业高质量发展工作的典型做法和宝贵经验,打造一批可复制可推广的工作推进模式。发挥新闻媒体宣传作用,加大对山区县生态工业发展的专题宣传,解读政策举措,营造舆论氛围,吸引更多社会力量参与山区 26 县跨越式高质量发展和共同富裕示范区建设。

第六章 山区 26 县生态工业发展研究

第一节 松阳县生态工业高质量发展研究

一、松阳县生态工业高质量发展的基础分析

松阳县地处浙江大花园最美核心区,东连丽水市莲都区,南接龙泉市、云和县,西北靠遂昌县,东北与金华市武义县接壤,坐拥浙西南最大山间盆地——面积达 175 平方公里的松古平原,天高云阔,盆地舒展,为松阳发展生态工业提供得天独厚的空间支撑。近年来,松阳县坚定"小县要有大志气、小县也能大发展"的信念,以高水平建设"智能制造新城"为目标,用好"问海借力、跨山统筹、创新引领"三把金钥匙,加快重塑产业新体系,通过集群培育、项目招引、空间拓展等举措破解高端要素制约,在推动不锈钢、茶产业传统优势"破旧"的同时,谋划创造综合交通等新兴产业"立新",初步走出一条符合松阳实际、具有松阳特色的生态工业崛起之路,并成功入选浙江省高质量发展建设共同富裕示范区首批试点名单。

(一)基础条件

1. 工业规模实力不断突破

2022 年松阳县规模以上工业总产值突破 200 亿元大关,达到 200.9亿元,同比增长 18.1%;实现规模以上工业增加值 38.72 亿元,全年累计增速 17.8%,在新冠疫情影响下实现逆势上扬。企业培育取得新成效,全年新增省级"专精特新"中小企业 8 家、产值超亿元企业 6 家,上市公司实现"零的突破"。质量效益不断提高,2022 年,全县规上工业企业亩均税收增长 10.13%,规上工业企业亩均增加值增长 17.1%,增速居山区 26 县第 3 位。

2.园区平台建设加速推进

近年来,松阳一手抓工业平台开发,一手抓闲置低效用地利用,加快推进工业集约集聚发展。松阳工业园区成功创建成为省级经济开发区,发展能级和承载力、竞争力显著提升,2022年,开发区实现规上工业产值169.69亿元,占全县的84.46%。余姚"飞地"项目建成投用,嘉兴"飞地"、上海"飞楼"项目顺利推进。累计建成省级审核确认小微企业园4个,有力拓展小微企业集聚发展空间。建立闲置低效工业用地倒逼机制,多措并举加大处置力度,2022年,全县共盘活利用工业用地757.2亩。

3.数字经济培育成效明显

松阳县立足自身发展实际,积极落实省市数字经济"一号工程"战略部署,加快推进数字产业化、产业数字化,不断优化数字经济发展环境。2022年全县实现数字经济核心产业制造业增加值2.8亿元,同比增长8.4%,增速居全市前列。企业数字化改造扎实推进,成功入选2022年浙江省中小企业数字化改造试点县培育名单。电子商务快速发展,2022年全县网络零售额70.69亿元,同比增长36.3%,连续多年入选"中国电商百佳县"。

4.科技创新环境不断优化

近年来,松阳县用好创新引领"金钥匙",坚持深化创新驱动发展战略,不断激发创新创业发展活力,增强生态工业发展动能。2022年全县规上工业企业研发费用6.1亿元,同比增长26.6%,增速高出全市平均10.7个百分点,居全市第1位、全省第2位。创新平台加速建设,2022年全年新增国家高新技术企业9家、省级高新技术企业研究开发中心3家,培育省级企业研究院1家、省级高新技术企业研究开发中心2家。创新成果取得突破,连续两年获省科技厅"尖兵""领雁"竞争性项目,省级科学技术奖实现零的突破。

5.生态发展底色更加亮丽

松阳深入践行"绿水青山就是金山银山"重要理念,坚定不移走生态工业、绿色发展之路,在工业经济中坚守和厚植生态底色,被列为省级工业节能与绿色制造试点示范。支柱产业不锈钢管的生产废水治理和循环发展经济走在全国同行前列,形成"不锈钢管生产—生产废水—污泥铬镍回收—炼熔原料—钢坯—不锈钢管"资源循环利用链以及"生产用水—生产废水处理—中水回用"的水资源循环利用链,松阳工业园区入围省级标杆工业园区污水零直排区培育名单。

(二)存在问题

近年来,松阳在生态工业发展上积极探索实践,取得了丰硕成果,但同时也面临着一些突出问题和瓶颈制约,亟待突破解决。一是支柱产业链条偏短,精深加工环节存在不足,产业关联呈离散的"集而不群"状态;纺织鞋革和农产品加工业基础薄弱,各产业链环节基本呈散点状分布、单打独斗的态势。综合交通等新兴动能产业尚未形成规模,以零星企业、在建项目为主,对产业转型升级的支撑带动作用较弱。二是龙头企业带动不足,2022 年全县亿元以上企业数量较"十三五"期初减少 5 家,营收超 20 亿元企业等领域仍是空白。工业投资虽有所增长,缺少"大好高优"项目支撑,导致松阳工业发展后劲不足。2022 年,松阳规上工业增加值仅占丽水全市的 8.71%,居全市第 6 位,排名被同市域内的遂昌县赶超,且与前面的缙云县、青田县的差距进一步拉大。三是松阳工业企业技术装备水平仍处于产业数字化、智能化的起步阶段,在研发设计、企业管理等环节的信息化集成应用水平较低。

二、推动松阳县生态工业高质量发展的战略思路与目标研究

当前和今后一个时期,国际国内发展环境面临深刻复杂变化,松阳处于大有可为而且必须大有作为的战略机遇期,生态工业发展面临诸多新机遇新挑战。

从国际看,世界经济增长趋缓造成了经济增长不确定性增大。当前,全球环境处于百年未有之大变局,中美战略博弈进入持续加剧期,大国博弈趋向长期性,反全球化和逆全球化思潮也在暗流涌动,防范性保护主义从贸易向科技、金融等领域扩展,多边贸易体系面临停摆威胁,全球供应链、产业链和价值链受到冲击,未来一段时期内全球经济增速将进一步放缓。再加上全球新冠疫情的长期化和常态化,导致基于物理空间的国际贸易受阻,全球产业格局和供应链配置面临调整,叠加经济下行压力,抑

制企业投资意愿,经济增长不确定性显著增大。

从区域看,极化发展格局下区域竞争日趋激烈。随着长三角区域一体化和大都市区战略的深入推进,大都市、中心城市的"虹吸作用"更加明显,处在相对外围的地区对资源要素的黏性下降,面临着人才、资金、项目等关键要素空缺的巨大挑战。再加上,省域范围内强者恒强的极化竞争发展格局日趋显现。松阳县在省内属于城市能级相对偏低的地区,在山区 26 县中排名相对靠后,城市承载力和产业吸引力在长三角地区各城市中更不占优势,再加上更多长三角城市谋求快速崛起,区域间、城市间的要素争夺、招商竞赛、发展竞争更加激烈,明显加大了松阳在"赛场"上脱颖而出的压力。

从自身看,跨越式发展需求与要素减量矛盾突出。当前,松阳县正处于新旧动能转换关键时期,传统"两高"产业依赖过重,新旧动能转换不畅,原有以要素驱动、投资规模驱动发展为主的方式并没有发生根本改变,全县单位 GDP 能耗、水耗水平较高。随着国家和省碳达峰、碳中和行动方案相继落地实施,现状产能将受到能源资源控制趋紧政策的被动压缩,在现有模式下规模式赶超发展要求与资源要素的"减量"配置形势所产生的矛盾日益突出。

基于上述形势分析,结合松阳县提出要"高质量推进'二次创业'、现代化'田园松阳'建设"的战略目标,未来一段时期内,松阳县应坚持锚定"工业强县"发展战略,聚焦高水平建设"智能制造新城"总体目标,紧抓数字经济、长三角一体化、共同富裕示范区建设等重大战略机遇,以数字化改革为牵引,以产业智能化、智能产业化、存量特色化为主要方向,加快构建"数智融合"生态工业体系,突出五大重点,实施五大高质量绿色发展行动组合拳,奋力打造全市生态工业跨越式发展的新增长极、全省山区 26 县高质量绿色崛起的"重要窗口",努力探索形成具有松阳辨识度的、以数字化赋能山区 26 县生态工业高质量发展的典型经验,为高水平谱写现代化"田园松阳"新篇章奠定坚实基础。力争通过五年努力,全县生态工业整体素质和综合竞争力大幅提高,全县规上工业总产值实现大幅攀升,对县域经济发展支撑作用日益增强,高新技术产业、战略性新兴产业、装备制造业比重明显提升,规上工业企业数大幅增加,百亿级企业实现零的突破,工业发展质量效益大幅提升,数字经济快速发展,数字经济核心产业制造业增加值占 GDP 比重明显提升,工业发展迈入丽水全市第一梯队,初步建设成富有活力和发展潜力的浙西南"智能制造新城",为我省山区26县生态工业高质量发展提供"松阳样本"。

三、推动松阳县生态工业高质量发展的路径任务

(一)以链式集群化培育为核心重塑生态工业发展优势

产业集群化是产业发展的基本规律,集群的发展水平一定程度上代表地区工业发展水平和竞争力。针对松阳产业"集而不群"、散点状分布、企业单打独斗等问题,围绕不锈钢管、时尚产业、农产品精深加工、生物医药、绿色能源等重点产业,加快实施产业"聚链成群"行动,加大产业项目招引,加快产业集群化发展,为松阳县构建生态工业产业体系提供有力支撑。

1.加快构建新型生态工业体系

从松阳现有产业基础出发,积极嵌入全省"415"先进制造业集群和丽水市"5＋X"产业体系布局,重点打造不锈钢管产业百亿级支柱产业集群,加快引育壮大高端装备制造业新引擎,特色化提升发展时尚产业和农产品精深加工业两大传统产业,谋划布局培育生物医药和绿色新能源两大未来"新星"产业,着力构建形成展现松阳特色的"数智融合"生态工业体系。重点推进不锈钢管产业智能化提质,以节能降碳减排、扩量提质增效为路径方向,以做优极大型极小型精密无缝管和焊管、横向拓展管件和终端制品为重点,以提高工艺技能、强化数字赋能、加强精益管理为主要抓手,以重大产业服务平台建设为支撑,坚持正向激励与反向倒逼相结合,鼓励企业兼并重组,加快推动松阳不锈钢管产业"腾笼换鸟、凤凰涅槃",实现绿色化、低碳化、智能化转型升级。加快引育壮大高端装备制造业新引擎,聚焦智能汽车电子及零部件、智慧交通设备、智能电气设备等领域,全力招引一批汽车电子及关键零部件项目落地,加快吸引交通标识标牌、道路安全护栏、车载移动定位设备、道路管理养护监控设备等智慧交通相关的生态链企业落户松阳,主动承接温州地区电气设备产业外溢,

持续加大产业链上下游配套企业和关联项目引进力度,积极布局发展一批专用智能装备及零部件企业。

2.加大产业链重大项目招引

抢抓长三角一体化等发展机遇,用好"问海借力"金钥匙,聚焦不锈钢管及管件制品、汽车电子及零部件、智能电气装备、智能专用装备等重点产业链的缺失环节和产业生态薄弱环节,建立完善和动态更新产业招商地图,着力引进落户一批产业"头部企业"、协作配套企业以及高新技术产业化项目,形成引来一个、带动一批、形成集群的连带效应。重点紧盯温州地区,加大以商招商力度,有针对性地承接产业转移。发动异地商会、中介机构、产业基金等多种力量开展招商,定期在长三角、珠三角等地开展招商推介宣传活动,努力招引沪深苏杭甬温等城市产业溢出项目。用足用好山区 26 县重大项目帮扶政策,积极向上争取央企、省属国企、优质民企等与松阳建立结对帮扶机制,力促一批优质项目落地。

3.培育标志性先进制造业集群

着眼于区域产业分工协作和产业链重构,推动松阳特色产业积极融入省市先进制造业集群培育计划,按照"关键核心技术—重大项目—关联企业—产业链—制造业集群"的集群培育路径,制定实施专项培育方案,全力打造规模优势突出、辐射带动力强的百亿级不锈钢管产业集群以及发展势头强劲、未来前景广阔的高端装备制造业集群,努力在生物医药、绿色新能源未来"新星"产业培育上形成突破。强化集群内核心产业链条培育,建立完善高水平的科创平台和创新联盟,发力攻关一批关键核心技术,努力形成一批战略性技术产品,进一步夯实产业基础能力。引导支持龙头企业联合上下游企业组建产业链上下游企业共同体,推动共同体内大中小微企业在技术交流、产供销、仓储物流等环节开展合作。

(二)以数字化赋能变革为核心增强生态工业发展动能

数字技术已经成为引领高质量发展的动力引擎,是助推经济变革、效率变革和动力变革的加速器。对于企业来说,如果不能尽快地将数字技术融入自身发展,实现数字化转型,那么在数字化的未来,必将会被淘汰。针对松阳企业智造水平不高、技术装备水平仍处于产业数字化、智能化的起步阶段等问题,要加快实施制造"数字赋智"行动,以数字化变革为核心,利用数字化的手段加快对产业转型升级进行全方位、全角度、全链条的改造,提高全要素生产率,增强生态工业发展动能。

1.打造"新智造"工厂梯队

按照"以诊断促改造、以改造促提升"的思路,组建松阳智造专家指导组,重点围绕不锈钢管、纺织、鞋服、革材、农产品精深加工等领域,开展产业数字化、智能化改造"把脉问诊"服务,提供量身定制改造方案,助力企业智造升级。引导和推动企业根据发展基础、阶段和水平差异,分类实施和推进由单台设备单点式向整条生产线智能制造单元改造升级。积极开展一批突破性、带动性、示范性强的智能制造试点示范项目,支持优质企业创建省智能工厂/数字化车间,加快形成"数字化车间—智能工厂—未来工厂"的"新智造"梯队。

2.推动企业"上云用数赋智"

大力推广省"产业大脑"新场景在松阳企业端应用覆盖,积极争取不锈钢管纳入省"一行业一大脑"试点建设和示范应用,积极探索若干具有松阳特色、富有创新性、能够被省"产业大脑"集成的实践创新和服务创新。加大"5G+工业互联网"建设部署力度,鼓励有条件的企业与工业互联网平台商和运营服务商精准对接,开发应用一批模块化、低成本、快部署的面向特定行业和具体场景的工业互联网解决方案。推进企业"高水平上云,深层次用云",提升研发生产、管理运营、业务创新效率和水平。

3.夯实智能制造支撑体系

积极引进培育面向松阳的智能方案系统解决方案供应商,围绕不同行业数字化、智能化转型需求,在方案设计、软件开发、装备改造、技术支持、检测维护等方面提供专业化服务。鼓励龙头企业发挥技术优势,与智能制造系统解决方案供应商加强合作,面向行业提供服务。加快培育服务型制造,探索不锈钢管"众钢联"新模式,大力开展以生产制造资源动态共享为基础,以共性技术研发、供应链集采、检验检测等服务共享为支撑的不锈钢管共享制造新业态。鼓励纺织鞋革企业构建"设计+研发+用户体验"的创新设计体系,加强新技术、新工艺、新材料应用,增强工业设计赋值能力。

（三）以平台承载能级提升为核心拓展产业发展新空间

园区平台载体作为承接产业项目落地的重要载体和工业经济发展的主阵地,其能级直接决定了项目引进质量、产业发展层次、生产要素规模和对区域工业经济高质量发展的拉动力。松阳现有松阳经济开发区一个工业发展主平台,但开发区平台能级不高,存在规模总量偏小、平台分布零散、土地资源硬约束加大等问题。因此,松阳应加快实施平台"二次创业"行动,构建"高能级主平台＋特色化基础平台＋产业飞地平台"融合共生的新产业平台格局,拓展产业发展空间。

1.整合打造万亩工业大平台

以松阳经济开发区获批成立为契机,深化推动平台"二次创业",综合采取"并、提、撤、转"等多种方式,整合赤寿、望松、茶香小镇和火车站等产业发展区块,打造形成具有万亩发展空间的生态工业大平台,推动平台向高能级跃升、产业向现代化升级。着力优化调整开发区生产力空间布局,推动各大片区结合自身特色及优势,明晰主导产业定位,积极引进和布局一批重大产业链项目,构建形成"区块有特色、产业集群化"发展格局,不断提高开发区整体产业层次和能级。加快推进赤寿区块"西拓、东进、北扩"工程实施,全力扩容开发区增量发展空间。挖潜盘活江南、西屏、望松等乡镇老工业功能区块存量空间,以亩均效益评价为抓手,摸清工业低效土地的规模结构、权属性质、开发建设、企业现状等情况,建立低效工业用地处置清单,因地制宜、因企施策,腾出空间资源要素。

2.建设提升小微企业园和特色小镇

提升发展一批小微企业园,加快推动汽摩配小微园、茶叶加工小微园、电子商务产业园等园区高质量建设,进一步健全完善园区专业化服务供给和规范化运营管理,积极推动数字化赋能园区管理和生产性、生活性服务,努力争创省级"四星级"以上小微企业园。启动新建一批小微企业园,重点围绕汽车电子及零部件、智能电气设备、时尚纺织鞋革、农产品精深加工等领域,加大制造业园区建设力度,引进培育一批连锁化、品牌化、专业化的小微企业园开发建设和运营管理机构。按照特色小镇2.0建设要求,全面提升茶香小镇、不锈钢管科创小镇建设和发展水平,进一步巩固和发挥小镇内特色产业链优势,加快补齐产业链缺环,推动产业链韧性和附加值显著提升。

3.推进山海协作"产业飞地"建设

念好新时代"山海经",创新区域合作机制,加快推动嘉兴、余姚等山海合作区域"飞地"产业园区建设,谋划在杭州、宁波、湖州、温州等地布局新建一批产业"飞地"。创新园区共建共管机制,合理划分成本和收益分摊比例,做好合作项目招引落地和协调服务工作,重点结合松阳生态工业规划布局,突出横向配套和产业链上下游延伸,着力引进一批产业链"大好高"项目落地。按照"政府引导、市场运作、优势互补、合作共赢"的原则,支持通过特许经营、政府购买服务等方式委托第三方运营管理,提高园区专业化运行水平。积极谋划和推动在环杭州湾经济区、甬台温临港产业带等重点区域及高能级平台,共同打造以先进制造为主的具有要素资源吸附能力、产业创新发展能力、辐射带动能力的"产业飞地"。以不锈钢管、高端装备制造、时尚纺织鞋革等为重点,加强与结对市县之间龙头企业、"链主"企业和中小企业产业链精准对接协作,积极争取纳入省级山海协作产业合作项目。

(四)以科技创新引领为核心全力打造动能转换新引擎

创新是引领转型发展的第一动力,抓创新就是抓发展,谋创新就是谋未来。而企业是创新的主体,人才是创新主体里的根本资源,创新平台是推动创新主体汇集、创新资源集聚、创新人才凝聚、创新成果转化的重要支撑。近年来松阳科技创新环境明显改善,企业创新能力不断提升,但驱动产业发展的内生动力仍显薄弱,创新投入、创新主体、创新资源等要素还存在不足。因此,松阳应加快实施科技"创新引领"行动,推进"飞地""在地"创新平台建设,激发企业创新主体活力,增强创新人才资源集聚,打造科技创新"强磁场",增强工业发展"向心力"与内生力。

1.建设"飞地"创新平台

考虑到松阳自身城市能级、区位条件等因素限制,单纯依靠自身资源条件难以实现创新突破,以跨区域协同创新,向杭州、上海等发达地区借智借力集聚创新要素,是松阳推动生态工业创新发展的重要途径。积极推进在杭州、宁波、嘉兴等创新资源集聚地布局打造若干"科创飞地",将其打造成为松阳高端人才引进、新技术新产品研发、高新技术成果孵化的桥头堡。加强"科创飞地"建设工作指导,明确功能定位,创新管理运营机制,构建完善工作机制和流程,提升创新发展水平和资源利用效率。鼓励有实力的民营科技企业对接长三角、珠三角创新资源,单独或联合打造异地研发中心,实现柔性引才、借脑研发,实现企业的快速成长。

2.建设"在地"创新平台

围绕不锈钢管、智慧交通、中医药、茶产业等重点产业发展需求,按照"一产业一平台"的模式,积极引进共建新材料、新能源、生物制药等领域产业创新中心、技术创新中心、产业技术研究院等新型研发机构,引导和推动现有"双创"平台持续加强创新创业服务能力建设。鼓励引进国内知名的孵化器来松阳设立分支机构,促进先进孵化模式的输出和辐射。探索"创业导师＋持股孵化""创业培训＋天使投资"等新模式,鼓励龙头骨干企业参与建设或运营众创空间和科技孵化器。

3.激发企业自主创新活力

聚焦标志性产业链核心环节建设,引导和推动更多企业加大创新投入,推动五年实现规上工业企业研发活动、研发机构、发明专利"三个全覆盖"。实施"揭榜挂帅""赛马制"等科技攻关模式,重点围绕特种和超大型无缝管、汽车电子零部件、新一代智能化电气设备、高端生态合成革、茶叶精深加工等领域,鼓励有条件的企业申报山区26县省重大科技专项、产业链协同创新项目计划等,加快形成一批行业领先的核心技术和拳头产品。开展高新技术企业"育苗造林"工程,建立科技型企业微成长、小升高、高壮大的梯度培育机制。支持企业创建国家级、省级和市级企业技术中心、工程(技术)研究中心、重点企业研究院等机构,联合高校、科研机构共建院士工作站、博士后科研流动站等创新载体。

4.建设高素质人才队伍

聚焦破解刚性引才、留才难题,依托"才聚松阳·人才工作室"建设,强化"不求所有、但求所用"的柔性引才理念,以项目、课题、工程、情感为纽带,以高等院校、科研院所及各类中、高层次人才(团队)为引才对象,为我县生态工业发展提供紧缺急需行业人才和智力支撑。紧密对接市"绿谷精英·创新引领行动计划""菁英人才储备计划"等引才引智工程,打好松阳人才政策组合拳,研究制定重点产业人才地图和目录清单,靶向引进、培育一批高水平的科技领军人才和创新团队。着力用好本土人才,做好"松阳工匠""松阳茶师"培育活动,积极组织参加市"绿谷工匠"职业技能大赛。实施本土人才"回乡工程",构建"松才回归"全链条服务体系。深化产教融合、校企合作,加快推进丽水农林技师学院筹建,以"订单化"精准培养壮大产业工人(技师)队伍。

(五)以企业主体培育为核心全面激发工业发展新活力

企业是产业发展的基石。针对松阳县龙头企业带动不足、企业实力偏弱等问题,加快实施企业"培大育强"行动,强化"链主企业＋专精特新企业"梯队培育,推进企业梯队提质扩量,强化企业质量品牌标准建设,增强产业竞争力。

1.培育一批产业链龙头企业

支持产业链龙头企业倍增发展,支持企业瞄准产业链关键环节和核心技术,开展科技创新、资本运作、并购重组,加速整合产业链关键资源,实现企业规模上台阶和行业竞争力快速提升,加快成长为规模大、实力强、引领带动作用突出的大企业大集团,争取实现松阳县"雄鹰行动"培育企业零的突破。发挥资本市场在促进松阳生态工业高质量发展方面的重要作用,深入实施"凤凰行动",加快推进后备企业上市步伐,建立健全"上市挂牌一批、辅导报会一批、股改储备一批"的上市挂牌企业梯队。

2.培育一批"专精特新"企业

引导中小企业实施针尖战略,集聚有限资源,选准主攻方向,长期专注并深耕于产业链中某个环节或某个产品,在差异化的细分市场中赢得主动,逐步成长为在国内外细分市场占有优势地位的行业"配套专家",支持符合条件的企业申报国家制造业"单项冠军"和省级制造业"隐形冠军"企业。建立健全小微企业培育库,及时跟踪掌握库内企业生产运行情况,加大对库内企业的政策倾斜支持力度,推动企业"上规升级"做大做优。

鼓励不锈钢管、纺织鞋革等领域骨干企业和优势企业通过专业分工、服务外包、订单生产等形式带动县内中小微企业进入产业链或配套体系。

3.加强质量品牌标准建设

实施精品制造行动,引导企业应用先进质量管理方法,切实增强优质产品的供给能力。加强重点新产品开发,鼓励骨干企业发挥引领带动作用,推动松阳不锈钢管向焊管、管件及终端制品等更多元化领域延伸,纺织鞋革向时尚服装、精品鞋类、箱包等更广阔消费领域拓展,茶叶向抹茶粉、固体饮料等精深加工的价值链中高端攀升。鼓励企业积极参与"品字标浙江制造"品牌认证,加快打造不锈钢产业集群品牌,进一步加大"松阳香茶"区域品牌宣传推广力度。加快不锈钢管、合成革、茶产业等具有一定基础产业的产品标准、方法标准和工作标准制定,进一步提升"全国钢标准化技术委员会钢管分技术委员会松阳县不锈钢管标准工作站"和"不锈钢管标准领跑者培育基地"建设和服务水平。

第二节　仙居县生态工业高质量发展研究

一、仙居县生态工业高质量发展的基础分析

仙居县地处浙江东南、台州西部,东连临海、黄岩,南接永嘉,西邻缙云,北与磐安、天台分界。县域面积 2000 平方公里,其中丘陵山地(1612平方公里)占全县 80.6%,素有"八山一水一分田"之说,自然环境得天独厚,森林覆盖率 79.6%,素有"天然氧吧"之称,生态环境质量指数位列台州第一,是浙江重要的生态功能区。仙居山水神秀、生态优越、环境优美,但也导致全县可供开发利用土地资源总量有限、环境容量有限等问题,成为工业经济发展的重要制约问题。近年来,仙居县坚持"工业强县"战略不动摇,以高水平打造"智造仙居"为目标,结合自身的生态优势和产业基础,通过深挖"存量"、改造"现量"、拓展"增量",大力推进开发区扩容提质,腾出发展空间,积极培育医疗器械、生物医药、新材料等绿色新兴产业,推动医化等传统产业绿色转型升级,积蓄产业新动能,因地制宜、扬长

补短,走出一条适合仙居县实际的高质量发展之路。

(一)基础条件

1.工业规模效益实现"V"型反转

仙居县围绕县委县政府"大刀阔斧抓工业"战略部署,以高质量跨越式发展为主题,以"绿色智造 稳进提质"为主线,全力开展稳企业强主体、畅循环稳工业、抓项目促投资、强改革优服务等各项攻坚行动,推动经济指标争先进位、重大任务攻坚突破,工业经济难中求进、克难攻坚,顶住下行压力,实现"V"型反转。2022年,全县实现工业增加值首次突破百亿大关,达到101.14亿元,比上年增长3.1%,居台州市第1,其中规模以上工业实现增加值72.59亿元,增长5.0%,居台州市第1。工业发展后劲不断增强,全县制造业投资完成30.22亿元,增速100.4%,技改投资完成18.59亿元,增速39.9%,工业性投资完成34.53亿元,增速100.4%,三项投资增速均居全市第1,三次夺得全省投资"赛马"激励。

2.产业智能化改造加速推进

仙居县深入实施数字经济"一号工程",大力推进产业数字化、数字产业化,加速数字经济与实体经济全面融合。2022年,全县实现规上数字经济核心产业制造业增加值5.09亿元,同比增长33.6%,增速全市排名第1。支持企业推广应用工业机器人,鼓励实施数字化、智能化技术改造,加快打造"未来工厂""数字化车间(智能工厂)",2022年,全县新增工业机器人133台,1家企业列入省数字化车间(智能工厂)名单,4家企业项目列入省数字化车间(智能工厂)培育项目名单,兴宇汽车零部件智造、君业药业智能制造被列入省级工业互联网平台创建名单。

3.企业主体培育成效显著

仙居县大力实施企业培育行动,制定"一企一策"精准扶持举措,大力推动企业上市,扎实推进"小升规",积极培育链主型企业,提升企业竞争力。2022年,全县共新增规上工业企业21家,拉动仙居县规模以上工业总产值增长1.6个百分点。共有销售收入超亿元企业52家,其中首批超10亿元企业2家,2家企业入选国家"专精特新小巨人"企业,2家企业列入省"专精特新"中小企业。高耗低效企业整治提升加速推进,全县全年共完成企业处置 126 家,盘活土地 593 亩,腾出用能 8728.47 吨标准煤。

4.科技创新活力不断增强

全县以提高自主创新能力和县域综合科技实力为目标,大力实施科技创新驱动发展战略,推进区域科技创新能力加快提升。2022 年,全县实现规上工业企业研发费 10.1 亿元,占营业收入的比重为 4.1％,居全市第 1 位。创新主体不断壮大,全年新认定国家高新技术企业和新认定国家科技型中小企业数量均为历年新高。创新载体支撑有力,全年新认定市级高新技术企业研发中心企业 13 家,申报省级重点企业研究院 1 家、省级以上企业研发机构 8 家。科技成果取得新突破,2 项科技成果分获省科技进步奖,数量居全市第 3;5 项科技成果列入省级进口替代清单;3 个项目入围 2023 年度省"尖兵""领雁"研发攻关计划项目名单,数量居全市第 2 位。

5.区域营商环境不断优化

仙居县以全力打造营商环境"最优县"为目标,深入开展"营商环境优化年"活动,营商环境考核评价名列全省第 9 位。以数字化改革为引领,全面推动政府数字化转型,加速高频涉企政务服务事项"智能秒办""无感智办",实现 85％以上依法申请政务服务事项"一网通办"。深入推进"企业码"仙居特色专区建设,切实帮助企业破难解困。深化企业减负工作,严格落实"五减"以外的"降本减负"工作,2022 年累计兑付惠企资金 3.7 亿元,同比增长 239.1％。在台州市率先连续四个季度出台工业企业减负促产政策,对季度产值、销售均实现同比正增长的企业给予用能补助,累计为 125 家规上企业兑付奖补资金 3484 万元。

(二)存在问题

近年来,虽仙居制造业发展成效凸显,但对标全省山区 26 县中跨越发展县的定位要求,仙居制造业规模仍然偏小,发展后劲不够强等问题仍较为突出。2022 年,仙居规上工业总产值在全市排位靠后,增速不及全市平均水平,在 15 个山区跨越发展县中也处于中下游水平。全县共有规上工业企业家数不足同是山区县的武义县的三分之一,与缙云县、天台县相比也存在一定差距;单家规上工业企业平均产值在 15 个跨越发展山区县中尚处于中游水平。新引进项目数量少、体量小，缺少"大好高优"项目支撑，发展后劲亟须增强。

随着要素比较优势和资源环境约束发生重大变化，仙居以工艺礼品、橡塑制品、机械装备、电子电气等为代表的传统支柱产业拉动作用逐步减弱，四大产业规上产值占全县的比重由 2016 年的 38.8% 下降到 2022 年的 30% 左右。医化产业虽然保持良好增长态势，但总体仍处于产业链的前端和价值链的底端，并且与临海等先进地区相比，规模偏小、产品同质化、企业实力不强等短板也亟须破解。此外，以医疗器械、轨道交通装备、新材料等为代表的新产业目前主要还是以初创企业、零星项目为主，集群发展态势尚未形成。

要素资源硬约束加大，目前经济开发区原核准面积已基本开发完毕，存量低效用地也存在着数量多、分布散、碎片化、出清难等问题，成为仙居未来承接产业转移落地的较大制约。劳动力供需结构性矛盾进一步凸显，工艺礼品、农产品精深加工等传统劳动密集型产业面临的招工难问题更加突出，再加上受地理位置、城市能级等限制，仙居在"人才争夺战"中也面临着较大的高端人才引进压力。此外，仙居地处灵江流域的上游，环境容量基数小，新增项目和产能面临的环保压力和环境资源制约也进一步显现。

二、推动仙居县生态工业高质量发展的战略思路与目标研究

当今世界正经历百年未有之大变局，新冠疫情冲击导致的各类潜在风险持续增加，全球经济复苏仍然不稳定不平衡，持续上升的保护主义、民粹主义和逆全球化思潮进一步加大了外向型经济发展风险，全球贸易持续低迷，海外需求端萎缩、供应链受限、国际通道受阻等问题凸显，企业投资意愿下降，将对未来一段时期制造业整体发展环境造成较大冲击，全球产业链供应链配置面临强制性调整。预计今后一段时期，对于正处于新旧动能转换关键时期的仙居县来说，不仅会对以出口为主的医化、工艺礼品等主导产业发展带来较大压力，同时制造业稳增长、调结构面临的挑战也将大大增加。此外，我国提出二氧化碳排放力争于 2030 年前达到峰值，努力争取 2060 年前实现碳中和，这一战略目标从长远和全局的角度

锚定了国内经济体系全面绿色低碳转型的目标和航向,也将有力推动制造业内部结构调整和发展方式重构。对于正处于由工业化中期向工业化后期迈进的仙居而言,工业经济增长需求与减排降碳压力并存,特别是对于碳排放强度较高的医化产业而言,今后新增项目的用能要素空间制约将不断加大,环境资源承载能力越来越成为制约发展的重要因素。未来,仙居要推动工业化进程与碳排放"脱钩",实现工业领域碳达峰目标,不仅需要更大力度推进现有"高碳"产业绿色化、低碳化、循环化改造升级和落后产能淘汰,更需要加快培育"低碳"高附加值的新兴产业增长点,切实推动由依靠资源要素投入粗放型扩张向科技创新驱动内涵型增长转变,迈向制造业高质量发展新台阶。

　　机遇与挑战并存。一方面,随着长三角一体化发展上升为国家战略,长三角区域迈入更高质量一体化发展新阶段,由此将带来新一轮伴随着结构转型的要素流动、技术扩散和产业分工。对于长三角区域内的大量中小城市来说,谁能率先融入一体化,谁能率先构建起转移合作大通道,谁就将在区域竞合中占据主动权,从而获得更大的发展机会和空间。"十四五"时期,随着金台铁路、杭温高铁等互联互通的交通设施加快投用,松阳与杭州、上海等长三角中心城市的联系将会更加紧密,山海协作、问海借力的大桥梁大通道进一步畅通,县域承接沪杭以及长三角产业辐射、项目带动、创新转化能力将会显著提高,能够更好促进人流、物流、信息流、产业流加速集聚,从而可以在更大视野开放中持续开拓发展大空间、增创竞争新优势,探索山区县制造业高质量发展的新路径。另一方面,"十四五"时期是浙江建设共同富裕示范区的"第一程",省委省政府将进一步完善省域统筹机制,强化"政策礼包"集成,创新实施山海协作升级版、对口工作升级版,补齐山区县短板,加快缩小地区发展差距。对于仙居来说,能够以此为契机,将全省支持和推进山区县发展的政策红利转化为发展动力,进一步加大向上对接力度,努力争取财政资金、投融资、用地空间、生态补偿等专项扶持,积极承接结对县市、友好区县的赋能助力,促进自身增长动能的大幅提升。

　　纵观国际国内省内外经济形势,仙居县发展仍处于重要战略机遇期,工业经济稳中向好、长期向好的基本面没有改变,在此背景下,松阳在

2023 年政府工作报告中也提出"聚焦突破突围总要求,深入开展产业提升年、项目攻坚年、城市突破年、'三新'改革年、作风建设年等'五年'活动,努力打造智造仙居、康养仙居、温暖仙居、大气仙居'四个仙居'更多标志性成果"。因此,未来一段时间内,聚焦生态工业打造"智造仙居"战略目标,仙居县将紧抓长三角一体化、共同富裕示范区等战略机遇,坚定不移实施"工业强县"战略,牢牢把握"创新引领、绿色跨越"主题主线,以数字化改革为牵引,以创新驱动为根本动力,以全面深化开放合作为重要抓手,念好新时代"山海经",全力打造百亿级生命健康产业"金名片",加快壮大高端装备制造业"新引擎",布局培育新材料潜力"新星"产业,提升发展传统特色产业,着力构筑形成具有仙居辨识度的现代化制造业体系,推动新旧动能转换升级,奋力打造全省特色产业智创高地、全面融杭接沪重要基地,努力交好以高水平开放赋能山区县制造业高质量发展的"仙居答卷"。力争通过五年努力,全县生态工业高质量发展取得显著突破,规模质量、结构优化、动能转换、企业实力和绿色发展水平进一步提高,规上工业总产值居山区 26 县前列,规上企业队伍不断壮大,产业结构持续优化,形成百亿级生命健康产业,高端装备制造业"新引擎"功能进一步强化,数字经济产业快速发展,成功迈入全省山区县第一方阵。

三、推动仙居县生态工业高质量发展的重点路径任务

(一)加快推进产业强链补链

针对仙居县传统产业拉动减弱与新兴产业培育较慢的新旧动能接续不足、制造业规模偏小、发展后劲不足等问题,以强链补链延链为核心,聚焦现代医药、医疗器械、轨道交通装备、汽车零部件、新材料等重点产业重点领域,加速推进工艺礼品、橡塑制品、电子电器、农产品精深加工等传统优势产业改造提升,增创集群发展新优势,构筑形成具有仙居辨识度的现代化制造业体系。

1.加快构建高质量的仙居现代化制造业体系

瞄准科技和产业发展前沿,从仙居产业基础和资源承载能力出发,以省"415"先进制造业集群和台州市"456＋X"产业体系布局为指引,以加

快融入长三角区域产业链分工协作体系为重点,集中优质资源,全力打造百亿级生命健康产业"金名片",加快培育发展高端装备制造业"新引擎",着力提升发展工艺礼品、橡塑制品、电子电器、农产品精深加工等传统特色产业,积极布局培育新材料未来潜力"新星"产业,构建形成高质量的仙居现代化制造业体系。聚焦生命健康首位产业,围绕现代医药、高端医疗器械两大主攻方向,借力上海、杭州等地"科创飞地",着力增强关键医用中间体及特色原料药核心技术攻关能力,重点突破发展"首仿、高仿"制剂药物;围绕加快"药械联动"发展,高水平推进医械小镇建设,构建形成医学影像诊断设备、高端医用耗材、康复理疗设备、精准手术机器人协同发展格局。围绕打造高端装备制造业"新引擎",瞄准轨道交通装备、汽车零部件、智能专用装备及机械基础件三大主攻方向,充分挖掘本地机械制造企业配套能力,鼓励开展轨道交通装备产品认证和市场拓展,积极争取一批中车轨道交通配套供应企业落地投产;发挥仙居在汽摩配领域基础优势,积极承接甬台温地区汽车零部件产业外溢,持续加大产业链上下游配套企业和关联项目引进力度,不断提升产品智能化、产业规模化发展水平;面向本地产业应用需求和市场增长潜力,积极发展行业专用智能装备,不断提升液压叶片泵、密封件、气动元件、精密轴承等关键基础零部件配套能力。

2.靶向开展产业链精准招商引资

聚焦现代医药、医疗器械、轨道交通装备、汽车零部件、新材料等细分领域标志性新兴产业链培育,积极开展招商引资"突破年"活动,以上海、杭州、南京、苏州等长三角中心城为主攻方向,建立完善和动态更新产业招商地图,重点引进一批高端仿制药、新型生物制药、便携式影像诊断设备、手术机器人、轨道交通零部件、汽车电子等建链补链项目,实现链式集群发展。用好山区26县重大项目帮扶政策,积极向上争取央企、省属国企、优质民企等项目在仙居落地。借助蓝湾生命健康产业招商基金专业力量,引入优质产业资源。创新运用以赛招商、以商招商、委托招商、节会招商等招商引资新模式,推进异地商会"仙居县双招双引工作站"建设。发扬"五皮"招商精神,强化"全程式""妈妈式"服务理念,进一步加强招商队伍理论素养和专业水平培训,提升项目招引精准度和落地率。

3.推进传统制造业改造提升 2.0 版

实施传统制造业改造提升 2.0 版,加快推动工艺礼品、橡塑制品、电子电气、农产品精深加工等传统产业数字化提升、集群化发展、服务化转型,打好高质量发展组合拳,激发传统制造业发展新活力。建立与环杭州湾产业带地区的传统制造业改造提升协同联动机制,差异化承接和吸引知名企业生产基地整体转移和关联产业协同转移,通过吸纳发达地区的高新技术、先进设备、管理方法和经营理念,带动仙居传统制造业转型升级。

(二)加快推进区域协同创新

近年来,仙居县创新活力不断增强,创新主体不断壮大,创新载体支撑有力,创新成功取得新突破,但受地理位置、城市能级等限制,创新能级普遍不高,自主创新能力存在欠缺。因此,仙居应强化协同创新,借力借智,积极承接 G60 科创走廊、杭州城西科创大走廊等研发力量和创新资源,全面推进永安溪科创长廊建设,加快"飞地"创新平台建设,激发企业创新主体活力,全力打造人才蓄水池,补上仙居创新资源偏弱的短板,凝聚跨越发展新动能。

1.推进永安溪科创长廊建设

紧抓杭温高铁建设契机,积极承接 G60 科创走廊、城西科创大走廊、宁波甬江科创大走廊等辐射效应,全面推进仙居永安溪科创长廊建设,统筹安排布局一批重大科技平台和高新技术产业化项目,重点打造浙江大学生物医学工程与仪器科学学院仙居医疗器械研究院等高能级创新平台,加快布局完善科技孵化器、众创空间、加速器等双创载体。积极推动以"飞地"形式借脑研发、柔性引才,重点推进仙居—上海生命科技协同创新中心、仙居—杭州科创飞地(海智中心)高水平运行,构建"科创飞地＋科创长廊"互动互促互补的协同创新机制。围绕新兴产业链培育,建立与沪杭名校名院定期对接机制,积极推进共建产业研究院、创新中心等平台。

2.激发企业创新主体活力

支持企业与长三角高校院所合作,联合实施产学研项目,推动共建院士工作站、博士后科研流动站、联合实验室等研发创新机构,提升仙居企业的科技成果攻关及转移转化能力。大力实施科技型企业、高新技术企业"双倍增"计划,鼓励企业加大研发投入,积极引导优质科技资源向创新主体集聚,构建"初创型企业—科技型企业—高新技术企业—创新型企业"梯度培育模式。围绕首仿药物开发、新型生物合成、手术机器人智能控制、汽车电子等重点领域,开展关键核心技术攻关行动,采取"技术悬赏""揭榜挂帅"等市场化方式,支持以企业为主体牵头开展攻关,力争突破一批关键技术、装备和产品。

3.打造产业人才蓄水池

坚持"人才是第一资源"理念,实施"才聚仙居"计划、"仙燕归巢"计划和高层次人才引进专项计划,大力引进带项目、带技术、带资金、带团队、具有自主创新能力的高层次创新创业人才及团队。创新"双招双引""赛会引才""基金引才"等招引模式,支持高层次人才在仙居柔性化、假日式创业,引导企业更大力度招引紧缺和拔尖的创新人才。深化推动产教融合发展,鼓励企业与仙居县职教中心、台州学院等院校共同研制人才培养方案、开发课程教材、开展教学实践等,着力培育一批具有根植性的高素质技能型人才。联合国内知名高校院所,谋划推进现代医药工匠学院建设。积极开展多种形式的企业经营管理人员培训,着力打造一批具有战略眼光视野、开拓创新能力、现代经营管理水平的领军型企业家。全面落实人才新政,推行"首席人才官""人才积分制""人才绿卡"制度,建立健全高水平、多层次的人才服务保障体系。

(三)加快推进产业数智融合

近年来,仙居智造改革加速推进,在产业数字化、数字产业化等方面取得了一定成就,但规上数字经济核心产业制造业规模仍较小、企业智造水平不高等问题仍然存在,因此,仙居应加快推进数智融合,支持企业推广应用工业机器人,鼓励实施数字化、智能化技术改造,加快打造"未来工厂"和"智能工厂(数字化车间)",为"智造仙居"提供强有力支撑。

1.大力实施新智造行动

按照"以诊断促改造、以改造促提升"的思路实施分行业数字化改造行动,组织企业与智能制造改造服务商开展供需对接,提供量身定制的改造方案,实施有针对性的对标提升工程。组织实施一批引领性、带动性、示范性强的智能制造试点项目,鼓励中小企业根据自身条件推进智能化改造,支持龙头企业积极探索标杆型"未来工厂"应用场景建设,鼓励有条件的企业积极申报创建省级产业集群新智造试点。以入选省"化工产业大脑"试点园区为契机,加强产业大脑建设推广,积极探索若干具有仙居特色、富有创新性、能够被省产业大脑集成的应用创新和服务创新。

2. 推动工业互联网创新发展

实施"上云用数赋智"行动,进一步推动仙居智造工业互联网平台应用场景创新和服务能力提升,支持建设行业级、企业级工业互联网平台。针对中小微企业的需求场景,鼓励开发推广操作便捷、成本适宜的解决方案,积极推行更加普惠的云服务支持政策,引导更多中小企业"上平台、用平台"。探索在医药企业率先开展"5G+工业互联网"示范部署,重点围绕药物模拟筛选、制药工艺设备远程诊断与质量控制、智能灌装与无菌转运、药品安全信息追溯等领域,挖掘提炼可复制推广的典型经验和通用解决方案,向仙居其他行业推广拓展。

3. 发展服务型制造和生产性服务业

推动先进制造业和现代服务业深度融合,鼓励优势医药企业建设高水平、国际化的靶点验证、化学合成、药理药效测试、产品试制等综合性医药合同研发服务和生产服务平台,支持工艺礼品企业开展以制造能力共享为重点、以创意设计能力和市场开拓能力共享为支撑的共享制造新模式,引导电子电气企业从卖产品向卖"产品+服务"转变。抢抓仙居"高铁时代"机遇,以现代物流、电子商务、创意设计、科技孵化、产品检测、知识产权、总部经济、金融服务为重点,建设现代物流产业园、总部经济基地、仙居工艺创意设计基地等重大生产性服务平台。

(四)加快推进企业长高长壮

针对仙居企业规模偏小、产出效益不高等问题,应加快实施企业"育苗壮干"行动,强化"链主型"企业培育,加快企业"专精特新"发展,强化企业质量品牌提升,推进企业长高长壮,全面激发企业梯队活力。

1.大力培育一批产业链龙头企业

以"雄鹰行动"为引领,制定"一企一策"精准帮扶举措,大力支持仙药、司太立等行业龙头企业进入全省"雄鹰行动"培育库,加快成长为掌握产业链关键核心技术、具有国际市场影响力的"链主型"企业。实施主导产业骨干企业倍增计划,建立健全亿元企业培育库,遴选一批创新能力强、发展潜力大、成长速度快的企业入库培育,全力壮大亿元企业群体。实施"凤凰行动"2.0版,引导各类企业健全现代管理制度,积极对接进入多层次资本市场,促进上市、挂牌企业围绕产业链实施以先进技术、高端人才和知名品牌为重点的并购重组,在更大范围整合优势资源,实现创新发展。

2.支持中小微企业"专精特新"发展

深入实施"1556"企业培育工程,引导和支持中小微企业瞄准专业化、精品化、特色化、高新化发展方向,专注并深耕于产业链中某个环节或某个产品,做专做精、做优做久,集成打造"雏鹰行动""隐形冠军""瞪羚企业""小巨人""小升规"企业梯队。搭建中小微企业与大型企业交流合作平台,支持中小企业以"专精特新"的产品、技术和服务,嵌入大企业供应链配套体系,实现大中小企业融通发展。深入实施企业管理创新五年行动计划,引导和推动企业优化生产模式、提升经营水平、增强管理效能,打造"三个十"、实现"三个全覆盖"。

3.加强质量品牌标准建设

实施制造精品战略,积极推广运用六西格玛、卓越绩效等先进质量管理技术和方法,建立与国际接轨的生产质量体系,培育树立一批质量标杆企业,积极争创各级政府质量奖。持续推进台州湾创新医疗器械服务站建设,争取省医疗器械审评中心设立仙居审评审批分中心,谋划设立浙江省医疗器械检验研究院分院,为企业新产品注册、审评等提供高质高效的前移服务。深化推进"浙江制造"品牌培育试点县建设,以"品字标浙江制造"企业贴标亮标"四个百分之百"工作为指引,示范打造一批品牌标杆企业,进一步加大生命健康、工艺礼品等特色区域品牌培育和宣传力度。组织开展企业对标达标行动,鼓励有条件的企业及时将创新成果转化为技术标准,主导或参与国际、国家、行业和团体标准的制(修)订。不断提高专利保护和专利管理的社会化服务水平,增强专利权纠纷处理能力。

(五)加快推进平台能级提质

仙居仅有经济开发区一个主平台,但开发区土地资源紧缺,存量低效用地数量多、分布散、碎片化、出清难等问题突出,同时现有园区基础设施投入不足,配套服务功能不够完善,产业发展支持能级不够。因此,仙居应以平台能级提质为核心,做强做优开发区主平台,积极打造特色小镇和小微企业园,着力推动产城融合发展,拓展产业发展新空间。

1.做强做优开发区主平台

聚焦经济开发区整合提升和扩容提质,以推动平台向高能级跃升、产业向现代化升级为主线,按照"一城一镇一园"总体发展格局,加快实施核心区块南扩、北拓和西延工程,有序引导先进制造业、优质现代服务业向经济开发区集聚,持续提升经济开发区整体产业层次规模、吸引承载能力和综合发展能级。健全完善经济开发区与属地政府"政区分离、各负其责、相互协调"的工作机制,积极探索"管委会+公司+基金+专业团队"等多种管理运行模式,实现扁平化管理、市场化运作、专业化开发。积极参与长三角产业链协同发展,承接上海、杭州等发达地区产业和要素转移,谋划建设"产业飞地"。

2.建设提升特色小镇和小微企业园

深化推进特色小镇 2.0 版建设,进一步巩固和发挥医械小镇内医疗器械产业链优势,加快补强医学影像诊断设备、高端医用耗材、康复理疗设备、精准手术机器人等产业链关键环节,推动医疗器械产业链规模化发展和竞争力提升,"十四五"期间,争取列入省级特色小镇创建名单。依托现有产业基础与特色,进一步完善提升工艺礼品小镇内相关的创新、创意、展示、服务等功能。以小微企业园建设提升重点县为抓手,鼓励和引导各类市场主体投资建设运营小微企业园,强化小微企业园专业化公共服务供给,全面推进"数字园区"建设,积极争创若干省四星级、五星级小微企业园。

3. 推动产城融合发展

围绕推进新型工业化与城镇化同步发展,按照"科学规划、分步实施、适度超前、综合配套"原则,谋划推进全域产业空间、基础设施、公共服务、资源利用布局建设,促进产业发展与城市功能融合、人口结构与产业需求协调。坚持以产为基,更高水平促进产业集聚集约集群发展,加快围绕产业链部署服务链,重点推进一批生产生活配套服务设施建设。进一步增强横溪、白塔、下各三个中心镇资源集聚与功能辐射能力,强化与工业功能区水电燃气、通信网络、污水处理、公共交通等市政基础设施城乡联网、共建共享,增强公共服务的便利性与覆盖面。

(六)加快推进绿色低碳转型

仙居县地处浙江大花园核心区,能源双控较为严格,再加上随着双碳战略实施,环境保护政策、CO_2 排放、能源消耗的受控更趋严格,对于碳排放强度较高的医化产业而言,今后新增项目的用能要素空间制约将不断加大,环境资源承载能力制约越来越严峻。因此,仙居应以绿色低碳转型为核心,加大力度推进"高碳"产业绿色化、低碳化、循环化改造升级,积极推进安全生产,探索形成生态工业绿色制造新模式。

1. 推进节能低碳转型

围绕落实二氧化碳排放达峰目标与碳中和愿景,组织编制工业领域碳达峰行动方案,摸清本地排放历史、分析排放趋势、研判峰值目标,进一步分解落实主要目标和任务举措。加快实施医药、橡塑制品等重点行业节能、降碳、减排改造,加快推广余热余压利用、生产流程优化、能源再利用、包材回收、工艺优化等工艺技术,鼓励有条件企业利用建筑屋顶建设分布式光伏低碳能源项目。推动企业开发绿色产品、创建绿色工厂、建设绿色供应链,以小微企业园为重点,大力推进绿色园区建设。加大源头管控力度,强化"散乱污"企业分类处置,实行更加严格的高耗能项目节能审查政策。

2. 强化资源综合利用

深入推进经济开发区循环化改造示范试点建设,加强对气体、电力、供热、供水等基础设施进行绿色化循环化改造,引导区块内上下游企业间实现废物交换利用、能源梯级利用、危险废物资源化和无害化处理。对标"无废城市"试点建设，加强工业垃圾协同处置，健全固体废物收运体系，建立分类收集网络和机制。深化提升"污水零直排区"建设，规范污水处理厂污泥处置，鼓励企业积极采用高效、安全、可靠的水处理技术工艺装备。完善区域再生资源回收利用体系。

3. 推动工业安全生产

深入开展安全生产专项整治三年行动，持续推进双重预防体系建设，扎实开展"一企一档一码一覆盖"安全生产档案管理专项行动。重点做好象溪现代医药园区安全生产和环境安全风险防控工作，在危险化学品生产、贮存、运输、使用、废弃处置等环节加大防控力度。督促企业认真履行主体责任，以高度负责的态度严格落实好安全生产相关要求，健全完善各项生产规章制度和操作规程，全面提升安全生产和环境保护工作水平。坚持问题导向、目标导向、效果导向，不断深化细化企业员工安全培训工作，切实提升企业从业人员安全技能和安全素养。

第三节　龙游县生态工业高质量发展研究

一、龙游县生态工业高质量发展的基础分析

龙游县隶属于浙江省衢州市，地处浙江省中西部，是连接江西、安徽和福建三省的重要交通枢纽，素有"四省通衢汇龙游"之称，加上衢江航运龙游港开港通航、高铁、空港物流等规划相继落地，为龙游发展生态工业提供得天独厚的基础支撑。近年来，龙游县抢抓全省共同富裕示范区建设"缩小地区差距"首批试点和山区 26 县高质量发展生态工业样本县"先行先试"的机遇，坚持将生态工业作为共同富裕建设的战略重点、立县富民强基的战略举措，锚定碳基纸基新材料、精密数控和轨道交通装备主攻产业，大力实施工业强县"531"攻坚行动，举全县之力开展"招大引强"，推动山海协作跨区协同创新联动，稳步推进生态工业数智升级，探索出了一条山区县生态工业高质量发展新路。

（一）基础条件

1. 工业经济规模显著增强

2022年，全县实现规上工业总产值378.6亿元，跃居衢州全市第一，较2020年年均增长18.07％。有效投资不断扩大，2022年全县完成固定资产投资141.3亿元，增长14.3％，完成制造业投资52.2亿元，居全市第3位。质量效益显著提升，2022年，全县规上工业亩均税收同比增长47.83％，增速分别居全市第1位、山区26县第2位；全县规上工业亩均增加值同比增长19.51％，增速分别居全市第2位、山区26县第2位。

2. 产业结构取得新优化

龙游坚持传统产业数字化改造提升和新兴产业培育"双轮驱动"，大力推动产业结构重塑。2022年，全县新引进招商引资项目49个，新承接山海协作产业转移项目61个，累计到位资金44.18亿元。其中50亿元以上项目2个、20亿元以上项目4个，产业结构逐步由以造纸、食品饮料等传统产业为主向精密数控、轨道交通装备、碳基纸基新材料等高附加值新兴领域转变。2022年，碳基纸基新材料、精密数控和轨道交通装备两大新兴产业产值占规上工业比重超过50％，全县高新技术产业增加值占规上工业的比重为56.32％，较2020年提高5.82个百分点。

3. 创新动能持续增强

龙游超常规推动"科技龙游"建设，加快建设高能级创新载体，吸引集聚高端创新资源，借智借脑实现科技创新突破。2022年，全县全社会研究与试验发展经费支出占全县生产总值比重达到2.4％。全县国家高新技术企业、省科技型中小企业新增数量位居全市第一，固特气动入选第四批工信部"专精特新小巨人"，禾川科技成为全省首批科技"小巨人"。创新平台建设加速推进，借助"山海协作""杭衢一体化"战略机遇，多层次全方位深入开展产学研合作，目前浙江工业大学、浙江科技学院先后在龙游设立技术转移中心，龙游县人民政府与浙江师范大学合作共建研发平台，联合培养研究生基地落地。中浙高铁轴承有限公司和浙江工业大学"浙工大生态工业创新研究院"签订开展"轨道交通装备及激光绿色制造"联合攻关研究的战略合作框架协议书。

4.绿色发展取得新成效

龙游县坚持生态优先、绿色发展理念,全力打赢污染防治攻坚战,在产业发展中厚植生态底本。五年间,全县万元 GDP 用水量、能耗分别下降 32.8%和 14.1%,主要污染物排放量保持下降。累计创建省级节水型企业 31 家,省级绿色企业 4 家,龙游经济开发区入选国家级绿色园区。持续深化"河湖长制",实施"五水共治"十大提升行动,推进"污水零直排区"建设,出境水质稳定 II 类,三夺"大禹鼎",空气质量优于国家二级标准,环境治理取得显著成效。

(二)存在问题

近年来虽然龙游县不断加大企业培育力度,但是龙头企业、链主型企业整体实力有待加强。到 2022 年底,龙游县营收超 10 亿元企业只有 5 家,营收超 50 亿元、超百亿元以及境内外上市企业、单项冠军企业、"专精特新小巨人"企业等领域仍是空白,缺乏具有带动集聚效应的大企业。

创新是引领发展的第一动力,近年来龙游县坚持创新驱动发展理念,实施创新驱动发展战略,取得较大成就,但是创新能力仍显不足。在创新投入上,龙游县 R&D 经费支出占 GDP 比重虽有较大提升,但与浙江省相比仍存在较大差距。在创新产出上,2022 年,龙游县实现规上工业新产品产值率38.36%,低于浙江省 42.2%的平均水平。

土地资源硬约束加大,工业用地集约利用水平较低,区域环境容量和用能空间制约大,近年来"双控三指标"的用能总量、用煤总量均超过控制指标,排名居全市末端。同时,因龙游县地处钱塘江上游水源保护地,新增项目环保要求审批更趋严格。企业引人难留人难,受县城吸引力弱、优质企业主体总体偏少、公共科技创新平台缺乏等因素影响,在区域"人才争夺大战"中面临较大高端人才引进压力。

二、推动龙游县生态工业高质量发展的战略思路与目标研究

当今世界经济发展中不稳定性、不确定性明显增强,尤其是新冠疫情全球大流行,使全球深层次矛盾更加凸显,未来一段时期内全球经济增速将进一步放缓。随着长三角区域一体化深入推进和都市区核心城市功能

增强,大都市、中心城市的"虹吸作用"更加明显,处在相对外围的地区对资源要素的黏性下降,面临着人才、资金、项目等关键要素空缺的巨大挑战。再加上,省域范围内强者恒强的极化竞争发展格局日趋显现。龙游县在省内属于城市能级相对偏低的地区,城市承载力和产业吸引力在长三角地区各城市中更不占优势,且随着更多长三角城市谋求快速崛起,区域间、城市间的要素争夺、招商竞赛、发展竞争更加激烈,明显加大了龙游在"赛场"上脱颖而出的压力。此外,当前浙江省域土地实际开发强度已基本达到土地开发适宜强度上限,支持规模扩张的空间余量很少,在国土空间"三条红线"日益趋紧形势下,龙游县新增土地指标难度较大。龙游县正处于新旧动能转换关键时期,传统低端产业依赖过重,新旧动能转换不畅,原有以要素驱动、投资规模驱动发展为主的方式并没有发生根本改变,全县单位 GDP 能耗、水耗、煤耗水平较高,现状产能将受到能源资源控制趋紧政策的被动压缩,在现有模式下跨越式赶超发展要求与资源要素的"减量"配置形势所产生的矛盾日益突出。

在严峻的外部形势下,龙游也存在着空前的发展机遇。一方面,我国提出构建以国内大循环为主体、国内国际双循环相互促进的新发展格局,这就要求加快构建具有更强创新力、更高附加值的本土化产业链,提高供给能力和质量与国内需求的适配性,最终以"内循环"支撑"外循环",实现内外循环"互促"。未来,龙游县不仅可以利用国内市场消费扩容提质大好市场机遇,引导制造业企业通过研发创新、质量提升、品牌培育等途径增强优质供给能力,拓宽产业升级发展空间,更为重要的是,龙游县可以顺应和把握双循环新发展格局下国内产业链、供应链、价值链重构机遇,抓紧布局战略性新兴产业、未来产业,培育引领龙游工业转型升级的标志性产业链,形成发展新动力。另一方面,随着长三角一体化发展上升为国家战略,区域产业合作和转移朝着进程加速化、规模扩大化、方式多样化的方向发展,由此将带来新一轮伴随着结构转型的要素流动、技术扩散和产业分工。随着衢州"杭衢同城一体化""联甬接沪"加快推进,作为"四省通衢汇龙游"的区域节点城市,区域一体化纵深发展为龙游县借势借力发展打开广阔空间。龙游县可充分发挥处于长江三角洲区域一体化发展和长江经济带发展两大国家战略的叠加区的区位优势,全方位融入杭衢同城,打造山海协作升级版,加快吸纳杭州、上海等地产业和人才溢出,加快融入长三角制造业分工体系,获得更大产业合作机会。

基于上述基础条件与面临的形势机遇,龙游的发展经过多年积累和孕育,已经初步形成厚积薄发、积厚成势的基础,在此背景下,龙游县应抢抓"双循环"发展机遇和杭衢一体化战略机遇,紧紧围绕县委全面打造区域明珠型城市这一目标,全力打造具有龙游特色的"3+3"现代化制造业体系,以集群化、智能化、绿色化为主要方向,着力培育现代化产业集群和标志性新兴产业核心链条,加快新旧动能转换升级,努力实现全县工业总量和质量的"双提升",奋力在高端智造上做示范,成为"浙江制造"高质量发展的生力军。力争通过五年努力,全县制造业综合实力大幅提升,规上工业总产值大幅增加,高新技术产业引领发展,增加值占比显著提升,以特种纸、绿色家居、绿色食品为主的三大特色优势产业集群和以高端装备、新材料、智能制造为主的三大新兴产业集群的现代化制造业体系基本形成,生态工业规模质量、创新能力、融合发展和绿色发展水平进一步提高,成为全省高端智造示范县、浙西部领先的制造业高质量发展示范样板。

三、推动龙游县生态工业高质量发展的重点路径任务

(一)探索强链补链构建产业发展新体系

在过去发展中,龙游虽然在高端装备、智能制造、新材料等产业领域初步有基础,但是受周边地区激烈竞争及交通区位短板等影响,龙游产业链上下游具有较高技术含量的关键核心配套环节企业项目缺失问题突出,引进难度大,导致产业培育"聚而不优",集群化发展尚未形成。未来龙游应加快实施产业集群创强工程,加快培育以高端装备、新材料、智能制造新兴产业为先导,以特种纸、绿色家居、绿色食品特色产业为支撑的"3+3"产业体系,加快产业链重大项目招引,全力构筑龙游县生态工业发展竞争新优势。

1.加快构建"3+3"现代化制造业体系

全力构建特种纸、绿色家居、绿色食品三大特色优势产业集群,高端装备、新材料、智能制造三大新兴产业集群。在特种纸产业上,以打造全

球特种纸产业研发生产基地为目标,加强各类产业创新资源要素整合,重点突破高性能特种纸基功能性材料、核心工艺技术,加快拓展高端生活卫生用纸、培育发展新型纸代塑包装用纸,推动龙游县特种纸产业向功能化、多样化、深加工和高附加值方向发展,成为具有核心竞争优势的国际先进制造业集群。在绿色家居产业上,以"龙头企业引领+特色小镇+产业基地"路径模式,以高端红木家具为核心,做大做强龙游高档家具制造产业,加快招引集聚一批高端竹制品家居、个性化定制项目落地,拓展延伸产业链条,打造全国高档红木家具研发产销旅游中心、浙西竹制家居生产集聚中心。在绿色食品上,围绕健康饮品、乳制品、特色休闲食品领域,加快招引一批国内外高端食品项目加快落地,加大新产品开发力度,丰富产品品种和档次,全力提升产业规模化、集聚化、特色化水平,打造全省知名、具有龙游特色的绿色食品生产加工基地。在高端装备产业上,以轨道交通零部件、关键机械基础件为两大主攻方向,强化新产品、新工艺和新材料研发攻关,持续加大产业链上下游配套企业和关联项目引进力度,不断培育壮大龙游高端装备产业规模集聚水平和特色产品优势。在新材料产业上,坚持内孵外引并举,着力培育以高性能膜材料、先进陶瓷材料、高性能纤维材料为特色优势的百亿级新星产业群。在智能制造产业上,以工业视觉控制器、传感器以及工业机器人等智能制造核心硬件为重点,围绕产业链上下游,着力集聚一批工业机器人核心部件与本体制造、智能数控机床、工业软件等领域优势企业项目,加快构筑龙游智能制造生态系统。

2.加强产业链重大项目招引

实施"双招双引"精准招商行动,抢抓长三角一体化、杭衢一体化以及"浙西新明珠"建设等发展机遇,聚焦特种纸、高端装备、智能制造、新材料等产业集群培育需求,以"建链、强链、补链"为重点,开展产业链精准招商,分行业编制产业链全景图、产业链招商地图,梳理一批与龙游产业相匹配的目标企业、潜在项目资源。借助山海协作升级版平台、产业服务团等资源,主动承接长江经济带、杭州湾都市区、甬台温区域产业转移,精准招引一批行业龙头标杆企业、协作配套企业、关键领域创新企业项目,形成引进一个、带动一批、形成集群的连带效应。探索创新招商方式。发挥龙游商帮、龙商大会召开等优势,灵活运用以商招商、产业基金招商、商会招商等模式,动员更多龙商回乡投资兴业,吸引优质品牌、企业总部落户龙游。推进投资项目协同建设,加快推进一批重大项目建设实施,整合全县资源,协调解决用地、用能、排污、资金等要素保障,确保项目尽快实现投产、达产。创新"八个一"产业集群培育机制,采取"一个产业集群＋一名县领导＋一个地方主体＋一个产业服务团＋一个专家团队＋一个创新平台＋一个龙头企业＋一套扶持政策"培育机制,开展全方位精准服务。

(二)探索借力借智创新激发内生新活力

当前龙游县自主创新能力偏弱,大部分企业还是以传统制造业为主,70％的企业并无研发投入,存在重制造、轻研发、创新能力不高的特性,尤其在核心技术突破上较弱,且创新平台质量偏低、数量偏少,在新型研发机构、科技孵化平台数量上仍是空白,无法有效支撑企业创新发展。未来龙游应实施发展动能创新工程,借智借力杭州、上海等发达地区集聚创新要素,强化创新主体培育,着力打造高水平产业创新平台,加速推进离岸科创飞地建设,激发内生新活力。

1.提升企业主体创新能力

加大企业创新主体培育,以规上企业高新化为导向,选择一批具有高成长性的科技型中小企业纳入高新技术企业培育后备库,加大培育和辅导力度。每年滚动遴选一批成长性好、创新能力强的企业建立科技型企业动态培育库,构建"小升中、中升高"梯度培育链条,促进科技型企业向新技术、新模式、新业态转型。引导企业加大科技创新投入,实施企业R＆D经费、企业研发机构"双清零"行动,实现全县规上工业企业研发机构、研发活动全覆盖。坚持分类引导、因企施策,支持企业建设重点企业研究院、企业技术中心、工程(技术)研究中心等高水平研发机构。鼓励企业立足创新需求,牵线省内外对口专家参与轨道交通、碳纤维、纸基新材料等领域重大科技项目,掌握核心技术,支持企业积极申报国家、省、市各类科技计划项目。

2.打造高水平产业创新平台

聚焦两大主导产业集群培育,强化与浙江大学、浙江工业大学、东南大学等省内外知名院所产学研合作,集聚高端人才、核心技术、产业资本等创新要素,围绕碳纤维、精密数控、机器人、传感芯片等领域开展基础研究、关键技术研究,增强龙游"从0到1"的创新策源能力。围绕高速列车传动、轴承研究、智控驱动等优势领域争创国家级重点实验室,支持新型研发机构、高校院所等与龙头企业联合共建省级以上重点实验室及分实验室,形成以国家重点实验室、省级重点实验室为主的实验室体系。高标准推进龙游特种纸产业创新服务综合体、轨道交通装备产业创新服务综合体等服务平台建设,构建各类高水平的技术研发与试验验证平台,切实增强创新服务的深度和广度。

3.构建创新创业孵化体系

聚焦标志性产业链关键环节领域,鼓励支持行业龙头企业、国资企业、社会资本等主体盘活闲置存量空间,推进老旧厂房改造提升,改建或新建一批众创空间及科技孵化器。支持高校院所、龙头企业参与众创空间、孵化器建设,打造细分领域垂直孵化生态,加速优质项目转化,打造研发孵化—加速—中试—产业化全生命周期的产业创新生态闭环。加强龙游现有众创空间、孵化器软硬件建设,促进创新创业与市场需求、社会资本等有效对接。借助"山海协作"优势,深度嫁接杭州、宁波等发达地区的创新资源,重点在钱塘新区打造"产业飞地",在临安区打造"科创飞地",在开发区设立科研转化基地,共同设立产业基金,构建"科创飞地"科研成果落地转化和转移承接机制,构架"飞地"与"实地"链接通道,形成"研发—孵化—产业化"的立体化、链条化发展格局。

(三)探索数字赋能构建智能制造新体系

龙游数字化转型相对缓慢,在推动数字化转型中存在企业认识不足、数字人才短缺、高投入成本制约等堵点、难点问题。因此,龙游必须借助生态工业发展机遇,以数字化变革为核心,实施数智赋能创效工程,利用数字化的手段加快对产业转型升级进行全方位、全角度、全链条的改造,重塑升级新模式。

1.打造新智造企业群体

顺应数字化转型发展趋势,全面开展规上企业智能化问诊服务,摸清企业数字化改造需求,每年组织实施一批突破性、带动性、示范性强的智能化改造重点项目,切实提供量身定制改造方案。以碳基纸基新材料、精密数控和轨道交通装备两大主导产业为重点,引导企业以设备数字化—产线数字化—车间数字化—工厂智能化的数字化改造路径,加大数字孪生、物联网、大数据、工业互联网等技术推广和应用。组织实施一批突破性、带动性、示范性强的智能制造试点示范项目,打造一批省级"未来工厂""智能工厂/数字车间"。培育和引进一批行业系统解决方案供应商和集成系统解决方案供应商,真正解决企业数字化转型过程中面临的路径选择、方案设计、系统集成等困难和问题。

2.构建工业互联网赋能体系

立足龙游行业共性需求,鼓励有条件的企业创建工业互联网平台和5G 应用试点,重点支持龙头企业发挥"链主"作用打造行业级工业互联网平台,谋划筹建造纸行业工业互联网平台,争取省细分行业"产业大脑"建设应用试点,利用平台建设带动行业的数字化升级。深化"企业上云"行动,引导企业从资源上云向管理上云、业务上云、数据上云升级。大力推进工业技术软件化,开发一批典型场景和生产环节的工业 App,推动MES、ERP 等传统工业软件的云化改造,打造具有龙游特色的新制造、新生态、新模式的工业 App 供给体系。鼓励本地自动化、信息技术企业向云服务商转型,为企业上云、智能装备开发、5G 应用等提供支持,提升平台数字化转型赋能水平。

3.促进服务型制造发展

大力推进系统设计、柔性制造、供应链协同的新模式,提高定制化设计能力和柔性制造能力。发挥特种纸产业空间集聚优势,鼓励行业龙头企业开放优质资源先行先试,与产业链上下游中小微企业共享通用工序设备、生产线设备、大型科研仪器设备设施和集成技术服务,探索推广共享实验室等模式。抢抓跨境电商、数字贸易等发展机遇,以新丝带公共海外仓建设为契机,推广"跨境电商＋海外仓"模式,谋划布局"一带一路"国家的公共海外仓试点,推动头程管理、尾程配送等环节无缝对接,搭建"供应链数字化、物流可视化、电商仓配一体化"一站式贸易产业链,开拓"龙游制造"全球市场"新蓝海"。

（四）探索培大育强构建企业发展新梯队

针对龙游县超百亿以及境内外上市企业、单项冠军企业、"专精特新小巨人"企业等龙头型链主型企业仍是空白,缺乏具有带动集聚效应的大企业等问题,加快实施市场主体创优工程,梯队培育一批"链主型企业＋专精特新冠军企业＋创新型中小微企业",增强发展新动能。

1. 培育一批链主型企业

实施"链主型"企业培育工程,动态建立链主型企业培育库,制定"一企一策"培育计划。加大链主型企业培育力度,支持企业上市、技改扩张和科技创新,力争成为掌握关键核心技术、具有较强产业链控制力的旗舰型企业。深化"凤凰行动",制定企业上市梯度培育计划,开展区域股权市场创新试点,深化"上市优先"的服务机制,滚动筛选拟上市后备企业清单;针对拟挂牌上市企业,通过直通式、定制式举措实行"一事一议"政策支持,推动一批优质企业股改上市。引导有条件有实力企业围绕产业链和供应链开展并购重组,利用资本市场做大做强。抓住军民融合产业发展机遇,培育一批军民融合行业龙头企业。

2. 培育"专精特新"冠军企业

制定实施"单项冠军"培育专项行动,突出关键核心技术引领、提高市场占有率,构建从"专精特新"企业到隐形冠军到单项冠军企业的多层次、递进式企业梯队。围绕碳基纸基新材料、精密数控和轨道交通装备等领域,以年销售收入亿元以上企业为重点培育对象,加大对企业高端人才引进、产品研发、技术攻关、项目审批等政策扶持力度,培育一批具有核心竞争优势的"专精特新"、隐形冠军、单项冠军企业群体。加大成长期科技型企业培育力度,集聚优质资源要素解决制约企业快速成长的瓶颈,孕育壮大一批拥有关键核心技术的高成长、创新型企业。

3. 增强中小微企业竞争优势

围绕产业链上下游关键环节,加大小微企业培育力度,深化新一轮"小升规"工作,实施新一轮"小微企业三年成长计划",培育形成一批符合产业导向、成长性好、创新性强、发展前景广阔的"小巨人"企业。支持有条件的企业积极参与省级小微企业"成长之星"系列评选。加大科技型企业梯队培育力度,按照"微成长、小升高、高壮大"梯度培育路径,每年推动一批科技型小微企业上规升级。支持中小微企业与本地行业龙头骨干企业相互嵌入式合作,实现设备共享、产能对接、生产协同。健全小微企业跟踪联络、成长辅导、工业节能诊断、数字化转型、品牌指导等服务机制,助力小微企业加快成长。

(五)探索绿色集约增效擦亮生态新底色

伴随产业项目相继落地或扩产,龙游能耗、土地等要素资源日趋紧张,与高质量发展之间矛盾越来越突出,已成为龙游跨越式发展的障碍瓶颈。因此,龙游应加快实施低碳转型创美工程,大力推进绿色制造模式,全面提升工业安全生产,大力开展工业节能降碳,开启绿色新引擎,全面擦亮"浙西新明珠"生态底色。

1.大力推进绿色制造模式

以龙游经济开发区为依托,大力推动国家级绿色园区建设,打造省级循环园区、美丽园区。按照绿色园区评价标准,鼓励全县工业基础好、基础设施完善、绿色水平高的小微园、特色小镇、专业园区开展基础设施绿化、工业节能、节水等低碳化绿色化改造,提升园区绿色化水平,争创省市级绿色园区。鼓励行业龙头企业开展绿色产品设计和研发应用,实施一批碳达峰碳中和产业化示范项目,培育一批国家级、省级绿色工厂。借力衢州市绿色金融改革创新试验区建设,创新"绿色循环贷""绿色转型贷"等绿色金融产品,加大发行绿色债券支持力度,增加绿色金融供给,推动全县工业企业、园区加快绿色化发展。

2.提升工业安全生产水平

突出企业主体责任,实施制造业小微企业安全生产专项整治行动,定期开展"地毯式""拉网式"排查摸底,探索建立"一企一档"信息化预警机制,对重点企业、重点工业园区、危险作业等领域实时监控,对非法违法生产行为,以"零容忍"态度彻底检查和严格执法。加强与省危化品风险防控大数据平台和衢州市智慧安监平台对接,在危险化学品生产、贮存、运输、使用、废弃处置等环节加大智能化监控、预警和应急联动防控力度,规范龙游化工园区和危险化学品全生命周期风险管控。加快引进安全咨询、检测评估、金融保险等专业第三方机构落户龙游,增强全县安全生产服务支撑。

3.大力推进工业节能降碳

以碳达峰碳中和目标为导向,大力推进能源结构调整,大力推进电能替代,引导龙游工业企业生产生活"电代煤、电代油、电代气",持续深挖工业领域替代潜力。实行"光伏倍增"计划,发展"自发自用、余电上网"的分布式光伏,加快建筑一体化光伏发电系统应用。积极谋划建设抽水蓄能电站,探索小水电蓄能调峰潜力,以其为核心开展风、光、水(储)多能互补系统试点示范。主攻用能空间拓展,加快重点行业低碳转型,推进水泥、钢铁、化工等高碳行业整治推动低效企业出清,严格控制新上项目单耗,大力发展单耗低的项目。严格实施节能、环评审查,在能耗限额准入值、污染物排放标准等基础上,对标国际先进水平提高准入门槛,加快特种纸、绿色食品等重点产业绿色转型升级。

参考文献

[1]Boudaville J R. Problems of regional economic planning[M]. Edinburgh: Edinburgh University Press,1996.

[2]Chen J, Fleisher B. Regional income inequality and economnic growth in China[J]. Journal of Comparative Economics,1996,22:141-164.

[3]Demurger S, Sachs J D, Woo W T, et al. Geography,economic policy and regional development in China[J]. Asian Economic Papers, 2002(1): 146-197.

[4]Demurger S. Infrastucture developmrnt and economic growth: An explanation for regional disparities in China[J]. Journal of Comparative Economics, 2001(29): 311-335

[5]Eraydm A, Fingleton B. Regional economic growth, SMEs, and the wider Europe[M]. London: Ashgate, 2019.

[6]Funck B, Pizzati L. European integration, regionalpolicy and growth[R]. World Bank, 2003.

[7]Hoover E, Giarratani F. An introduction to regional economics[M]. New York:Alfred A, Knopf,1975.

[8]Jian T L, Sachs J D, Warner A. Trends in regional inequlity in China[J]. China Economics Review, 1996(7): 1-21.

[9]Jaques-Fracois T. Location theory, regional scence, and economics[J]. Journal of Regional Science, 1987,27(4).

[10]Richardon H W. Regional growth theory[M]. London: Macmilan Publishers Limited, 1973.

[11]Tsai HweiAn, Regional inequality and financial decentralization in mainland China[J]. Issues and Studies,1996,32(5):40-71.

[12]Tsui K Y. Economic reform and interprovincial inequalities in China [J]. Journal of Development Economics，1996，50：353-368.

[13]阿尔弗雷多·戈麦斯·内托.巴西区域开发计划的教训[EB/OL].（2004-07-20）［2023-03-01］. https://www. oecd. org/dataoecd/58/29.

[14]阿尔诺·卡普勒.德国概况(英文版)[M].法兰克福:莎西埃德出版社,1995.

[15]埃德加·M.胡佛.区域经济学导论[M].纽约:美国 Alfred A. Knopf 出版公司,1984.

[16]安虎森,汤小银.新发展格局下实现区域协调发展的路径探析[J].南京社会科学,2021(8):29-37.

[17]薄文广,安虎森,李杰.主体功能区建设与区域协调发展:促进亦或冒进[J].中国人口·资源与环境,2011(10):121-128.

[18]曹建海,李海舰.论新型工业化的道路[J].中国工业经济,2003(1):56-62.

[19]陈龙.区际产业转移对中国劳动力技能结构的影响研究[D].北京:北京交通大学,2022.

[20]陈秀山,杨艳.我国区域发展战略的演变与区域协调发展的目标选择[J].教学与研究,2008(5):5-12.

[21]陈耀.西部开发大战略与新思路[M].北京:中共中央党校出版社,2000:5.

[22]陈映.地区差距与区域经济协调发展[J].云南社会科学,2004(6):69-73.

[23]陈映.我国宏观经济发展战略的历史演变[J].求索,2004(9):30-32.

[24]邓远建,马翼飞,梅怡明.山区生态产业融合发展路径研究——以浙江省丽水市为例[J].生态经济,2019,35(6):49-55.

[25]豆建民.区域经济理论与我国的区域经济发展战略[J].外国经济与管理,2003(2):2-6,29.

[26]范恒山,孙久文,陈宣庆,等.中国区域协调发展研究[M].北京:商务印书馆,2012.

[27]费尔迪南多·米洛内.意大利区域经济[M].都灵:埃依纳乌迪科学出版社,1956.

[28]冯萍.创新驱动、制造业企业研发投入与区域经济均衡发展[D].长沙:湖南大学,2020.

[29]古斯塔沃·梅亚·戈麦斯.巴西的区域开发战略[C].2002 年 12 月经合组织与巴西塞阿拉州政府合办的区域开发与外国直接投资学术会议论文,(2004-06-20)[2023-03-01].https://www.oecd.org/dataoecd/43/39.

[30]国务院发展研究中心课题组.中国区域协调发展战略[M].北京:中国经济出版社,1994:1-63.

[31]韩晓成.欠发达地区县域经济发展问题探讨[J].现代经济信息,2014(20):451.

[32]侯景新.落后地区开发通论[M].北京:中国轻工业出版社,1999.

[33]姜文仙,覃成林.区域协调发展研究的进展与方向[J].经济与管理研究,2009(10):90-94.

[34]蒋清海.论区域经济协调发展[J].开发研究,1993(1):37-40.

[35]金钟范.韩国落后地区开发政策特点及启示[J].东北亚论坛,2005(5):58-63.

[36]李光全.浙江省山区经济发展的主要特征分析[J].统计科学与实践,2011(10):7-9.

[37]李满鑫.日本区域经济发展的举措探究[J].中国商贸,2014(17):182-183.

[38]李文博,王肇鹏,岑益峰.山区县高质量发展推进共同富裕的迭代升级新模式——以浙江省武义县为例[J].浙江师范大学学报(社会科学版),2022,47(4):49-57.

[39]李怡,罗勇.韩国工业化历程及其启示[J].亚太经济,2007(1):51-55.

[40]联邦德国教育与研究部.1998/1999 基础性与结构性统计数据(德文版)[M].出版社不详,1998.

[41]林弋筌.试论第二产业与海南经济再腾飞的关系——基于发展第二产业的必要性分析[J].法制与社会,2011(8):177-178.

[42]刘秉镰,朱俊丰,周玉龙.中国区域经济理论演进与未来展望[J].管理世界,2020(2).

[43]刘国辉.美、日、意开发欠发达地区对我国西部开发的启示[J].中共乐山市委党校学报,2000(2):50-52.

[44]刘耀彬,彭峰.中国特色社会主义区域协调发展战略的形成逻辑与时代特征[J].安徽大学学报(哲学社会科学版),2019,43(2):141-147.

[45]刘银.中国区域经济协调发展制度研究[D].长春:吉林大学,2014.

[46]刘再兴.九十年代中国生产力布局与区域的协调发展[J].江汉论坛,1993(2):20-25.

[47]吕迪格·力特克.联邦德国属于谁?(德文版)[M].法兰克福:维特·冯·埃西本出版社,1996.

[48]迈克尔·波特.论竞争[M].北京:中信出版社,2003.

[49]麦克伦隆(D. M. Maclennon),帕尔(J. B. Parr).区域政策:过去经验与新的方向[M].牛津:马丁·罗伯逊出版社,1979.

[50]孟刚.聚焦山区26县跨越式高质量发展 扎实推进共同富裕示范区建设[J].政策瞭望,2021(7):41-44.

[51]尼尔森·汉森.变化世界中的区域政策[M].纽约:Plenum 出版社,1990.

[52]尼尔斯·汉森.美国的区域经济开发政策与规划[M]//尼尔斯·汉森.变化世界中的区域政策.纽约:Plenum 出版社,1990.

[53]沈月琴.山区工业化与山区环境协调发展研究——以浙江山区为例[J].生态经济,1997(4):29-34.

[54]孙海燕,王富喜.区域协调发展的理论基础探究[J].经济地理,2008,28(6):928-931.

[55]孙久文.论新时代区域协调发展战略的发展与创新[J].国家行政学院学报,2018,115(4):109-114.

[56]孙久文.现代区域经济学主要流派和区域经济学在中国的发展[J].经济问题,2003(3).

[57]孙霞.产业集群与区域经济非均衡协调发展[D].武汉:华中科技大学,2009.

[58]锁利铭,贾志永.能力—任务—环境约束下的欠发达地区政府失灵分析[J].中国行政管理,2005(11):66-69.

[59]覃成林,郑云峰,张华.我国区域经济协调发展的趋势及特征分析[J].经济地理,2013,33(1):9-14.

[60]汤碧杰.区域经济协调发展存在的问题及路径思考[J].现代工业经济和信息化,2020,10(5):5-7.

[61]屠高.东部沿海发达省份欠发达区域发展研究[D].南京:河海大学,2005.

[62]王传英.意大利产业区发展经验与启示[J].经济纵横,2003(7):31-34.

[63]王圣云.区域发展不平衡的福祉空间地理学透视[D].上海:华东师范大学,2009.

[64]王曙光,李金耀,章力丹."以人为本"价值下区域协调发展战略的内涵与维度研究[J].商业研究,2019(3):36-43.

[65]王文锦.中国区域协调发展研究[D].北京:中共中央党校,2001.

[66]王晓雨.中国区域增长极的极化与扩散效应研究[D].长春:吉林大学,2011.

[67]王志国.21 世纪初江西加速工业化的战略研究[R].研究报告,2002.

[68]王志凯.中国区域经济协调发展格局与战略取向[J].武汉科技大学学报(社会科学版),2021,23(5):557-562.

[69]王志远.西部的开放与开放的西部:邓小平"两个大局"战略三十年[J].新疆财经大学学报,2018(3):20-27.

[70]魏后凯.改革开放 30 年中国区域经济的变迁——从不平衡发展到相对均衡发展[J].经济学动态,2008(5):9-16.

[71]魏后凯.现代区域经济学(修订版)[M].北京:经济管理出版社,2011.

[72]魏艳华,王丙参,马立平.中国高技术产业发展综合评价与区域差异[J].统计学报,2022,3(6):17-32.

[73]乌尔里西·罗尔.德国经济:管理与市场[M].北京:中国社会科学出版社,1995.

[74] 吴净. 我国区域经济协调发展中若干理论问题思考——兼析区域经济协调发展的本质与内涵[J]. 区域经济评论, 2013(6):13-18.

[75] 吴静和. 浙江山区经济发展的比较分析[J]. 浙江林学院学报, 1992 (2):4-11.

[76] 习近平. 干在实处走在前列——推进浙江新发展的思考与实践[M]. 北京:中共中央党校出版社, 2006:202

[77] 夏德孝, 张道宏. 区域协调发展理论的研究综述[J]. 生产力研究, 2008(1):144-147.

[78] 肖慈方. 中外欠发达地区经济开发的比较研究[D]. 成都:四川大学, 2003.

[79] 谢永萍, 中国共产党对区域经济协调发展战略的探索, 喀什师范学院学报, 2006, 27(4):1-4.

[80] 徐国栋. 绿色民法典:诠释民法生态主义[N]. 中国环境报, 2004-04-05.

[81] 徐现祥, 舒元. 协调发展:一个新的分析框架[J]. 管理世界, 2005(2): 35-43.

[82] 严文山, 唐四妹. 关于山区县实施工业立县战略的若干思考[J]. 林业经济问题, 2006(5):474-477.

[83] 杨晓慧. 产业集群与日本区域经济非均衡发展研究[D]. 长春:东北师范大学, 2003.

[84] 易德成. 山区县经济发展与市场接轨策略[J]. 计划与市场探索, 1995 (7):12-14.

[85] 殷阿娜. 中国开放型经济转型升级的战略、路径与对策研究[M]. 北京:新华出版社, 2015:268.

[86] 于源, 黄征学. 区域协调发展内涵及特征辨析[J]. 中国财政, 2016 (13):56-57.

[87] 俞国军, 程佳华, 余厚咏. 关于加快发展山区县生态工业的调研与思考[J]. 政策瞭望, 2022(10):53-56.

[88] 张贡生. 中国区域发展战略之70年回顾与未来展望[J]. 经济问题, 2019(10).

[89]张念椿.美国犹他州的经济奇迹[J].华东科技,2000(8):31-32.

[90]张耀军,张玮.共同富裕与区域经济协调发展[J].区域经济评论,2022(4):5-15.

[91]张于喆,白亮,张义梁.日韩发展高技术产业经验和启示[J].经济问题探索,2008(4):164-169.

[92]赵黎,吴巧珍,钱晟弘,盛钰仁,陶欣悦.开启山区高质量发展实现共同富裕新征程[J].浙江经济,2021(8):21-22.

[93]周德升,曾银春.美国犹他州跨越式发展对我国新疆经济发展的启示[J].当代经济管理,2011,33(7):94-97.

[94]周克瑜.论区际经济关系及其调控[J].经济地理,2000(2):1-5.

[95]周起业,刘再兴,祝诚,等.区域经济学[M].北京:中国人民大学出版社,1995.

[96]周起业.西方生产力布局学原理[M].北京:中国人民大学出版社,1987.

[97]朱玲,何伟.工业化城市化进程中的乡村减贫40年[J].劳动经济研究,2018(4):3-31.

后　记

在考虑出版本书的时候,正值我国实现中国式现代化的开局之年,也是浙江奋力推进"两个先行"开局起步的关键时期。习近平总书记在2021年8月17日主持召开中央财经委员会第十次会议和2021年1月11日省部级主要领导干部学习贯彻党的十九届五中全会精神专题研讨班开班式等重要会议上多次强调促进共同富裕的重要性。2022年5月,习近平总书记在《求是》杂志发表重要文章《正确认识和把握我国发展重大理论和实践问题》,明确提出五个重大理论和实践问题,排在首位的就是"正确认识和把握实现共同富裕的战略目标和实践途径"。

改革开放40多年来,特别是2003年以来,浙江始终坚定不移沿着"八八战略"指引的路子,"进一步发挥浙江的山海资源优势,大力发展海洋经济,推动欠发达地区跨越式发展,努力使海洋经济和欠发达地区的发展成为我省经济新的增长点",山区26个县实现"欠发达地区"集体摘帽,成为浙江经济蓄力起势、高质量发展的新增长点。2021年5月,中共中央、国务院发布了《关于支持浙江高质量发展建设共同富裕示范区的意见》,为浙江加快高质量发展带来重大机遇。工业是共同富裕的产业基础,发展工业是缩小地区差距、城乡差距、收入差距的重要举措,山区26县能否实现高质量发展,尤其是生态工业的发展,事关共同富裕示范区建设全局。

对标新使命新任务,为贯彻落实习近平总书记关于共同富裕的重要指示论述精神,深化浙江省委省政府高质量发展建设共同富裕示范区以及支持山区26县跨越式高质量发展的决策部署,本书以"八八战略"为总纲,以区域协调发展探索共同富裕新路径为核心,锚定共同富裕先行和省域现代化先行,以山区26县生态工业高质量发展为关键破题点,深入研究发展模式、发展路径、发展经验以及有关理论支撑,希望能为浙江走出一条具有山区特色的高质量发展共同富裕之路,为全国其他地区促进共同富裕、实现高质量协调发展探索模式路径提供参考借鉴。

按照从整体到局部、从一般到特殊的原则,全书共分为总论篇、他山之石篇、研究篇三大部分。其中,总论篇包括第一章、第二章和第三章,重点阐述了区域协调发展概念内涵、理论研究以及我国区域协调发展战略研究,并基于浙江实际,进一步深入研究浙江区域协调发展探索实践,山区 26 县生态工业发展的现状问题,锚定新时代山区 26 县生态工业高质量发展方向目标等;他山之石篇包括第四章,重点分析借鉴德国、美国、意大利、日本、韩国等发达国家对后发地区主导产业开发、区域协同发展、创新能力提升的经验做法,找出山区 26 县生态工业发展的抓手方向;研究篇包括第五章、第六章,进一步探讨在新起点新阶段推动山区县生态工业高质量发展的新路径新模式,有针对性提出相应举措建议。

本书的出版得到了浙江省经济和信息化厅、浙江省政府研究室和社会各界有关领导、同志和专家学者的大力支持,同时本书也凝聚了参与研究撰写的浙江省工业和信息化研究院杨蓓蓓、张洋、范佼佼等青年学者的心血,在此深表谢意。当然,尽管我们已经做了很大努力,但是书中难免存在错漏不足之处,敬请广大读者批评指正。希望大家积极参与到这一有意义的研究中来,共同为我国区域协调发展贡献力量。

刘 兵
2023 年 4 月于西子湖畔